So macht man Karriere

Strategien des Erfolgs
Band 3

Jürgen Lürssen war 17 Jahre lang als Marketingmanager und Geschäftsführer bei mehreren großen Konzernen tätig. Seit 1999 ist er Professor für Marketing an der Universität Lüneburg.

Jürgen Lürssen

So macht man Karriere

17 Gesetze, die Sie kennen müssen

Campus Verlag
Frankfurt/New York

Die Sonderedition *Strategien des Erfolgs* ist eine Gemeinschaftsaktion des Campus Verlags und der Verlagsgruppe Handelsblatt.

Bibliografische Information der Deutschen Nationalbibliothek:
Die Deutsche Nationalbibliothek verzeichnet diese Publikation in der Deutschen Nationalbibliografie. Detaillierte bibliografische Daten sind im Internet über http://dnb.d-nb.de abrufbar.
ISBN 978-3-593-38401-6 (Band 3)
ISBN 978-3-593-38405-4 (Gesamtedition)

Limitierte Sonderausgabe 2007

Umschlaggestaltung: Guido Klütsch, Köln
Satz: Fotosatz L. Huhn, Linsengericht
Druck und Bindung: Ebner & Spiegel, Ulm
Gedruckt auf säurefreiem und chlorfrei gebleichtem Papier.
Printed in Germany

Besuchen Sie uns im Internet: www.campus.de

Inhalt

Einleitung

Sie wollen Karriere machen? Dann ist dieses Buch genau das Richtige für Sie! Sowohl Berufsanfänger als auch Menschen, die schon einige Zeit im Beruf stehen und noch weiterkommen möchten, erfahren hier, wie sie die Karriereleiter erklimmen können.

Mit »Karriere« ist in diesem Buch Ihr *beruflicher Aufstieg* gemeint. Karriere zu machen bedeutet also, mehrfach befördert zu werden – dies kann innerhalb desselben Unternehmens erfolgen oder durch den Wechsel des Arbeitgebers geschehen. Zentral ist hierbei Ihr Aufstieg von der Ebene der qualifizierten Sachbearbeitung in das Management.

Hoppla, gleich ins Management?, mögen Sie nun denken. Aber unter Management kann man *alle* Führungskräfte eines Unternehmens verstehen, nicht nur die oberste Etage. Jeder, der Führungsverantwortung hat, gehört somit zum Management – gleichgültig, ob er ursprünglich als Ingenieur, Jurist, Geisteswissenschaftler oder Betriebswirt ausgebildet und eingestellt wurde. Jeder, der eine Position mit Mitarbeiterverantwortung anstrebt, ist Nachwuchsmanager beziehungsweise Führungsnachwuchs und sollte sich auch so begreifen.

Management beschränkt sich nicht nur auf Unternehmen. Zwar ist der vorliegende Band in erster Linie mit Blick auf die Verhältnisse in größeren Firmen geschrieben. So werden häufig die Begriffe »Unternehmen« oder »Firma« benutzt, und fast alle Beispiele stammen aus diesem Bereich. Nichtsdestotrotz ist sein Inhalt praktisch in jeder Hinsicht übertragbar auf andere größere Organisationen wie Behörden, Verbände oder Non-Profit-Organisationen.

Im Untertitel des Buches ist von den »17 Gesetzen« die Rede. Dabei handelt es sich um ungeschriebene Gesetze oder »Spielregeln« des Berufslebens im Allgemeinen und der Karriere im Besonderen. Diese müssen Sie kennen, wenn Sie aufsteigen wollen. Und Sie müssen wissen, dass es Ihrer beruflichen Entwicklung schaden kann, wenn Sie sich nicht daran halten. Einer der Ersten, der auf die Existenz und die herausragende Bedeutung der ungeschriebenen Regeln für die Karriere hingewiesen hat, ist der Personalberater Heiko Mell. Seinen Büchern verdanke ich eine Reihe wichtiger Anregungen.[1]

Warum gerade 17 Regeln? Nun, genau diese 17 Regeln – keine mehr, keine weniger – ergeben sich, wenn man die zahlreichen Karrieregesetze, die an den unterschiedlichsten Stellen existieren, zu übersichtlichen Themenkomplexen zusammenfasst. Die Regeln lassen sich in vier Gruppen unterteilen:

- *Mentale Grundlagen* (Regel 1 und 2). Hierbei geht es um die Geisteshaltung, die die meisten erfolgreichen Menschen auszeichnet und die fast immer Voraussetzung für den beruflichen Aufstieg ist. Erfolgreiche fühlen sich für ihr Weiterkommen selbst verantwortlich und nehmen ihr berufliches Schicksal proaktiv in die Hand. Sie wissen, dass im Leben alles einen Preis hat, und sind bereit, diesen für ihre Karriere zu zahlen.
- *Karriereplanung und -strategie* (Regel 3 bis 9). Die strategische Planung Ihres Werdegangs ist ebenfalls eine wichtige Karrierevoraussetzung. Anhand der Regeln 3 bis 9 erfahren Sie, wie Sie vorgehen und was Sie beachten müssen: die ungeschriebenen Gesetze des Arbeitsmarktes einschließlich aller Grundsätze der Bewerbung. Diese Regeln sind deshalb so wichtig, weil die Karriere in einem einzigen Unternehmen meist nicht möglich ist. Sie werden während Ihres Berufslebens mit großer Wahrscheinlichkeit mindestens einmal, wenn nicht öfter, den Arbeitgeber wechseln müssen. Deshalb sollten Sie Ihre Karrierestrategie immer auf den Arbeitsmarkt ausrichten und nicht nur auf Ihre derzeitige Firma.
  Voraussetzung für Karriere ist immer auch Personalverantwortung. Daher fällt die entsprechende Regel ebenfalls unter die karrierestrategischen Ratschläge.
- *Erfolgsfaktoren in der derzeitigen Firma* (Regel 10 bis 15). Diese Regeln behandeln die Voraussetzungen für Ihr Fortkommen bei Ihrem jetzigen Arbeitgeber, es sind also innerbetriebliche Karriereregeln.
- *Sonderthemen Gehaltserhöhung und Fusion* (Regel 16 und 17). Diese Fragen berühren Ihren Aufstieg nicht unmittelbar. Trotzdem gehören sie hierher. Denn Ihr Gehalt sollte Schritt halten mit dem Anstieg Ihrer Leistung und Verantwortung – und durch eine Fusion, die heute jeden treffen kann, wird oft Ihr Job infrage gestellt. Das tangiert Ihre Karriere ganz offensichtlich!

Dieses Buch ist ein Ratgeber im doppelten Sinn: Durch die einzelnen Regeln erfahren Sie nicht nur, *was* Sie im Interesse Ihrer Karriere tun (oder unterlassen) sollten, sondern Sie finden immer auch zahlreiche Hinweise, *wie* Sie es tun sollten, also konkrete Tipps für Ihr Vorgehen.

Der vorliegende Band ist als Ergänzung meiner Bücher *Die heimlichen Spielregeln der Karriere* und *Knacken Sie die Karrierenuss!* konzipiert. Im ersten geht es um das Phänomen »Politik im Büro« als wichtige Voraussetzung für den Aufstieg innerhalb eines Unternehmens; das zweite thematisiert wichtige nicht-fachliche Kompetenzen im Management. Alle drei Titel zusammen stellen das aus meiner Sicht wesentliche Karriere-Know-how dar.

Obwohl dieses Buch ein Karriereratgeber ist, kann es Ihnen auch helfen, Ihren Arbeitsplatz zu sichern. Gerade in konjunkturell schlechten Zeiten geht es in vielen Einzelfällen nicht so sehr darum, befördert zu werden, sondern darum, *nicht entlassen* zu werden. Die ungeschriebenen Gesetze, die für den Aufstieg gelten, haben selbstverständlich auch für die Sicherung der bestehenden Position Gültigkeit.

Abschließend eine allgemeine Bemerkung: Was Sie gerade in Händen halten, richtet sich gleichermaßen an weibliche wie männliche Führungskräfte. Wenn also von »dem Manager« oder »dem Chef« die Rede ist, ist selbstverständlich immer auch »die Managerin« oder »die Chefin« gemeint. Wegen der leichteren Lesbarkeit wird jedoch nur die männliche Form benutzt.

Regel 1
Übernehmen Sie die Verantwortung für Ihren Erfolg

Die meisten erfolgreichen Menschen zeichnet eine ganz bestimmte Einstellung aus.[2] Sie ist zum einen durch das Gefühl gekennzeichnet, das eigene Leben selbst bestimmen zu können. Zum anderen übernehmen die Erfolgreichen ganz selbstverständlich die Verantwortung für ihr Leben. Diese Haltung ist eine wesentliche Grundlage für den Erfolg im Berufsleben. Das heißt konkret: Ohne diese Einstellung wird niemand erfolgreich. Allerdings reicht dieses Denken allein nicht aus, um Karriere zu machen. Es muss noch mehr hinzu kommen, nämlich die Orientierung an den übrigen Regeln, die den Inhalt dieses Buches bilden.

Manche Menschen lassen diese Einstellung schon in ihrer Jugend erkennen: Vielleicht wurde sie ihnen vererbt, vielleicht auch anerzogen. Entscheidend ist aber: Jeder kann sie sich bewusst aneignen. Dafür muss man aber möglicherweise bereit sein, radikal umzudenken.

Nur Sie sind für Ihren Erfolg verantwortlich

Was kennzeichnet die besagte Grundeinstellung? Es ist zuallererst die feste Überzeugung, in vollem Umfang verantwortlich zu sein für sich selbst, für das eigene (Berufs-)Leben und für das, was daraus wird. Beruflich erfolgreiche Menschen sind davon überzeugt, dass sie das, was sie bislang erreicht haben, im Wesentlichen ihrer eigenen Kraft verdanken. Ebenso sind sie überzeugt, dass es an ihnen liegt, berufliche Ziele nicht erreicht zu haben. Die Ursachen dafür suchen sie nicht bei anderen Menschen oder bei den ungünstigen Umständen. Klar, man kann einmal Glück oder Pech haben. Das beschleunigt oder verzögert den Erfolg etwas, aber grundsätzlich und längerfristig, so denken erfolgreiche Menschen, liegt es nur an ihnen, ob sie ihre Ziele erreichen.

Im Gegensatz dazu glauben nicht erfolgreiche Menschen zwar gern, dass es nur an ihnen gelegen hat, wenn etwas einmal vorteilhaft verlaufen ist. Die Ursachen für ihre kleinen und großen Misserfolge hingegen schieben sie meist auf andere Personen oder auf die Umstände. Sie verstehen sich als Opfer: Nicht sie tragen die Verantwortung, sondern andere. Manche glauben auch, sie seien grundsätzlich vom Pech verfolgt.

Betrachten Sie also Ihre aktuelle Situation im Wesentlichen als das Ergebnis Ihres Wollens und Ihrer Entscheidungen. Sie hatten im Laufe Ihres bisherigen Lebens immer wieder die Wahl zwischen verschiedenen Alternativen und haben sich jeweils so und nicht anders entschieden. Beispielsweise haben Sie eine bestimmte Ausbildung oder ein bestimmtes Studium gewählt. Niemand hat Sie dazu gezwungen. Alle anderen Möglichkeiten haben Sie damit gleichzeitig ausgeklammert. Heute arbeiten Sie in einer bestimmten Branche und für eine bestimmte Firma. Auch diese Entscheidung haben Sie völlig frei getroffen. Sie hätten ebenso woanders hingehen können. Die Verantwortung für Ihr Leben zu übernehmen, das heißt konkret, die Verantwortung für die Folgen Ihrer eigenen Entschlüsse zu übernehmen.

Mit vielen Entscheidungen sind nicht nur positive, sondern auch negative Konsequenzen verbunden. Das ist der Preis Ihrer Wahl, und Sie müssen bereit sein, ihn zu zahlen (mehr dazu in Regel 2). Wenn Sie sich zum Beispiel entschieden haben, als Angestellter zu arbeiten (und nicht als Selbstständiger), so beinhaltet dies ein regelmäßiges Einkommen, aber auch das Risiko, eventuell entlassen zu werden. Wenn Sie Ihren Arbeitsplatz verlieren – aus welchem Anlass auch immer –, dann tragen *Sie* dafür in letzter Konsequenz die Verantwortung, nicht Ihr Chef, Ihre Firma, die schlechte Konjunktur oder die Globalisierung. Sie allein haben sich Ihre Ausbildung, Ihren Angestelltenstatus, das Unternehmen und den Chef ausgesucht, und Sie allein haben bei jeder Wahl jeweils andere Optionen verworfen.

Sie selbst sind für die Lösung Ihrer Probleme verantwortlich. Erwarten Sie grundsätzlich keine Wohltätigkeit von anderen, und hoffen Sie nicht darauf, dass sich die Umstände bessern, sondern werden Sie selbst aktiv. Nur *Sie* können etwas für die Verbesserung Ihrer Situation tun. Wenn Sie bisher also nicht Ihre gewünschten Ziele erreicht haben, müssen *Sie* es in Angriff nehmen, Ihre Situation zu verbessern – nicht Ihr Chef, die Personalabteilung, die Geschäftsführung, das Arbeitsamt oder eine ominöse gute Fee.

»Change it, leave it, or love it«

Sie haben drei Möglichkeiten, eine unbefriedigende Situation zu verbessern: Ändern Sie sie, verlassen Sie sie oder identifizieren Sie sich mit ihr.

Erste Möglichkeit: Ändern Sie die Situation. Die Verantwortung für die Konsequenzen Ihrer Entscheidungen zu übernehmen bedeutet auch, die Verantwortung für Misserfolge und Probleme bei sich zu suchen. Gehen Sie immer davon aus, dass Sie einen großen Teil Ihrer Schwierigkeiten selbst verursacht haben, und zwar durch Ihre Entscheidungen und durch Ihr Verhalten, das natürlich immer auf Ihren Entschlüssen beruht. (Das eigene Handeln im täglichen Leben entsteht aus einer Vielzahl kleiner Einzelentscheidungen: Für alles, was ich sage und tue, entscheide ich mich, weil ich es so und nicht anders sagen und tun wollte).

Wenn Sie die Ursachen für Ihre Probleme bei sich selbst suchen, hat das den großen Vorteil, dass Sie sie selbst lösen können, zum Beispiel dadurch, dass Sie Ihr Verhalten ändern. Warten Sie nicht darauf, dass andere aktiv werden, sondern verbessern Sie Ihre Situation, indem Sie das in Ihrer Macht Stehende tun.

Wer zum Beispiel Probleme mit seinem Chef hat (»Mein Chef schikaniert mich«), hat diese in den meisten Fällen selbst heraufbeschworen. Wie alle Menschen handeln Vorgesetzte primär aus Eigeninteresse. Sie sind an maximaler Ausschöpfung der Arbeitskraft ihrer Mitarbeiter interessiert, und sie wissen, dass willkürliches Drangsalieren ausgesprochen kontraproduktiv wirkt. Ohne Grund wird deshalb ein Vorgesetzter seine Mitarbeiter selten schikanieren. Tut er es trotzdem, hat in aller Regel der Mitarbeiter ihn – vielleicht unbewusst und ohne böse Absicht – provoziert. Wenn Sie also Probleme mit Ihrem Chef haben, fragen Sie sich, was *Sie* dazu beigetragen haben. Analysieren Sie Ihr Verhalten und seine Reaktionen; fragen Sie ihn gegebenenfalls – und ändern Sie entsprechend Ihrer Erkenntnisse Ihr Verhalten. Regel 13 befasst sich ausführlich mit der optimalen Zusammenarbeit mit dem Chef.

Ein anderes Beispiel: Sie sind bei einer Beförderung übergangen worden. Statt Ihrer wurde der Kollege aus der Nachbarabteilung befördert, den Sie für inkompetent halten. Suchen Sie die Ursachen dafür zunächst bei sich selbst. Seien Sie überzeugt: Ihre Vorgesetzten hätten Sie befördert, wenn sie Sie für den besseren Kandidaten gehalten hätten! Offensichtlich beurteilt die Führungsetage Ihre Leistungen nicht so positiv wie Sie selbst. Finden Sie heraus, woran das liegt. Seien Sie selbstkritisch. Fragen Sie Ihre Vorgesetzten. Mit großer Wahrscheinlichkeit sehen diese ein gravierendes Defizit bei Ihnen.

Zweite Möglichkeit: Gehen Sie. Es gibt immer wieder Umstände und Konstellationen, die Sie einfach nicht ändern können, egal wie viel Mühe Sie sich geben. Viele Menschen bleiben in so einer Situation passiv und beklagen ihr Schicksal. Das ist natürlich keine Lösung, schon gar nicht, wenn es um Dinge geht, die Ihnen wichtig sind. Wenn Sie wirklich alles versucht haben und trotzdem keine Besserung in Sicht ist, dann haben Sie immer die Möglichkeit zu gehen. Wenn Sie keine Chance sehen, in Ihrer jetzigen Firma das zu realisieren, was Ihnen eindeutig am Herzen liegt, dann gibt es keinen Grund, dort zu bleiben.

Nehmen wir an, Sie werden nicht befördert, obwohl Sie meinen, alle Voraussetzungen in fachlicher und persönlicher Hinsicht zu erfüllen. Zwar haben Sie Ihren Wunsch nach beruflicher Weiterentwicklung deutlich kommuniziert und Ihr Chef befürwortet Ihre Beförderung. Auch haben Sie sich einige Zeit in Geduld geübt, wie er es Ihnen empfohlen hatte (»Es ist leider zurzeit keine Planstelle frei«) – aber es passiert nichts. Dann sollten Sie gehen. Sie können Ihre Beförderung nicht erzwingen, aber Sie können Ihre Situation verbessern, indem Sie die Beförderung durch einen Firmenwechsel erreichen.

Wechseln Sie aber nie vorschnell das Unternehmen, sonst ist die Wahrscheinlichkeit groß, dass Ihre Situation sich bei Ihrem neuen Arbeitgeber nicht verbessern wird. Sie müssen wirklich sicher sein, dass das Problem nicht bei Ihnen liegt, sonst begegnen Sie bei Ihrer neuen Stelle ähnlichen Schwierigkeiten wie bisher. Die möglichen Gründe sind einfach: Einerseits haben Vorgesetzte meist sehr ähnliche Grundansprüche an ihre Mitarbeiter, beispielsweise Einsatzbereitschaft, Zuverlässigkeit und Eigeninitiative. Wenn Sie bei solchen Eigenschaften Defizite haben, werden Sie wahrscheinlich auch mit einem anderen Chef Probleme bekommen. Andererseits gelten in allen Organisationen die Regeln der Büropolitik (siehe Regel 11). Wenn Sie gegen die verstoßen – weil Sie sie nicht kennen oder nicht *anerkennen* wollen –, wirkt das überall als Karrierebremse.

Versuchen Sie folglich zunächst immer, Ihre Schwierigkeiten dort zu lösen, wo sie entstanden sind. Analysieren Sie Ihre Handlungsweisen und fragen Sie sich, was *Sie* falsch machen. Ändern Sie Ihr Verhalten. Danach können Sie immer noch Ihre Firma verlassen, aber diesmal als Sieger und nicht als Verlierer.

Dritte Möglichkeit: Identifizieren Sie sich mit der Situation. Eine andere Möglichkeit, auf eine unabänderliche Situation zu reagieren, besteht darin, sie voll und ganz zu akzeptieren. Wenn Sie die Dinge selbst nicht ändern können und nicht weggehen *wollen* (Sie *können* es immer tun!), ändern Sie

Ihre innere Einstellung. Entscheiden Sie sich ganz bewusst dafür, die gegebenen Verhältnisse nicht nur hinzunehmen, sondern sie aus ganzem Herzen zu akzeptieren. Motivieren Sie sich selbst, indem Sie sich klarmachen, dass *Sie* die Situation gewählt haben, dass Sie sich bewusst entschieden haben, zu bleiben und nicht wegzugehen. Warten Sie nicht darauf, dass andere Sie motivieren.

Arbeiten Sie in solcher Situation mit vollem Einsatz. Das sollten Sie grundsätzlich immer tun und deshalb eben auch jetzt. Wenn Sie etwas nur mit halber Kraft anpacken, wird in der Regel das Ergebnis nur unterdurchschnittlich sein. Darüber hinaus werden Sie nur dann wirklich Spaß an Ihrer Arbeit haben, wenn Sie sie mit voller Energie ausführen. Und ihre Aufgabe sollte Ihnen Spaß bringen, denn angesichts der langen Zeit, die Sie täglich am Arbeitsplatz verbringen, würden Sie sonst auf die Dauer völlig frustriert sein. Oder, wie Reinhard Sprenger es ausdrückt: »Wenn Sie an Ihrem Schreibtisch sitzen und von Hawaii träumen, sind Sie weder an Ihrem Schreibtisch noch auf Hawaii.«

Nehmen wir noch einmal an, Sie wurden bei der Beförderung übergangen: Wenn Sie die Firma daraufhin nicht verlassen, dann nur deshalb, weil Ihnen der Preis zu hoch erscheint. Möglicherweise müssten Sie für eine neue Stelle umziehen, was Sie aus verschiedenen Gründen nicht wollen. Das ist völlig legitim. Aber lamentieren Sie dann nicht über Ihre Vorgesetzten und Ihre Firma, sondern akzeptieren Sie die Situation als das Ergebnis Ihrer bewussten Entscheidung für diesen Arbeitsplatz und arbeiten Sie mit vollem Engagement weiter. Die Firma ist in keiner Weise verpflichtet, Sie zu befördern. *Sie* haben sich entschieden, zugunsten anderer Dinge auf diesen Karriereschritt zu verzichten, den Sie nach Lage der Dinge in einem anderen Unternehmen hätten realisieren können. Es ist Ihre Wahl, und deshalb gibt es keinen Grund, warum Sie sich jetzt weniger engagieren sollten. Fahren Sie Ihren Einsatz dennoch zurück, so wäre auch dies Ihre Entscheidung, deren Konsequenzen (wohl eher negative) Sie zu tragen hätten.

Der richtige Umgang mit Niederlagen

Erfolgreiche Menschen sind davon überzeugt, dass sie selbst es sind, die den Schlüssel zum Erfolg in der Hand haben. Aber, wie alle Menschen, machen natürlich auch sie Fehler und müssen Niederlagen einstecken. Was erfolgreiche Menschen aber auszeichnet, ist die Art und Weise, wie sie auf Misserfolge und Niederlagen reagieren. Beachten Sie hierbei zwei wichtige Aspekte.

Der erste Aspekt betrifft die zeitliche Perspektive. Kurzfristig können Sie Fehler machen oder Pech haben, langfristig aber ist Ihnen der Erfolg sicher – vorausgesetzt, Sie machen grundsätzlich alles richtig (Sie halten sich also an die Karriereregeln dieses Buches). Lassen Sie sich von Rückschlägen und Niederlagen nicht niederringen, geben Sie nicht auf, sondern verfolgen Sie beharrlich Ihre Ziele. Auch wenn Sie nach einem Misserfolg niedergeschlagen sind und am liebsten resignieren würden – tun Sie es nicht! Sagen Sie sich stets: Sie haben vielleicht eine Schlacht verloren, aber das bedeutet noch lange nicht, dass auch der Krieg verloren ist – besonders dann nicht, wenn Sie die richtige Strategie verfolgen.

Zweitens geht es darum, wie Sie einen Misserfolg interpretieren. Wenn Sie einen Rückschlag als Indiz für Ihre Unfähigkeit oder Machtlosigkeit (»Ist halt Schicksal«) ansehen, wenn Sie die Schuld auf andere schieben (»Ich konnte nichts dafür«), lernen Sie nichts aus der Niederlage. Genau den gleichen Fehler werden Sie in einer ähnlichen Situation wieder begehen. Damit legen Sie den Grundstein für ein erneutes Scheitern. Denn wer anderen die Schuld zuweist, hat keinen Anlass, sich selbst zu ändern. Der Wandel des eigenen Verhaltens ist meist ein schwieriger, schmerzhafter Prozess, der immer damit beginnt, sich einzugestehen, etwas falsch gemacht zu haben.

Wenn Sie aber die Verantwortung für einen Misserfolg übernehmen und sich fragen, was Sie selbst zum Scheitern beigetragen haben, dann können Sie es beim nächsten Mal besser machen. Betrachten Sie also Ihre falschen Entscheidungen und Misserfolge als Quelle der Erkenntnis. Lernen Sie daraus, und Sie werden zukünftig mehr Erfolg haben. Sagen Sie sich, dass jeder Mensch Fehler macht, auch und gerade der erfolgreiche. Um langfristig Erfolg zu haben, ist es nur entscheidend, den gleichen Fehler nicht zweimal zu begehen.

Bei jeder Niederlage die Ursache bei sich selbst zu suchen, ist geradezu eine *Bedingung* des langfristigen Erfolgs. Auch wenn es im Einzelfall unangenehm sein mag, sich einen Fehler einzugestehen und sein Verhalten zu ändern, so ist doch dies immer noch viel einfacher, als das Verhalten anderer Menschen zu ändern.

Die Abhängigkeit von anderen

»Ja, aber ...«, werden Sie jetzt vielleicht sagen: »Selbst wenn ich zu 100 Prozent die Verantwortung für mein Leben und meine Karriere übernehme, so bleibe ich doch für meinen Erfolg abhängig von vielen Personen, beispielsweise von meinem Chef, der Vorstandsetage oder den Abteilungskollegen. In ihrer Gesamtheit bestimmen sie doch viel mehr als ich, wie erfolgreich ich bin.« Es ist richtig, dass Sie als Angestellter ganz wesentlich auf die Kooperation und Unterstützung anderer Personen im Unternehmen angewiesen sind, um Ihre sachlichen und persönlichen Ziele zu erreichen.

Mit sachlichen Zielen sind Ihre Aufgaben gemeint, persönliche Ziele sind beispielsweise Ihr Wunsch, eine Gehaltserhöhung zu bekommen oder befördert zu werden. Für die Durchsetzung Ihrer sachlichen Ziele benötigen Sie die Mitarbeit von gleichgestellten Kollegen aus Ihrer und aus anderen Abteilungen. Und Sie brauchen die Unterstützung und Rückendeckung Ihres Chefs. Auch Ihre persönlichen Ziele können Sie in Ihrer Firma nur mithilfe Ihres Chefs sowie höherer Vorgesetzter erreichen.

Ob Sie aber die Unterstützung dritter bekommen, hängt ganz entscheidend von Ihnen selbst ab: Sie müssen und Sie können es schaffen, andere dazu zu bringen. Hierfür benötigen Sie Macht – also die Fähigkeit, andere dahingehend zu beeinflussen, das zu tun, was Sie von ihnen erwarten.

Innerbetriebliche Macht hat viele Grundlagen, die wichtigste davon besteht in guten Beziehungen zu Vorgesetzten und Kollegen. Um in Ihrer Firma erfolgreich zu sein, müssen Sie sich eine Machtposition aufbauen.[3] Es liegt nur an Ihnen, ob und in welchem Umfang Sie dies tun.

Schicksalsschläge, Glück und Pech

Natürlich können wir nicht alles in unserem Leben selbst bestimmen. Es gibt Schicksalsschläge, für die wir nicht verantwortlich sind, zum Beispiel eine schwere Krankheit oder einen Unfall. Zwar können Sie durch ein entsprechendes Verhalten die Wahrscheinlichkeit reduzieren, dass es Sie trifft – nicht rauchen, sich gesund ernähren, sich viel bewegen, Extremsport meiden und defensiv Auto fahren –, gänzlich ausschließen können Sie Krankheiten oder Unfälle dadurch aber nicht.

Der entscheidende Punkt besteht darin, zwischen einem unabwendbaren Schicksalsschlag einerseits und den Konsequenzen Ihrer eigenen Entschlüsse andererseits zu unterscheiden. Erfolgreiche Menschen sehen nur sehr weniges von dem, was ihnen an Positivem und Negativem widerfährt, als schicksalhaft an.

Das gilt auch für den Einfluss von Glück und Pech auf den Erfolg. Hat man Glück, stellt sich der Erfolg früher ein, wenn man Pech hat, dauert es länger. Aber nicht diese Zufälle entscheiden langfristig über den Erfolg, sondern nur der Einzelne selbst. Ihr Chef verlässt überraschend die Firma, und Sie werden sein Nachfolger. Glück gehabt! Dass Sie aber überhaupt befördert werden, verdanken Sie Ihren Leistungen und nicht der Tatsache, dass Ihr Vorgesetzter gegangen ist. Oder Sie haben Pech und erhalten im Rahmen einer Umstrukturierung einen neuen Chef, der Ihnen sehr unsympathisch ist – was häufig auf Gegenseitigkeit beruht. So etwas kann Ihre Karriere zwar bremsen, aber nicht verhindern.

Selbstverantwortung gibt Selbstvertrauen

So wie die Einstellung zum Erfolg angeboren oder anerzogen sein kann, so verhält es sich offensichtlich auch mit dem Selbstvertrauen und dem Selbstbewusstsein, das daraus erwächst. Manche Menschen haben von klein auf ein ausgeprägtes Vertrauen in ihre Fähigkeiten, andere nicht. Wenn selbstbewusstes Auftreten für den beruflichen Erfolg wichtig ist – und dafür spricht einiges –, dann stellt sich für den Unsicheren die Frage, ob er sein Selbstvertrauen und Selbstbewusstsein steigern kann. Die Antwort lautet ja, und sie hängt unmittelbar mit der beschriebenen Grundeinstellung zusammen.

Wenn Sie sich bewusst machen und vollkommen akzeptieren, dass *Sie* der Kapitän auf Ihrem Lebensschiff sind und den Kurs Ihres Lebens bestimmen, dann wird allein schon diese Überzeugung wesentlich zu Ihrem Selbstvertrauen beitragen. Ihre Entscheidung, Ihr Leben selbst in die Hand zu nehmen, wird Sie selbstbewusster werden lassen. Darüber hinaus steigert natürlich jeder einzelne berufliche Erfolg Ihr Selbstbewusstsein.

Aber nicht nur das: Auch Fehlschläge und Niederlagen werden zu Quellen Ihres Selbstvertrauens, wenn Sie sie aus eigener Kraft überwinden können. Sie beweisen damit Ihrer Umwelt und vor allem sich selbst, wozu Sie fähig sind. Je größer die Schwierigkeiten und Rückschläge sind, die Sie überwinden, um ein bestimmtes Ziel zu erreichen, desto mehr haben Sie Grund, stolz auf sich zu sein, und Ihr Selbstbewusstsein wird gestärkt.

Das Wichtigste in Kürze

- Übernehmen Sie die Verantwortung für Ihre aktuelle berufliche Situation. Betrachten Sie sie im Wesentlichen als das Ergebnis Ihrer Entscheidungen – und nicht als Folge von Glück oder Pech.

- Sie haben drei Möglichkeiten zur Lösung Ihrer beruflichen Probleme: Change it, leave it, or love it.
- Seien Sie bereit, den Preis für Ihre Entscheidungen zu zahlen.
- Lernen Sie aus Ihren Fehlschlägen, wie Sie es beim nächsten Mal besser machen können.
- Lernen Sie, mit der Abhängigkeit von anderen umzugehen.
- Betrachten Sie nur wirkliche Schicksalsschläge als Pech.
- Schöpfen Sie Selbstvertrauen aus Ihrer Selbstverantwortung.

Regel 2
Seien Sie bereit, den Preis für Ihre Karriere zu zahlen

Die in Regel 1 beschriebene Grundeinstellung ist die Voraussetzung für jede Art von Erfolg. Sie gilt besonders für den Beruf, aber auch für alle anderen Bereiche des Lebens. Berufliche Anerkennung ist natürlich nicht die einzige Art von Erfolg, die es gibt. Gewinnen können Sie bei allem, was Sie sich vorgenommen haben und was Sie selbst beeinflussen können. Beruflichen Erfolg wiederum kann man sowohl als Selbstständiger oder als abhängig Beschäftigter haben. Wie in der Einleitung erwähnt, befasst sich dieses Buch in erster Linie mit den Voraussetzungen für den Aufstieg in Hierarchien.

Nach drei oder vier Beförderungen sind Sie je nach Größe der Organisation in der Geschäftsführung oder im oberen Mittelmanagement angekommen. Hierbei sind allerdings echte Beförderungen gemeint. Wenn Sie nur einen neuen Titel bekommen, heißt das nicht zwangsläufig, dass Sie auch wirklich befördert wurden. Ein Titel ist zwar eng mit einem Rang verbunden, jedoch nicht damit identisch. Zwar gehört zu jeder Rangstufe in den meisten Firmen auch ein Titel (beispielsweise Abteilungsleiter oder Bereichsleiter), doch gibt es in vielen Unternehmen für Jobs auf faktisch gleicher Hierarchieebene mehrere unterschiedliche Titel. Das hat seine Ursache darin, dass die Verleihung eines Titels meist nur wenig kostet. Um ihre Mitarbeiter zu motivieren, sind manche Firmen daher sehr kreativ im Erfinden pompöser Titel, die dann anstelle echter Beförderungen vergeben werden.

Was motiviert so viele Menschen, eine Karriere anzustreben? Meist ist es ein ganzes Bündel von Antriebskräften, deren Gewichtung aber bei jedem Einzelnen unterschiedlich ausfällt. Der Wunsch nach größerer Unabhängigkeit, mehr Gestaltungsspielräumen bei der Arbeit, mehr Verantwortung, aber auch nach höherem Einkommen, höherem Status und gesteigerter Anerkennung durch das eigene soziale Umfeld sind wesentliche Motive.

Eine Karriere hat ihren Preis. Im weitesten Sinne besteht er darin, dass Sie den offenen und verdeckten Regeln folgen – so wie sie in diesem Buch dargestellt sind. Im engeren Sinne umfasst der Preis darüber hinaus drei Faktoren, die im Folgenden beleuchtet werden sollen. *Erstens* ist praktisch immer eine sehr hohe Arbeitsintensität (oft mit Stress verbunden) und Arbeitsmenge (Überstunden) erforderlich. Dies bedingt meistens deutlich weniger Freizeit. *Zweitens* erfordert eine Karriere ein hohes Maß an Mobilität. Sie müssen bereit sein, mehrfach in Ihrem Berufsleben den Wohnort zu wechseln. Aus diesen beiden Gründen ist es *drittens* oft schwierig, die Karriere mit den Wünschen an das Privatleben unter einen Hut zu bringen.

Gelegentlich werden gesundheitliche Probleme als weiterer Preis für die Karriere genannt. Früher bezeichnete man beispielsweise den Herzinfarkt oft als »Managerkrankheit«. Heute hat sich die Situation deutlich geändert. Krank machenden Stress gibt es nicht nur im Management, sondern in vielen Berufen und auf nahezu allen Hierarchiestufen. Ob Stress allerdings zu gesundheitlicher Gefährdung führt – auch über den Umweg des Alkohol-, Drogen- oder Tablettenmissbrauchs –, scheint sehr von der Persönlichkeit des Einzelnen und seiner körperlichen Verfassung abzuhängen.

Ohne Überstunden geht es nicht

Nicht nur in qualitativer, auch in quantitativer Hinsicht müssen Sie Überdurchschnittliches leisten, wenn Sie Karriere machen wollen. Selbst wenn Sie das Zeitmanagement beherrschen und sich selbst hervorragend organisieren können, kommen Sie nur selten um Überstunden herum. Bei einer repräsentativen Umfrage gaben nur 5 Prozent der leitenden Angestellten in Deutschland an, eine 40-Stunden-Woche zu haben. Fast die Hälfte der Befragten kommt dagegen auf 50 bis 60 Stunden, und 20 Prozent der deutschen Führungskräfte arbeiten sogar mehr als 60 Stunden pro Woche.

Diese Mengen von Überstunden werden gemacht, weil die Vorgesetzten es stillschweigend erwarten oder offen verlangen. In Regel 13 wird dies noch ausführlich begründet: Nur der Chef definiert, was eine gute Leistung ist – und für die meisten Chefs gehören Überstunden einfach dazu. Das hat verschiedene Gründe:

- Bei Bürotätigkeiten lässt sich die Arbeitsmenge oft nicht genau bestimmen, die ein Mitarbeiter in der wöchentlichen Sollarbeitszeit erbringen sollte. Dies gilt für eine Sekretärin genauso wie für einen Sachbearbeiter – und erst recht für eine Führungskraft. Dazu kommt, dass es meist schwierig ist, die Qualität der geleisteten Arbeit im Verhältnis der dafür aufgewendeten Zeit objektiv zu bestimmen. Das heißt natürlich nicht, dass man keine Qualitätsunterschiede zwischen Mitarbeitern feststellen könnte. Aber eine annähernd genaue Festlegung dessen, welche Leistungsmenge ein Mitarbeiter pro Woche erbringen sollte, ist extrem mühselig. Viel leichter ist es, auf die Uhr zu schauen. Deshalb machen es sich die meisten Chefs einfach und messen die Leistung und Effizienz ihrer Mitarbeiter nach der Anzahl der wöchentlichen Arbeitsstunden.

- Überstunden gelten im Allgemeinen als Zeichen des Engagements und der Loyalität eines Mitarbeiters – wichtige Voraussetzungen, um befördert zu werden. Auch wenn Sie Ihren Job in der Normalarbeitszeit schaffen könnten, empfehlen sich Überstunden schon aus diesem Grund.
- Da es keine objektiven Kriterien für die Arbeitsmenge gibt, versuchen viele Vorgesetzte einfach, so viel Arbeitsleistung wie möglich aus ihren hoch bezahlten Führungskräften herauszupressen. Lean Management heißt das Zauberwort. Ähnliches spielt sich in vielen Firmen aber auch auf der Ebene der Tarifangestellten ab. Für die Betroffenen bedeutet dies »freiwillige« unbezahlte Überstunden.

Solange Sie eine Beförderung in Ihrer Firma anstreben, müssen Sie sich also in den meisten Fällen auf Überstunden einstellen.

Die Frage ist nicht, ob Sie Überstunden machen müssen, sondern wie viele.

Fast überall im Management sind lange Abende während der Woche an der Tagesordnung. Sie können froh sein, wenn Sie die Wochenenden frei haben. Hinsichtlich Ihrer Arbeitszeiten müssen Sie sich nach Ihrem direkten Vorgesetzten richten. Je mehr Überstunden er selbst macht, desto mehr wird er meist auch von seinen Mitarbeitern erwarten. Wenn Sie selbst kein Workaholic sind und die Anzahl Ihrer Überstunden in erträglichen Grenzen halten wollen, beachten Sie folgende Hinweise:

- Wenn Sie sich in einer Firma bewerben, suchen Sie sich damit auch immer Ihren neuen Chef aus. Versuchen Sie, im Bewerbungsgespräch herauszufinden, ob regelmäßige Abend- und Wochenendarbeit in seiner Abteilung an der Tagesordnung sind. Fragen zu diesem Thema verlangen aber viel Fingerspitzengefühl, da Sie unbedingt den Eindruck vermeiden müssen, Sie hätten mit Überstunden ein Problem.
- Tendenziell gilt: Je größer das Unternehmen, desto geregelter die Arbeitszeit. Auch in Verwaltung und Management von Großunternehmen sind Überstunden an der Tagesordnung, aber dort gibt es einen Betriebs-

rat, der die Einhaltung der gesetzlichen Bestimmungen zur Arbeitszeit überwacht.

- Bestimmte Dienstleistungsbranchen sind notorisch bekannt für ihre extremen Arbeitszeiten. Hierzu gehören Berater aller Art, aber auch Werbeagenturen. Der meist von den Auftraggebern ausgeübte Zeitdruck überträgt sich ungepuffert auf die Mitarbeiter.
- Wenn Sie sich bei Ihrer Arbeit auf das Wesentliche konzentrieren, sind Sie erheblich produktiver als andere. (Wie Sie das machen, wird in Regel 10 dargestellt.) Das hilft Ihnen, von Ihrem Chef als guter Mitarbeiter eingestuft zu werden. Damit können Sie zwar in der Regel Überstunden nicht verhindern, wohl aber ihren Umfang reduzieren. Wenn Sie sich die Arbeitszeiten der erfolgreichen Führungskräfte in Ihrer Firma genau anschauen, werden Sie feststellen, dass es durchaus Unterschiede gibt.

Es reicht allerdings nicht aus, Überstunden zu machen: Sie müssen von Ihrem Chef und den höheren Vorgesetzten auch *wahrgenommen* werden – besonders wenn Sie zu extremen Zeiten arbeiten, etwa spät abends oder am Wochenende. Sorgen Sie dafür, dass Ihr Einsatz bekannt wird, indem Sie darüber berichten. Oder schicken Sie Ihren Vorgesetzten eine E-Mail oder ein Fax in der Hoffnung, dass die Uhrzeit in der Absenderkennung bemerkt wird.

Überstunden reduzieren den *Umfang* der Freizeit, das ist offensichtlich. Darüber hinaus führt die hohe Arbeitsintensität meist zu entsprechender Müdigkeit nach der Arbeit, sodass auch die *Qualität* der Freizeit leidet. Konkret: Nach einem langen, harten Arbeitstag reicht die Energie gerade noch, um zu Hause den Fernseher einzuschalten (und oft nicht einmal, um ihn wieder auszuschalten).

In einem etwas weiteren Sinne kann man zu den Überstunden auch die Reisetätigkeit zählen. Selbst wenn die eigentliche Arbeitszeit am Zielort im Einzelfall deutlich geringer als am heimischen Arbeitsplatz ausfällt, ergibt sich schon bei einer eintägigen Flugreise ein hoher Stundenaufwand, wenn man die Reisezeit hinzuzählt. Auch wenn der Flug nur eine Stunde in Anspruch nimmt, dauert der einfache Weg von Tür zu Tür einschließlich Wartezeiten und Taxi- oder Mietwagenfahrten leicht drei Stunden. Bei mehrtägigen Reisen sind Sie oft von früh morgens bis zum Ende des Abends mit Kollegen oder Geschäftspartnern zusammen, also im Dienst. Sollten Sie einmal eine freie Stunde haben, so sind Sie trotzdem nicht zu Hause.

In vielen Berufsfeldern müssen schon Berufsanfänger häufiger dienstlich im In- und Ausland reisen, zum Beispiel zur Firmenzentrale oder zu Tochtergesellschaften, Lieferanten oder Kunden. Mit steigendem Rang verringert sich nur selten die Notwendigkeit zu reisen; die Anlässe sind nur andere: statt eines Arbeitsbesuchs bei einer Tochtergesellschaft eine internationale Managementkonferenz, statt eines Kundenbesuchs ein Treffen auf Geschäftsleitungsebene.

Tipps für Ihren Erfolg

- Sie müssen sich dauerhaft auf eine höhere Arbeitsmenge und -intensität einstellen, wenn Sie Karriere machen wollen. Allerdings können Sie die Zahl Ihrer Überstunden begrenzen.
- Versuchen Sie in Bewerbungsgesprächen zu ermitteln, wie Ihr potenzieller Chef zu Abend- und Wochenendarbeit steht.
- Extreme Überstundenbelastungen kommen eher in kleinen und mittleren Unternehmen vor als in großen Konzernen, sowie eher in bestimmten Dienstleistungsbranchen.
- Konzentrieren Sie sich bei Ihrer Arbeit auf das Wesentliche.

Karriere erfordert Mobilität

Eine Karriere in der Wirtschaft, aber auch in der öffentlichen Verwaltung, ist kaum möglich ohne die prinzipielle Bereitschaft zum mehrmaligen Ortswechsel. Der häufigste Grund ist natürlich ein Firmenwechsel. Aber auch wenn Sie innerhalb eines Konzerns aufsteigen, ist dies praktisch immer mit zeitweiligen Versetzungen zu in- und ausländischen Tochtergesellschaften verbunden. Ganz zu schweigen davon, dass in das obere Management vieler Großkonzerne grundsätzlich nur aufsteigen kann, wer mindestens einmal im Ausland gearbeitet hat.

Wer – aus welchen Gründen auch immer – einen Ort oder eine Region nicht verlassen will, verringert seine Karrierechancen deutlich, und zwar aus mehreren Gründen:

- Zunächst kommt es in Deutschland sehr häufig vor, dass attraktive Jobs – vor allem wenn sie einen Aufstieg bieten – an anderen Standorten als dem eigenen angeboten werden. Im Gegensatz zu Ländern wie Frankreich oder England, in denen eine Wirtschaftsmetropole dominiert, sind die wirtschaftlichen Schwerpunkte und damit auch die Standorte von Unternehmenszentralen über ganz Deutschland verteilt. Wenn Sie Ihren

derzeitigen Wohnort nicht verlassen wollen, reduzieren Sie Ihre Möglichkeiten, attraktive Jobs zu bekommen, ganz erheblich.
- Sie laufen Gefahr, Jobangebote aus Ihrer Region zu optimistisch zu beurteilen. Bekanntermaßen hat *jedes* Angebot Vor- und Nachteile. Da aus Ihrer Sicht nur ein Gebiet infrage kommt, bedeutet allein der Standort einen dicken Pluspunkt für jedes halbwegs passende Angebot aus Ihrer Region. Deshalb werden Sie leicht dazu neigen, wesentliche Nachteile herunterzuspielen: Der eine große Vorteil scheint die Nachteile aufzuwiegen. Was aber, wenn sich Ihre Entscheidung als falsch erweist und Sie nicht mit Ihrem neuen Arbeitgeber zurechtkommen? Schnell wieder einen adäquaten Job in Ihrer Region zu finden, ist vielleicht nicht möglich. Was dann? Sie riskieren einen Karriereknick oder gar Arbeitslosigkeit. Genauso problematisch ist die »falsche« Mobilität, also der Wechsel aus rein privaten Gründen in einen ganz bestimmten Wohnort und damit verbunden auch ein Jobwechsel, obwohl dazu aus Karrieregründen keine Notwendigkeit besteht.
- Sie machen sich über Gebühr abhängig von Ihrem derzeitigen Arbeitgeber. Die stärkste Waffe des Arbeitnehmers besteht in der Möglichkeit zu kündigen. Wenn Sie aber eine zu starke Bindung an den Standort des Unternehmens haben, ist Ihre Waffe stumpf. Es schwächt Ihre Position gegenüber Ihren Vorgesetzten in jeder Hinsicht: bei Interessenkonflikten in der täglichen Zusammenarbeit, bei offenen Auseinandersetzungen oder bei Gehaltsverhandlungen. Dies gilt umso mehr, wenn es am Ort wenig vergleichbare Arbeitsmöglichkeiten oder gar Aufstiegschancen gibt. Wenn Sie sich also an eine Region gebunden fühlen, dann erwähnen Sie diesen Umstand möglichst nicht gegenüber Ihren Vorgesetzten.

Die meisten Menschen werden mit zunehmendem Alter unbeweglicher. Hierfür gibt es viele Gründe, die alle im privaten Bereich zu suchen sind: enge Partnerschaft, eigene Kinder, Eigenheim, gewachsener Freundeskreis und allgemein geringere Flexibilität in der Lebensplanung – bis hin zu dem ausdrücklichen Wunsch, endgültig Wurzeln zu schlagen. Damit verringern sich aber immer auch die Karrierechancen.

Für einen attraktiven Job sollten Sie deshalb bereit sein, zumindest deutschlandweit umzuziehen. Natürlich können Sie auf eine Chance verzichten und sich einen Umzug sowie die damit verbundenen Probleme ersparen. Aber die Gefahr ist groß, dass eine solche Entscheidung später zu Karriereproblemen führt – dann nämlich, wenn Sie in Ihrer Firma nicht mehr weiterkommen und es in der Nähe keinen anderen Arbeitgeber gibt, der Ihnen einen weiteren Aufstieg ermöglicht. Mit den Worten des Karriereberaters Heiko Mell: »Die Probleme, die man sich privat mit einer Mobilitätsverweigerung ersparen möchte, holt man sich zumeist mehrfach beruflich wieder herein.«

Es stimmt schon: Man kann Glück haben und an *einem* Ort Karriere machen, durch den Aufstieg innerhalb einer Konzernzentrale oder weil man einen vorteilhaften Wechsel zu einer anderen Firma vor Ort realisieren konnte. *Aber das sind die Ausnahmen, nicht die Regel!* Um es ganz deutlich zu sagen:

Um Karriere zu machen, müssen Sie die Frage Ihres Wohnorts ganz den beruflichen Erfordernissen unterordnen.

Sie müssen bereit sein, dort hinzugehen, wo sich die optimale Stelle für Sie und Ihre Karriere befindet. Die Chance, diese zu finden, ist am größten, wenn Sie in ganz Deutschland suchen. Anders ausgedrückt: Sie sollten nur so lange an einem Ort bleiben, wie es Ihr Job erfordert. Bleiben Sie deshalb unbedingt mobil, wenigstens solange Sie jung sind. Beachten Sie folgende Hinweise:

- Wenn für die Karriere, die Sie anstreben, ein Auslandsaufenthalt notwendig ist, absolvieren Sie diesen so früh wie möglich. Je jünger Sie sind, desto leichter fällt es Ihnen, sich auf eine völlig fremde Arbeits- und Lebensumwelt einzustellen. Außerdem ist es für einen ledigen Menschen in der Regel relativ leicht, ein paar Jahre ins Ausland zu gehen. Deutlich schwieriger wird es, eine ganze Familie mit Kindern zu verpflanzen.
- Warten Sie mit dem Bau Ihres Eigenheims. Auch wenn Sie einen großen Drang nach den eigenen vier Wänden verspüren, die Zinsen gerade niedrig und die staatlichen Zuschüsse verlockend sind – kaum etwas bindet die Menschen in Deutschland de facto so stark an einen Ort wie ihr eigenes Haus. Bedenken Sie, dass Sie Ihren Traum auch noch später verwirklichen können. Wenn Sie bis dahin einige Karrierestufen genommen haben, werden Sie sich sogar ein schöneres und größeres Haus leisten können. Wenn Sie heute mehr Platz brauchen, mieten Sie sich einfach ein Haus.

Mobilität bedeutet die Bereitschaft, einen Job überall in Deutschland anzunehmen. Das heißt allerdings nicht in jedem Fall, dass man auch umziehen muss. Um einen Umzug zu vermeiden, nehmen viele Arbeitnehmer täglich lange Wege zur Arbeit oder eine Wochenendbeziehung in Kauf. Das ist aber für die meisten Menschen ebenso unangenehm wie aufwändig und muss deswegen ebenfalls als Preis der Karriere betrachtet werden.

Tipps für Ihren Erfolg

- Um Karriere zu machen, müssen Sie in aller Regel mobil sein, also bereit, einen attraktiven Job überall in Deutschland anzunehmen. Im anderen Fall reduzieren Sie Ihre Karrierechancen erheblich.
- Auch wenn Sie nicht Ihr ganzes Leben mobil sein wollen, bleiben Sie es wenigstens, solange Sie jung sind und Ihre Karriere aufbauen.
- Binden Sie sich nicht unnötig an einen Ort zum Beispiel durch den Bau eines Eigenheims.

Abstriche im Privatleben?!

Sie sollten sich Ihre beruflichen Ziele immer unter Berücksichtigung Ihrer privaten Ziele und Prioritäten setzen. Wenn Sie Karriere machen wollen, müssen Sie gewisse Abstriche im Privatleben in Kauf nehmen. Denn der berufliche Aufstieg ist, wie gesagt, in aller Regel nur mit hohem zeitlichen Einsatz und räumlicher Flexibilität möglich. Überstunden bedeuten weniger Freizeit: weniger Zeit für den Partner, für die Kinder, für die Freunde und für die Hobbys. Und Mobilität zieht entweder einen Umzug oder eine Wochenendbeziehung nach sich.

Karriere und Partnerschaft

Sie können Ihre Karriere und Ihre Beziehung nur unter einen Hut bringen, wenn Ihr Partner Ihre Karriereambitionen unterstützt oder zumindest toleriert. Er muss akzeptieren, dass Sie weniger Zeit für die Beziehung haben als manch anderer oder dass Sie für längere Zeit nur eine Wochenendbeziehung führen können. Und er muss bereit sein, mit Ihnen umzuziehen, falls Ihre Karriere dies erfordert.

Schwierig wird es, wenn Ihr Partner ganz andere Pläne hat als Sie. Beispielsweise wird besonders leicht die Mobilität ein Streitpunkt, wenn Ihr Partner ebenfalls ehrgeizige Karriereziele verfolgt. Für ihn gilt dann die gleiche Mobilitätsregel wie für Sie. Er möchte seine derzeitige Position nicht aufgeben, nur um Ihnen zu folgen, oder er möchte selbst aus beruflichen Gründen umziehen, was wiederum nicht mit Ihrer Planung harmoniert.

Es gibt natürlich kein Patentrezept, wie Sie derartige Probleme lösen können. Sie müssen sich darüber im Klaren sein, dass immer wieder Situationen entstehen können, in denen Kompromisse zwischen Karriere und Partnerschaft notwendig sind. Wie bereits gesagt: Wer aus privaten Gründen einen guten Job aufgibt, oder wer aus privaten Gründen ein gutes Angebot an einem anderen Ort ablehnt, reduziert in der Regel seine Karrierechancen. Das ist vollkommen in Ordnung, solange Sie die Entscheidung *bewusst* treffen und bereit sind, ohne zu klagen mit den Konsequenzen zu leben.

Karriere und Kinder

In den alten deutschen Bundesländern ist noch heute – unter Männern wie Frauen – die Einstellung sehr weit verbreitet, dass die Kindererziehung allein Sache der Familie ist, was fast immer konkret bedeutet: die Aufgabe der Frau. Nach der Geburt des ersten Kindes hören die meisten Frauen wie selbstverständlich auf zu arbeiten und widmen sich jahrelang ganz der Kindererziehung. Wenn die Kinder in der Schule sind, suchen sich die Mütter vielleicht einen Halbtagsjob. Beides, der jahrelange Ausstieg aus dem Beruf und die Teilzeitbeschäftigung, ist unvereinbar mit einer Karriere. Deshalb sehen die meisten Frauen nur zwei Möglichkeiten: Entweder entscheiden sie sich für den Beruf und verzichten auf Kinder; oder sie wählen den Nachwuchs, dann wollen sie ihn aber auch selbst betreuen.

Aber: Nichts ist falscher als die These, dass Karriere und Kinder für Frauen unvereinbar seien. Der Blick zu unseren Nachbarländern Frankreich oder Dänemark zeigt, dass Frauen sehr wohl Karriere machen und trotzdem Nachwuchs haben können. Die Kinder müssen lediglich ganztags betreut werden, und zwar schon ab dem Säuglingsalter, um die Babypause möglichst kurz zu halten. Genau dazu sind viele Eltern in Westdeutschland aber nicht bereit, da vielerorts noch die Überzeugung vorherrscht, nur die eigene Mutter könne ein Kind erziehen und ihm die nötige Liebe und Geborgenheit geben. Folglich wird eine Frau schon dann als »Rabenmutter« angesehen, wenn sie ihr Kind ganztags von einer Kinderfrau betreuen lässt oder in einen der wenigen Ganztageskindergärten gibt, um ihrem Beruf nachgehen zu können. Dies gilt erst recht, wenn sie beruflich erfolgreich ist.

Würde die landläufige Einstellung zur Ganztagsbetreuung zutreffen, müssten die von ihren Müttern erzogenen Kinder besser erzogen und innerlich ausgeglichener sein als Kinder in unseren Nachbarländern – und in der ehemaligen DDR! –, die in Krippen und Ganztagskindergärten groß wurden und werden. Nach den Erkenntnissen der Expertin Barbara Vinken gibt es dafür aber keinerlei Anzeichen: »Die Kinder unserer französischen und dänischen Nachbarn sind nicht neurotischer als unsere Kinder. Sie haben keine ernsthaften Leistungsblockaden und sind auch nicht emotional gestört, obwohl dort die ganztägige Betreuung in Tagesstätten und später in Schulen zum Alltag gehört. Auch der Familiensinn ist dort nicht weniger ausgeprägt als hier.« Schließlich können sich Mütter auch bei Ganztagsbetreuung intensiv um ihre Kinder kümmern: morgens, abends, an den Wochenenden und im Urlaub.

Aufgrund der tief sitzenden Vorurteile gegen Krippen- und Horterziehung gibt es in den alten Bundesländern solche Einrichtungen so gut wie gar nicht. Selbst Ganztagsschulen sind immer noch eine Rarität. Wer als Mutter Karriere machen will, muss also nicht nur gegen die Vorurteile der Umwelt ankämpfen, sondern oft auch viel Energie (und Geld) aufwenden, um die Kinderbetreuung zu organisieren. Die in Deutschland leider viel zu seltenen Beispiele beruflich erfolgreicher Mütter zeigen aber, dass Karriere und Kinder auch in diesem Lande sehr wohl vereinbar sind.

Wenn sowohl Frau wie Mann berufstätig sind, stellt sich die Frage, wie das Privatleben zu organisieren ist. Wer macht die Hausarbeit? Wer geht einkaufen? Wer kocht? Wer holt die Kinder vom Hort oder der Schule ab? Was ist, wenn die Kinder krank sind und das Bett hüten müssen? In den meisten Familien trägt immer noch die Frau den größeren Teil der familiären Arbeitslast – alleinerziehende Mütter sind ganz auf sich gestellt. Man muss viel Energie haben und sich sehr gut organisieren können, um das alles neben dem Beruf zu bewältigen!

Schon bei einem normalen Arbeitstag von acht Stunden bedeutet das einen hohen Organisierungsgrad und viel Ausdauer. Noch schwieriger wird es für berufstätige Eltern, die beide Karriere machen wollen und demzufolge nicht mit einer 40-Stunden-Woche auskommen. Man kann nicht einfach um 16.45 Uhr ein wichtiges Meeting verlassen mit dem Hinweis, man müsse jetzt sein Kind vom Kindergarten abholen. Sie müssen also das Problem der Überstunden während der Woche lösen. Am einfachsten ist natürlich eine Tagesmutter oder eine Kinderfrau, die sich um die Kinder kümmert, bis die Eltern nach Hause kommen. Oder Sie vereinbaren mit Ihrem Partner, wer an bestimmten Tagen länger im Büro bleibt, während der oder die andere für die Kinder sorgt. Vielleicht haben Sie einen Chef, der eine solche Regelung akzeptiert. Aber – ob Vater oder Mutter – vermeiden Sie es, diese Problematik bereits im Vorstellungsgespräch für eine Führungsposition anzusprechen. Dort müssen Sie den Eindruck erwecken, dass Sie durch die Kinder in keiner Weise in Ihrer Leistungsfähigkeit und zeitlichen Einsatzbereitschaft eingeschränkt sind.

Erst recht wird es problematisch, wenn Mama für drei Tage auf Dienstreise muss und Papa in der Endphase eines wichtigen Projekts steckt und nie vor 20.00 Uhr nach Hause kommt. In diesem Fall sind einsatzbereite Großeltern oder eine verlässliche Kinderfrau unabdingbar.

Eine Kinderfrau bietet in der Regel die beste, aber auch teuerste Form der Kinderbetreuung. Leider ist diese häusliche Dienstleistung nicht weit verbreitet, nicht nur weil viele Frauen nur ungern die Betreuung der Kinder in fremde Hände geben, sondern auch weil viele Eltern die damit verbundenen Kosten scheuen. Dabei übersehen sie, dass das Einkommen, das die Mutter erzielen kann, wenn sie Karriere macht, wesentlich höher ist als der Arbeitslohn der Kinderfrau – ganz abgesehen von der Erfüllung, die die Berufstätigkeit bringen kann.

Erschwerend für das Problem, Kind und Karriere zu vereinbaren, kommt hinzu, dass viele deutsche Chefs tief sitzende Vorurteile gegenüber berufstätigen Müttern haben. Sie halten sie für weniger flexibel, engagiert und motiviert als Frauen ohne Kinder. Denn die weit verbreitete Einstellung, Mütter gehörten an den heimischen Herd, beinhaltet die Überzeugung, Frauen interessierten sich nach der Geburt eines Kindes hauptsächlich für ihren Nachwuchs und weniger für den Job. Eine karrierewillige Mutter sollte deshalb ihrem Chef schon während der Schwangerschaft deutlich machen, wie sie die Kinderbetreuung regeln wird. Sie sollte überzeugend darlegen können, dass das Kind weder ihr Engagement noch ihre Einsatzbereitschaft im Hinblick auf Überstunden und Dienstreisen beeinträchtigen wird.

Karriere und Hobbys

Die Karriere bringt oft nicht nur Probleme in der Partnerbeziehung und Kinderbetreuung mit sich, sondern auch im Freizeitbereich. Sowohl Hobbys als auch soziale Beziehungen außerhalb der Familie, vor allem die Pflege von Freundschaften, sind davon betroffen. Ein zeitintensives Hobby ist neben einer Karriere schon für einen Single kaum möglich, noch schwieriger wird es, wenn man seine knappe Freizeit gern mit dem Partner verbringen möchte, und ganz unmöglich ist eine zeitraubende Freizeitbeschäftigung, wenn man das Aufwachsen seiner Kinder begleiten will. Deshalb haben viele Führungskräfte keine ausgeprägten Hobbys.

Auch die Pflege eines privaten Freundeskreises ist unter diesen Umständen nicht einfach. Wie in Regel 12 näher erläutert wird, sollten Sie viel Mühe beim Aufbau eines Netzwerks von beruflichen Kontakten innerhalb wie außerhalb Ihres Unternehmens investieren. Vor allem Ihr außerbetriebliches Netzwerk werden Sie hauptsächlich in Ihrer Freizeit knüpfen und pflegen müssen, zum Beispiel indem Sie regelmäßig die abends stattfindenden Veranstaltungen Ihres Berufsverbandes besuchen. Für gemeinsame Aktivitäten mit Freunden und Bekannten bleibt unter diesen Umständen nur sehr wenig Zeit.

Alle diese Belastungen des Privatlebens gehören zu dem Preis, den man für den beruflichen Erfolg zahlen muss. Sie sollten sich also gut überlegen, welche Einschränkungen Ihrer Lebensqualität Sie für Ihre Karriere hinnehmen möchten.

Tipps für Ihren Erfolg

- Für Ihre Karriere müssen Sie bereit sein, gewisse Einschränkungen Ihres Privatlebens zu akzeptieren – um welche es sich handeln wird, das entscheiden Sie.
- Frauen können Kinder haben und gleichzeitig Karriere machen. Allerdings muss eine Ganztagskinderbetreuung gewährleistet sein.

Gibt es Alternativen?

Der Preis für einen Aufstieg innerhalb der Hierarchie eines größeren Unternehmens mag Ihnen zu hoch erscheinen. Trotzdem möchten Sie beruflich erfolgreich sein. Kann man dies erreichen, ohne erhöhte Mobilität und zahlreiche Überstunden? Ja, es gibt solche Alternativen, aber auch sie haben ihre Pferdefüße. Schauen wir sie uns kurz mit ihren Vor- und Nachteilen an.

Professionelle Dienstleistung: Hierbei handelt es sich um Jobs in meist vergleichsweise kleinen Dienstleistungsfirmen mit hoch qualifizierten Mitarbeitern. Beispiele sind Unternehmensberater, Werbeberater, Steuerberater, Wirtschaftsprüfer oder Projektleiter in einem Ingenieurbüro.

- *Vorteile*: In der Regel müssen Sie nicht mobil sein, es reicht, wenn Sie in der Nähe der Zentrale oder einer Niederlassung wohnen. Arbeiten Sie erfolgreich, können Sie in der Angestelltenhierarchie schnell ein oder zwei

Stufen aufsteigen und in vielen Fällen später Partner (Teilhaber) werden. Beides ist mit einem weit überdurchschnittlichen Einkommen verbunden.
- *Nachteile*: Solche Tätigkeiten sind in vielen Fällen an genau definierte fachliche Voraussetzungen gebunden, zum Beispiel an ein bestimmtes Studium. Des Weiteren sind die Arbeitszeiten oft sehr lang. Überstunden sind die Regel, nicht zuletzt wegen des hohen Anteils an Reisetätigkeit, auf den Sie sich einstellen müssen, da Sie bei solchen Firmen oft Kunden in ganz Deutschland oder sogar im Ausland zu betreuen haben.

Kleine Unternehmen: Als kleines Unternehmen sei hier eine Firma bezeichnet, die höchstens drei Hierarchiestufen hat, also den oder die Geschäftsführer, die häufig gleichzeitig Eigentümer sind, darunter eine Abteilungsleiterstufe und schließlich die Arbeitsebene. Wenn Sie dort nach dem Studium anfangen, können Sie in der Regel nur einmal befördert werden, was keine Karriere im hier gemeinten Sinne darstellt.

- *Vorteile*: Solange Sie sich mit dem Eigentümer gut verstehen, haben Sie eine sehr sichere Position. Sie brauchen also nicht mobil zu sein. Im günstigsten Fall werden Sie seine »rechte Hand« und bleiben dort bis zu Ihrer Pensionierung. Und wenn Ihr Geschäftsführer keine Überstunden verlangt, brauchen Sie auch keine zu machen.
- *Nachteile*: Sie gehen ein hohes Risiko ein. Alle positiven Aspekte gelten nur, solange Sie ein gutes Verhältnis zum Chef haben. Sie müssen sich sehr stark an ihn anpassen. Wenn sich Ihr Verhältnis verschlechtert, müssen Sie in der Regel die Firma verlassen. (In großen Organisationen hingegen haben Sie in einer vergleichbaren Situation manchmal die Chance, in einen anderen Bereich zu wechseln.) Weiterhin müssen Sie sich damit zufrieden geben, nur *einen* Karriereschritt zu machen, auch wenn Sie sehr erfolgreich arbeiten. Ein kleines Unternehmen bietet eben wegen seiner Größe und festen Struktur in der Regel wenig Gelegenheiten, die eigene Verantwortung zu steigern. Entsprechend gering sind die Möglichkeiten der Gehaltserhöhung. Eine Ausnahme gibt es allerdings: Sollte die Firma stark expandieren, können Sie davon sehr profitieren. Wenn der von Ihnen geleitete Bereich wächst, erhalten Sie automatisch mehr Verantwortung und zumeist auch mehr Gehalt.

Selbstständigkeit: Die Selbstständigkeit kann viele Formen annehmen: als Berater oder anderweitiger Dienstleister für Unternehmen, als Unternehmer im Handel oder in der Industrie. Sie können eine eigene Firma gründen oder sich an einer bestehenden beteiligen.

- *Vorteile*: Sie arbeiten selbstbestimmt und sind Ihr eigener Herr. Sie müssen sich dem Mobilitätsdiktat nicht unterwerfen, denn Sie allein entscheiden, wo Ihre Firma ihren Sitz hat. Als Angestellter bieten Sie Ihre Arbeitsleistung als Produkt an und haben dafür immer nur einen einzigen »Großkunden«: Ihre Vorgesetzten, von denen Sie folglich stark abhängig sind. Als Selbstständiger haben Sie im Regelfall mehrere oder viele Kunden. Von jedem einzelnen sind Sie deshalb weniger abhängig. Wenn Sie gute Arbeit leisten, bietet die Selbstständigkeit außerdem oft erheblich bessere Chancen, ein hohes Einkommen zu erzielen, als das Angestelltendasein.
- *Nachteile*: Sie sind zwar nicht von einem Chef, aber dafür vom »König Kunden« abhängig. Seine Wünsche sind Ihnen Befehl. Vor allem wenn Sie Dienstleister sind, kann Sie jeder wichtige Kunde erheblich unter Druck setzen (»Das muss morgen fertig sein«). Zumindest in der Aufbauphase müssen Sie sich auf lange Arbeitszeiten einrichten, nicht zuletzt, weil Sie zunächst nichts delegieren können. Das gilt besonders für die Akquisition von Kunden. Darüber hinaus gibt es natürlich das Risiko des Scheiterns. Sie können all das Geld, das Sie investiert haben, wieder verlieren, wenn Ihr Geschäftskonzept sich als nicht tragfähig erweist.

Fachkarriere: Unter einer Fachkarriere versteht man den Aufbau immer größerer fachlicher Kompetenz im Verlauf eines Berufslebens, ohne das damit eine Beförderung verbunden ist. Stattdessen steigen die inhaltlichen Anforderungen Ihrer Aufgaben, und Sie wachsen immer mehr in die Rolle eines Experten für Ihr Fachgebiet hinein. Fachkarriere können Sie in Organisationen aller Größenordnungen machen.

- *Vorteile*: Ihr Arbeitsleben verläuft tendenziell ruhiger als bei einer hierarchischen Karriere, denn Sie vergrößern kontinuierlich Ihre Kompetenz auf einem Gebiet, das Ihnen vertraut ist. Bei einem hierarchischen Aufstieg hingegen werden Sie immer wieder mit neuen beruflichen Situationen konfrontiert, in die Sie sich einarbeiten müssen. Diese erfordern von Ihnen Kenntnisse und Kompetenzen, wie zum Beispiel Führungskompetenz, die Ihnen vorher fremd waren.
  Hinsichtlich der zeitlichen Einsatzes ist es bei einer Fachkarriere eher möglich, Überstunden zu vermeiden. Allerdings hängt die Arbeitsbelastung sehr von den Umständen ab. Der Druck zu höherer Arbeitsleistung wird häufig auch auf solche Mitarbeiter ausgeübt, die keine Beförderung anstreben. Wenn Sie mit Ihrer derzeitigen Stellung zufrieden sind, sollten

Sie prüfen, ob Sie diesem Druck nachgeben wollen. Solange Sie in der Regelarbeitszeit in den Augen Ihres Chefs gute Leistungen bringen, haben Sie normalerweise einen sicheren Arbeitsplatz, denn kein vernünftiger Vorgesetzter wird sich von Ihnen trennen wollen. Ihr Chef wird sich wahrscheinlich immer wieder ärgern, dass Sie Überstunden verweigern, und vielleicht gelegentlich negative Bemerkungen darüber fallen lassen. Diese müssen Sie einfach stoisch ertragen. Versetzen Sie sich in die Lage des Chefs und führen Sie sich dessen Interessen vor Augen: Einen guten, verlässlichen Mitarbeiter möchte kein normaler Chef verlieren. Leider sind nicht alle Vorgesetzten vernünftig. In einem solchen Fall müssen Sie Überstunden machen oder sich einen besseren Chef suchen.

- *Nachteile*: Der Verantwortungsumfang und die Gestaltungsspielräume bleiben bei einer Fachkarriere auf lange Sicht weitgehend gleich. Ebenso ist das Gehalt meist nur bedingt steigerungsfähig. Es kommt hinzu, dass Sie auch bei dieser beruflichen Zielsetzung mobil bleiben müssen. Aus vielen Gründen können Sie Ihren Arbeitsplatz verlieren, etwa wegen des Konkurses Ihres Unternehmens, einer Firmenübernahme oder unüberwindbarer Differenzen mit Ihrem Chef. Je nachdem, wo Sie wohnen, ist die Wahrscheinlichkeit in vielen Fällen gering, dass es in Ihrer Nähe ein Unternehmen gibt, das gerade jemanden mit Ihrer speziellen Kompetenz benötigt – und mit zunehmendem Alter reduziert sie sich noch weiter.

  Ein gravierender Nachteil der Fachkarriere liegt in der langfristigen Berufsperspektive. Schon ab einem Alter von etwa 40 Jahren, spätestens aber ab 50 Jahren, kann es zu beruflichen Problemen kommen, denn in vielen Berufsfeldern veraltet das Fachwissen sehr schnell. Das reduziert automatisch deutlich den Wert von fachlicher Erfahrung.

  Sie können sich zwar weiterbilden, aber als älterer Arbeitnehmer haben Sie gegenüber einem fachlich gut ausgebildeten jüngeren kaum Vorteile. Im Gegenteil: Wenn Sie mit Jüngeren um eine Stelle konkurrieren müssen, treffen Sie oft auf Vorurteile und handfeste Einwände von Arbeitgeberseite. So gelten ältere Menschen oft als weniger anpassungsfähig, leistungsbereit und leistungsfähig. Darüber hinaus fürchten Arbeitgeber, dass ältere Angestellte meist deutlich höhere Gehaltsansprüche haben. Solange es ausreichend jüngere Konkurrenten um einen Arbeitsplatz gibt, werden ältere das Nachsehen haben. Wenn Sie also als älterer Arbeitnehmer Ihren Job verlieren und in einer adäquaten Position weiterarbeiten möchten, müssen Sie in vielen Berufsfeldern unbedingt mobil sein.

  Ganz anders bei Führungskräften: Ihre Kernkompetenz, nämlich der Umgang mit Menschen und ihre Führung, veraltet nicht, sondern wächst mit zunehmender Erfahrung. Je höher Sie in der Hierarchie stehen, desto wichtiger ist der Aspekt der Personalführung für Ihren Erfolg, desto unbedeutender ist die fachliche Seite und desto sicherer ist Ihre berufliche Perspektive.

Fachkarriere im öffentlichen Dienst: Wer als Angestellter und Beamter im öffentlichen Dienst arbeitet und keine Beförderung anstrebt, braucht normalerweise pro Woche keine Minute länger als die Regelarbeitszeit zu arbeiten. Er muss nur in Ausnahmefällen mobil sein und ist obendrein praktisch unkündbar. Nachteilig ist das starre Dienst- und Besoldungsrecht, das (bisher) auf keiner Rangstufe eine leistungsorientierte Bezahlung, sondern nur Gehaltssteigerungen in Abhängigkeit vom Dienstalter vorsieht. So etwas demotiviert viele leistungswillige Menschen.

Die dargestellten Vorteile gelten wohlgemerkt nur für die *Fach*karriere im öffentlichen Dienst. Wer in der Hierarchie einer Behörde oder eines Ministeriums aufsteigen will, kommt genauso wenig um Überstunden herum wie in der Privatwirtschaft. Ebenso ist Mobilität oft erforderlich.

Wie Sie sehen, gibt es Alternativen zur hierarchischen Karriere in großen Organisationen. Allerdings lassen sich ihre gravierenden Nachteile – die Mobilität und der hohe Arbeitseinsatz – lediglich im öffentlichen Dienst und dies nur bei Verzicht auf Beförderungen vollständig vermeiden. Auch die anderen dargestellten Berufswege weisen diese Nachteile teilweise auf; oft kommen noch weitere Mankos hinzu.

Tipps für Ihren Erfolg

- Überlegen Sie sich am Anfang Ihrer Berufstätigkeit, welchen Weg Sie beschreiten wollen. Der Aufstieg als Angestellter ist nicht die einzige Möglichkeit des beruflichen Erfolgs.
- Alle Alternativen haben ihre Vor- und Nachteile. Wägen Sie sorgfältig ab, bevor Sie sich entscheiden.

Was Erfolg ist, definieren Sie!

Sie selbst bestimmen am Anfang Ihres Berufslebens, welchen Weg Sie einschlagen und was Sie beruflich erreichen wollen. Sie sollten sich Ziele setzen (mehr dazu unter Regel 3) – aber für welche Sie sich entscheiden, das bleibt Ihnen überlassen. Welche beruflichen Pläne Sie auch immer verfolgen: Sie müssen bereit sein, den Preis dafür zu zahlen, denn nur dann haben Sie die Chance, wirklich zu schaffen, was Sie sich vorgenommen haben.

Wenn Sie die Konsequenzen nicht oder nur teilweise tragen wollen, beispielsweise weil Sie nicht umziehen oder keine Überstunden machen wollen, dann ist auch das völlig in Ordnung. Wie gesagt: *Sie* bestimmen, wohin es geht. Wenn sich aber Ihre Karriere aufgrund Ihrer Entscheidungen nicht so entwickelt, wie es möglich gewesen wäre und Sie es sich erhofft hatten, sollten Sie nicht mit Ihrem »Schicksal« hadern, wie so viele andere es tun.

Sie können jederzeit Ihre beruflichen Ziele revidieren. Das bedeutet, dass es nur an Ihnen liegt zu bestimmen, an welchem Punkt Sie mit dem Erreichten zufrieden sind. Sie allein entscheiden, welche Position Sie als Erfolg ansehen.

Um Ihre beruflichen Ziele zu definieren, sollten Sie sich intensiv mit Ihren Lebensprioritäten beschäftigen. Was ist Ihnen wirklich wichtig? Welches Gewicht haben für Sie Dinge wie Geld, Status, Sicherheit, Verantwortung, Entscheidungsfreiheit oder Anerkennung? Was bedeutet Ihnen ein großes Haus in guter Lage, ein 5er BMW als Dienstwagen oder das Prestige, das mit einem Titel wie »Vorstand« verbunden ist? Und welche Bedeutung messen Sie Ihrem Privatleben bei, Ihrem Partner, Ihren Kinder, Ihren Hobbys? Wie wichtig ist Ihnen ein ausgeprägtes Familienleben, die Geborgenheit in einem großen Kreis guter Freunde oder die Gestaltung Ihrer Freizeit zusammen mit Gleichgesinnten in Ihrem Verein?

Wahrscheinlich kommt Ihnen auf den ersten Blick alles wichtig vor. Aber Sie werden kaum einen Beruf finden, in dem sich alle Lebensziele verwirklichen lassen. Jeder Job und jede Laufbahn haben Vor- und Nachteile. Deshalb kommen Sie nicht an der Frage vorbei: Was ist Ihnen wirklich wichtig in Ihrem Leben und was weniger? Nur wenn Sie ehrlich (gegenüber sich selbst!) antworten, werden Sie sich die richtigen beruflichen Ziele setzen können – »richtig« in dem Sinne, dass Sie es schaffen, mit Ihrem Berufs- *und* Privatleben zufrieden zu sein.

Wenn Sie Ihre Lebensprioritäten nicht selbst klar definieren, besteht die Gefahr, dass dies andere für Sie tun. Ihre Firma, Ihr Partner, Ihre Familie, Ihre Freunde und Kollegen: Alle richten Wünsche und Erwartungen an Sie. Sie setzen Erfolgsmaßstäbe und versuchen, Sie in ihre jeweilige Richtung zu beeinflussen. Lassen Sie sich nicht unter Druck setzen. Es gibt weder im Beruf noch im Privatleben allgemein gültige Definitionen dessen, was »Erfolg« bedeutet. Sie allein können und sollten das für Ihr Leben festlegen. Mit den Worten Winfried Berners: »Der einzige Schutz dagegen, ein fremdbestimmtes Leben zu führen und hinter den Erwartungen anderer herzulaufen, ist, sich über seine wirklichen Ziele und Prioritäten klar zu werden.«

Das Wichtigste in Kürze

- Wer Karriere machen will, muss bereit sein, den Preis in Form von Überstunden und Mobilität zu zahlen.
- Daraus ergeben sich gewisse Einschränkungen im Privatleben, das heißt, Partnerschaft, Kinder, Hobbys und soziale Kontakte sind davon betroffen. Besonders schwierig – aber durchaus möglich – ist es für Frauen, gleichzeitig Karriere zu machen und Kinder zu haben.
- Es gibt andere Möglichkeiten des beruflichen Erfolgs als der hierarchische Aufstieg als Angestellter. Aber auch dort ist ein Preis in Form von spezifischen Nachteilen zu zahlen.
- Bestimmen Sie Ihre Lebensprioritäten, bevor Sie Ihre beruflichen Ziele festlegen. Sie allein können und sollten definieren, was Sie in Ihrem Leben als Erfolg ansehen. Das heißt auch, dass Sie sich jederzeit mit dem Erreichten zufrieden geben können.

Regel 3
Karrierestrategie: Bauen Sie sich einen attraktiven Lebenslauf auf

Unter einem Lebenslauf wird hier in erster Linie Ihre Berufsbiografie verstanden, die sich natürlich auch in schriftlicher Form bei Ihrer Bewerbung niederschlägt. Ihr Lebenslauf ist für ein Unternehmen attraktiv, wenn er drei Bedingungen erfüllt. Diese gelten immer – bei jeder Bewerbung und auf jeder Hierarchiestufe.

- Erstens muss der Bewerber die fachlichen Voraussetzungen für die Stelle erfüllen. Damit sind Fachkenntnisse und relevante berufliche Erfahrungen gemeint.
- Zweitens stellen Unternehmen nicht-fachliche Anforderungen an Bewerber (hierzu mehr bei Regel 4).
- Drittens erwarten Arbeitgeber vom idealen Bewerber, dass sein Lebenslauf Zielstrebigkeit und Ehrgeiz erkennen lässt.

Wenn Sie Ihre Karriere planen und die einzelnen Schritte systematisch gehen, wird Ihr Lebenslauf automatisch eine zielgerichtete Entwicklung, das heißt, einen »roten Faden« aufweisen. Deshalb wird Ihnen in diesem Kapitel aufgezeigt, wie Sie Ihre Karrierestrategie entwickeln und für Stringenz in Ihrem Lebenslauf sorgen.

Zielstrebigkeit und Ehrgeiz beweist ein Bewerber außerdem, wenn er die einzelnen Positionen seines Lebenslaufs nicht zu kurz und nicht zu lang innehatte. Auch für die optimale Verweildauer gibt es Regeln. Sie sind bei der Karriereplanung zu berücksichtigen und werden am Ende dieses Kapitels dargestellt.

Warum ein attraktiver Lebenslauf so wichtig ist

Mehr denn je muss heute jeder ehrgeizige Arbeitnehmer seinen Berufsweg so gestalten, dass sein Lebenslauf *jederzeit* für andere Arbeitgeber attraktiv ist, und dies nicht nur, wenn er durch einen Firmenwechsel vorankommen möchte. Auch wer innerhalb eines Unternehmens aufsteigt, darf die Anforderungen des Arbeitsmarktes nie aus den Augen verlieren. Ein Arbeitnehmer sollte jederzeit in der Lage sein, bei einem Stellenwechsel das derzeitige Niveau mindestens zu halten. Dafür gibt es mehrere Gründe:

Erstens: Es ist heute extrem selten, dass man ausschließlich innerhalb eines Unternehmens Karriere macht. Oft ist es aus den verschiedensten Gründen notwendig, für einen Aufstieg die Firma zu wechseln. Das bedeutet: Sie werden sich bewerben müssen, und damit wird es für Ihre Karriere höchst relevant, wie potenzielle Arbeitgeber Ihren Lebenslauf beurteilen. Je attraktiver er ist, desto problemloser werden Sie Ihre Wunschposition in einem anderen Unternehmen finden.

Zweitens: Auch wenn Sie derzeit oder grundsätzlich keine Beförderung anstreben und deshalb gar nicht an einen Wechsel denken – die Notwendigkeit, sich einen neuen Arbeitgeber zu suchen, kann sich schneller ergeben, als Ihnen lieb ist. Sie sollten sich heutzutage hinsichtlich Ihres Arbeitsplatzes nicht zu sicher fühlen – verlassen Sie sich weder auf Beförderungsperspektiven, noch darauf, morgen weiterhin in demselben Job zu arbeiten, nicht einmal darauf, morgen überhaupt noch in Ihrer derzeitigen Firma beschäftigt zu sein.

Unternehmen werden permanent umstrukturiert, um ihre Wettbewerbsfähigkeit zu verbessern. Dazu bestimmen Fusionen und Übernahmen die Tagesordnung – nicht nur bei Großkonzernen, sondern auch in der mittelständischen Wirtschaft. Derartige Veränderungen in Ihrer Firma können für Sie Aufstiegschancen bedeuten. Sie können aber auch gravierende negative Folgen haben, etwa Rang- und Statusverluste, unüberwindbare Probleme mit einem neuen Chef oder sogar den Verlust Ihres Jobs, selbst wenn Sie ein guter Mitarbeiter sind.

Drittens: Die Möglichkeit (und die innere Bereitschaft!) zu kündigen stellt Ihre stärkste Waffe in Interessenkonflikten und Auseinandersetzungen mit Ihrem Arbeitgeber dar. Letztlich ist sie das einzige Gegenmittel gegen hinausgezögerte Beförderungen, unzumutbare Arbeitsbedingungen oder unterdurchschnittliche Bezahlung. Sorgen Sie also mit einem attraktiven Lebenslauf dafür, dass Ihre Waffe stets scharf bleibt. Drohen Sie aber nie mit Kündigung! Das wird allgemein als Erpressung aufgefasst und vergiftet das Klima zwischen Ihnen und Ihren Vorgesetzten. Diese wissen auch so, dass Ihnen die Möglichkeit zu kündigen jederzeit offen steht.

Es stärkt Ihr Selbstbewusstsein ungemein, wenn Sie wissen, dass Sie jederzeit woanders hingehen könnten, weil Ihr Qualifikations- und Erfahrungsprofil mit den Anforderungen anderer Firmen übereinstimmt. Die Stärke Ihrer (Verhandlungs-)Position hängt immer davon ab, ob Sie attraktive Alternativen haben. Ist dies der Fall, gibt es Ihnen das gute Gefühl der Unabhängigkeit von Ihrem Arbeitgeber. Ihr beruflicher Werdegang sollte also so aufgebaut sein, dass er *zu jeder Zeit* möglichst vielen anderen Arbeitgebern gefällt.

Was Sie über Karriereplanung wissen müssen

Ein attraktiver Lebenslauf entsteht nicht von allein, sondern erfordert eine wohlüberlegte Karriereplanung. Was bedeutet das? Planung meint ganz einfach die Bestimmung eines Ziels und die Festlegung von Maßnahmen, die zu diesem Ziel hinführen. Das Ergebnis bezeichnet man oft auch als Strategie, besonders wenn es einen längeren Zeitraum umfasst. Eine Strategie ist also ein Plan, der eine langfristige Zielsetzung und alle erforderlichen Maßnahmen für deren Erreichung beinhaltet.

Für Ihren beruflichen Aufstieg bedeutet dies, dass Sie sich zunächst ein langfristiges Karriereziel setzen sollten. Gemeint ist die Position, die Sie letztendlich erreichen wollen. Vielleicht stehen Sie am Berufsanfang und haben noch keine klare Vorstellung, was Sie konkret anstreben. Dann versuchen Sie, zumindest eine mittelfristige Zielsetzung zu entwickeln. Wo wollen Sie in fünf bis zehn Jahren stehen? Sie können dieses Ziel später immer noch revidieren (dazu unten mehr). Ein langfristiges berufliches Ziel zu definieren fällt vielen auch deshalb so schwer, weil man dafür seine Lebensprioritäten klar bestimmen muss (siehe Regel 2). Beides muss zusammenpassen. Zur Zielplanung gehört ebenso ein »Endtermin«. Für diesen gilt: Sie sollten Ihr langfristig angestrebtes Karriereziel mit etwa Mitte vierzig erreicht haben.

Als Nächstes müssen Sie planen, wie Sie Ihr Langfristziel erreichen wollen. Der Weg dorthin führt über einzelne berufliche Stationen, die man als aufeinander folgende Maßnahmen zur Erreichung des Karriereziels ansehen kann. Sie sind gleichzeitig Ziele, wenngleich auf einer untergeordneten, kurzfristigeren Ebene. So ist beispielsweise das kurzfristige Ziel, nach dem Studium eine Stelle im Controlling eines multinationalen Konzerns zu erhalten, auch ein erster Schritt zum langfristigen Ziel, Finanzleiter eines größeren Unternehmens zu werden. Es gilt also, das Langfristziel gewissermaßen aufzuteilen in einzelne Etappen. Für jede davon sollten Sie sich vorab ein Zeitlimit setzen, eine maximale Verweildauer. Hierauf wird unten näher eingegangen.

Nun sind Ihnen am Anfang Ihrer beruflichen Laufbahn wahrscheinlich noch nicht alle Schritte im Einzelnen bekannt, die zur gewünschten Endposition führen oder führen können. Das ist normal, denn egal welches Karriereziel Sie anstreben – den *einen* richtigen Weg gibt es nicht. So zeigen denn auch die Karrierewege von erfolgreichen Managern häufig ganz individuelle Muster. Trotzdem sollten Sie versuchen, mindestens die nächsten zwei Karriereschritte gleichzeitig zu planen, und jeden Job daraufhin untersuchen, ob er Sie Ihrem langfristigen Ziel näher bringt.

Die Analyse der Stärken und Schwächen, Chancen und Risiken

Ihre Planung darf sich nicht im luftleeren Raum vollziehen. Bei der Ausarbeitung Ihrer Strategie müssen Sie zum einen Ihre persönlichen Möglichkeiten, also Ihre Stärken und Schwächen berücksichtigen. Nur dann werden Ihr langfristiges Ziel und Ihre geplanten Karriereschritte realistisch und erfolgversprechend sein. Wie Sie Ihre Stärken und Schwächen erkennen, und warum Sie Ihre Strategie an Ihren Stärken ausrichten sollten, wird in Regel 5 ausführlich dargestellt.

Zum anderen sollten Sie bei Ihrer Karriereplanung auch die zukünftigen Chancen und Risiken beachten, die sich aus Ihrer beruflichen Umwelt ergeben. Hierzu gehört zunächst natürlich Ihr derzeitiger Arbeitgeber: Wie entwickelt sich die wirtschaftliche Situation des Unternehmens? Welche Strategie verfolgt die Geschäftsleitung langfristig? Welche Konsequenzen hat das für die Entwicklung der Stellen im Unternehmen? Wie wahrscheinlich ist es, dass Ihre Firma in absehbarer Zeit übernommen wird? Wie sicher ist Ihr derzeitiger Arbeitsplatz in Zukunft?

Darüber hinaus gilt es, Trends in der eigenen Branche und allgemein auf dem Arbeitsmarkt zu berücksichtigen. Welche Konsequenzen hat beispielsweise die zunehmende Globalisierung für die geforderten Qualifikationen von Managern? Welche Branchen wachsen, welche schrumpfen? Welche Bedeutung werden E-Commerce und E-Business in Zukunft haben? Welche neuen Berufe entstehen, welche sterben aus? Die meisten Chancen und Risiken sind für jeden Einzelnen individuell unterschiedlich, abhängig von seiner Position in der Firma, der Situation des Unternehmens und der Branche.

Das Prinzip der rollierenden Planung

Planung bedeutet, wie dargelegt, sich ein Ziel zu setzen und Maßnahmen zur Zielerreichung zu erarbeiten. Je genauer und je realistischer Sie Ihr Karriereziel und den Weg dorthin geplant haben, desto größer ist die Wahrscheinlichkeit, dass Ihre Maßnahmen den gewünschten Effekt haben und Sie folglich Ihr Ziel erreichen. Als Nächstes müssen Sie Ihren Plan umsetzen, sich also die entsprechenden Jobs suchen und diese erfolgreich ausfüllen. Dabei sollten Sie immer wieder überprüfen, ob Ihre Laufbahn so verläuft wie geplant. Halten Sie also von Zeit zu Zeit kurz inne für eine Positionsbestimmung und überprüfen Sie die erreichten beruflichen Teilziele. Wo stehen Sie jetzt? Was haben Sie bereits erreicht? Was haben Sie nicht erreicht, obwohl Sie es wollten, wo liegen die Ursachen dafür? Die unterschiedlichsten Gründe führen häufig zu Abweichungen zwischen dem ursprünglichen Plan und der Realität. Einige Beispiele:

- Aus vorher nicht absehbaren Gründen werden Sie in Ihrer derzeitigen Firma nicht weiter befördert.
- Sie stellen im Laufe Ihrer Karriere fest, dass Sie eine bestimmte Stärke haben, die Ihnen vorher gar nicht bewusst war. Nicht wenige entdecken etwa ihr Verkaufstalent erst im Berufsleben, wenn sie eine Aufgabe mit Kundenkontakt übernehmen.
- Ihre private Situation ändert sich. Beispielsweise wollen Sie für eine Beförderung keine Versetzung an einen anderen Ort mehr in Kauf nehmen.

Wenn Ihre Ist-Situation nicht dem Plan entspricht, haben Sie verschiedene Möglichkeiten: Entweder Sie revidieren Ihr Langfristziel. Oder Sie halten an Ihrem Ziel fest und überlegen sich andere Karriereschritte, um es trotzdem noch zu erreichen. Wenn Sie beispielsweise in Ihrem derzeitigen Unternehmen nicht so befördert werden, wie Sie es geplant hatten, sollten Sie einen Firmenwechsel in Betracht ziehen. Eine weitere Möglichkeit: Sie stellen Ihr Karriereziel grundsätzlich infrage und definieren ein neues mit entsprechenden Maßnahmen. Vielleicht wollten Sie ursprünglich Kundendienstleiter werden, entdecken aber Ihre Liebe zum Controlling und Rechnungswesen und nehmen sich nun vor, Finanzleiter zu werden.

Alle erwähnten Fälle beinhalten, einen neuen Plan zu entwerfen. Karriereplanung ist also nicht etwas, das Sie nur einmal am Anfang Ihres Berufslebens machen sollten, sondern sie ist ein kontinuierlicher Prozess. Das bedeutet, dass Sie Ihre Planung immer wieder überarbeiten müssen.

Karriereplanung ist ein kontinuierlicher Prozess.

Sie bestimmen Ihre Berufslaufbahn, indem Sie immer wieder Ihr letztendliches Ziel und Ihre Maßnahmen überprüfen und das eine, das andere oder gar beides verändern, also der Realität anpassen. Dieses Prinzip nennt man rollierende Planung.

Warum sollte ich meine Karriere planen?

Sie werden vielleicht einwenden, dass Sie jetzt noch gar nicht wissen können, welche Chancen und Optionen das Berufsleben Ihnen noch bieten wird. Sie befürchten, dass Planung Ihre Flexibilität einschränkt. Ist es nicht besser, sich gerade nicht auf eine ausgefeilte Strategie festzulegen, sondern immer mit wachsamen Augen den Arbeitsmarkt zu verfolgen und zu schauen, welche Möglichkeiten des Weiterkommens sich jeweils anbieten? Irgendwie und irgendwann wird man auf diese Weise doch »oben« ankommen müssen.

Die Antwort lautet nein, und zwar aus zwei Gründen. Der erste ist mehr philosophischer, der zweite rein praktischer Natur. Erstens: Die meisten Dinge im Leben erreichen wir nur, wenn wir sie auch gewollt haben, das heißt, wenn wir uns das Ziel gesetzt haben, sie zu erreichen. Das gilt in besonderem Maße für die berufliche Karriere. Nur wenn Sie eine bestimmte Position erreichen *wollen*, haben Sie im Regelfall die Chance, sie wirklich zu erreichen. Zwar gibt es gelegentlich auch »reines« Glück: Etwas, an das wir bis dahin gar nicht gedacht haben, fällt uns »in den Schoß«, und wir nehmen es gern an. Dies ist aber eher selten. Selbst der Lottospieler, der eine Million gewinnt, wollte gewinnen, sonst hätte er ja nicht gespielt.

Leider gilt der Umkehrschluss nicht im gleichen Maße. Längst nicht alles, was wir wollen, erreichen wir auch. Vieles bleibt nur Wunsch und Plan. Diese Tatsache ist natürlich unbefriedigend und frustrierend. Sie verleitet deshalb manche Leute dazu, sich grundsätzlich in ihrem Leben und speziell im Berufsleben keine Ziele zu setzen, sondern schicksalsergeben auf das Glück zu hoffen – keine gute Voraussetzung für den beruflichen Aufstieg.

Zweitens und ganz praktisch: Nur wenn Sie ein langfristiges Ziel haben, können Sie sinnvoll entscheiden, welchen einzelnen Job Sie anstreben sollten und ob Sie auf Ihrer derzeitigen Stelle bleiben sollten oder nicht. Ohne Ziel riskieren Sie, sich zu verzetteln. Wer sich nicht überlegt, wohin er will, kommt meist dort an, wo er gar nicht hinwollte, wie etwa Herr Planlos im folgenden Beispiel:

Herr Planlos macht sich keine großen Gedanken über seinen Werdegang. Er arbeitet in seinem Job, solange es einigermaßen problemlos läuft. Der Gedanke an Veränderung kommt ihm erst, wenn er richtig unzufrieden wird. Das kann früher oder später geschehen, oft auch erst nach vielen Jahren. Mit etwas Glück wird er sogar zwischendurch befördert. Aber erst wenn er richtig frustriert über seine berufliche Situation ist, wird er aktiv. Dann kauft er sich samstags die Zeitung und schaut, was für Jobmöglichkeiten es so gibt.

Seine Kollegin Frau Planvoll hingegen überlegt sich schon bei Stellenantritt, wie lange sie höchstens in diesem Job bleiben will. Schon vor Ablauf dieser Frist wird sie »automatisch« unzufrieden und sieht sich auf dem Arbeitsmarkt um, wenn die Firma ihr keine weitere Perspektive aufzeigt – und zwar auch dann, wenn sonst alles in ihrem Job glatt läuft! Sie weiß aufgrund ihrer Karriereplanung ziemlich genau, welche Position sie auf der nächsten Hierarchiestufe erreichen will. Darum beginnt sie, gezielt danach zu suchen.

Mit den richtigen Zielen zum Erfolg

Ziele sind nicht nur abstrakte Vorstellungen. Gut formulierte Ziele beeinflussen unser Handeln direkt, indem sie uns dazu führen, unsere Anstrengungen in eine bestimmte Richtung zu bündeln. Dies gilt für das Langfristziel, noch mehr aber für die einzelnen Schritte dorthin. »Was wir in unserem Leben beruflich und privat erreichen, hängt entscheidend von der *Qualität unserer Ziele* ab. Ziele sind der Treibstoff unseres Handelns«, schreibt der Karriereberater Armin Rohm. Ziele motivieren uns, sie entfachen unsere Kreativität, strukturieren unser Denken und beeinflussen unsere Prioritäten. Damit Ziele diese motivierende und antreibende Wirkung entfalten können, müssen sie eine Reihe von Qualitätsanforderungen erfüllen:

- *Positive Formulierung*: Ziele müssen positiv formuliert werden. Vermeiden Sie negative Umschreibungen, sagen Sie zum Beispiel nicht: »Ich habe genug von der Werbebranche. Ich will dort weg«, sondern benennen Sie, wo Sie hinwollen. Ein Ziel kann uns nur dann eine Richtung vorgeben, wenn uns klar ist, was wir erreichen wollen. Solange wir nur umschreiben, was wir nicht oder nicht mehr wollen, treten wir auf der Stelle. Wenn Sie zum Beispiel Ihren Urlaub planen und sich überlegen, dass Sie keinesfalls nach Italien und auch nicht nach Schweden wollen, dann sind Sie der Bestimmung des Urlaubsziels keinen Schritt näher gekommen. Außerdem besteht die Gefahr, dass Sie sich gedanklich zu stark mit negativen Vorstellungen beschäftigen und sich dadurch selbst demotivieren.
- *Erreichbarkeit*: Ziele müssen erreichbar sein. Wer sich Ziele setzt, die angesichts der eigenen Kenntnisse und Fähigkeiten unrealistisch sind, demotiviert sich von Anfang an. Wichtig ist auch, dass die Ziele durch

eigene Anstrengungen erreichbar sind. Man darf seine Ziele nicht so formulieren, dass deren Realisierung von der Mitwirkung anderer Menschen oder von einer Verbesserung der Rahmenbedingungen abhängt.

- *Herausforderung*: Die Ziele, die Sie sich geben, müssen eine Herausforderung darstellen. Sind sie zu leicht zu erreichen, motivieren sie nicht. Ziele hingegen, die realistisch sind, aber Ihr Engagement zur Umsetzung benötigen, sind attraktiv für Sie. Denn Sie wissen, dass Sie auf sich stolz sein werden, wenn Sie es geschafft haben.
- *Messbarkeit*: Ein Ziel muss präzise formuliert werden, damit Sie objektiv bestimmen können, ob und wann Sie es erreicht haben. »Ich möchte Karriere machen« ist kein messbares Ziel, denn man kann nie sagen, ob es erreicht worden ist. Was bedeutet hier Karriere? Vorstandsmitglied eines multinationalen Konzerns oder Prokurist in einem mittelgroßen Familienbetrieb? Um Ziele messbar zu machen, müssen sie möglichst konkret formuliert sein, beispielsweise: »Ich möchte in drei Jahren Leiter der Controlling-Abteilung eines international operierenden Unternehmens sein, entweder in meiner jetzigen Firma oder in einer anderen.«
- *Terminvorgabe*: Damit ein Ziel motivierend wirkt, ist es notwendig festzulegen, bis wann es erreicht werden soll. Ohne Terminvorgabe fehlt der nötige Nachdruck. Ebenso kann Vorfreude auf die bevorstehende Zielerreichung ohne Termin nicht aufkommen. Es ist wie Weihnachten: Nur was einen Endtermin hat, kann auch näher rücken.

Tipps für Ihren Erfolg

- Sie sollten Ihre Karriere planen und eine Strategie entwickeln: Legen Sie Ihr Langfristziel und die beruflichen Stationen auf dem Weg dorthin fest.
- Berücksichtigen Sie bei Ihrer Planung Ihre Lebensprioritäten, Ihre Stärken und Schwächen sowie die Chancen und Risiken, die sich aus Ihrer beruflichen Umwelt ergeben.
- Planung ist ein kontinuierlicher Prozess. Auch für die Karriereplanung gilt das Prinzip der rollierenden Planung.
- Bemühen Sie sich um eine hohe Qualität Ihrer beruflichen Ziele. Sie sollten positiv formuliert, erreichbar, herausfordernd, messbar und terminiert sein.

Sie brauchen gutes Marketing für Ihren Erfolg

Bei der Entwicklung und Umsetzung Ihrer Karrierestrategie werden Sie mehr Erfolg haben, wenn Sie die Grundideen des Marketing berücksichtigen. Nur wenige Begriffe der Betriebswirtschaftslehre sind so schillernd und werden so oft falsch verwendet wie der des Marketing. Zum Beispiel meinen viele Leute Werbung, wenn sie Marketing sagen. Glaubt jemand, dem schleppenden Umsatz durch Erhöhung der Werbeausgaben Beine machen zu müssen, hört man oft: »Da müssen wir mehr Marketing machen.« Tatsächlich ist die Werbung aber nur ein *Teilbereich* des Marketing und in fast allen Branchen noch nicht einmal der wichtigste. Praktisch immer steht nämlich *das Produkt selbst*, seine Qualität und Ausstattung im Mittelpunkt aller Marketingüberlegungen.

Der Kunde entscheidet

Marketing basiert auf einem einfachen Grundgedanken: Der Wesenszweck eines Unternehmens besteht in erster Linie darin, die Wünsche seiner Kunden zu erfüllen. Je besser es das tut, umso erfolgreicher wird es sein. Nur wenn ein Unternehmen sein Angebot ganz auf die Anforderungen der Kunden ausrichtet, wird es ihnen Nutzen bringen und deswegen gekauft werden. Erfolgreiche Unternehmen kennen die Bedürfnisse ihrer Kunden sehr gut und bieten ihnen das richtige Produkt zum richtigen Preis an. Sie unterstützen ihr Angebot durch geeignete Werbemaßnahmen und vertreiben es an ihre Kunden durch überzeugende Verkaufsgespräche.

Diese Erkenntnisse lassen sich eins zu eins auf den Arbeitsmarkt übertragen. Hier sind Sie ein Anbieter und betreiben Selbstmarketing. Ihr Produkt ist Ihre Arbeitskraft und Ihr Mehrwert für die Firma, dargestellt durch Ihren beruflichen Lebenslauf. Dieser umfasst alles, was Sie wissen und können: Ihre Ausbildung, Ihre Berufserfahrung, Ihre Kompetenzen und Ihre Erfolge. Ihr Gehalt ist der Preis (siehe Regel 16), Ihre Bewerbungsunterlagen sind Ihre Werbemaßnahmen, und Ihre Vorstellungsgespräche sind Ihre Verkaufsgespräche (zu Bewerbung und Vorstellungsgespräch siehe Regeln 8 und 9). Je besser Ihr Selbstmarketing – bestehend aus all diesen Teilbereichen –, desto erfolgreicher werden Sie.

Sie müssen also Marketing wie ein erfolgreiches Unternehmen betreiben, wenn Sie Ihre Arbeitsleistung erfolgreich vermarkten, also Karriere machen wollen. Anders gesagt: Was bei Firmen Wachstum ist, ist für Sie als Arbeitnehmer die Karriere in Form von Beförderungen und Gehaltssteigerungen.

Wichtigster Baustein Ihres Selbstmarketing ist Ihr Produkt: Ihre berufliche Biografie. Sie muss so beschaffen sein, dass sie optimal die Anforderungen Ihrer potenziellen Kunden erfüllt, den Firmen also möglichst viel Nutzen bringt. Beachten Sie aber dabei: Nicht Sie als Anbieter, sondern nur das Unternehmen als Kunde befindet darüber, wie hoch es den Nutzen Ihres Angebots einschätzt. Nur *seine* subjektive Wahrnehmung und Meinung sind wichtig – und nicht die objektiven Eigenschaften Ihres Angebots.

Spezialisieren Sie sich

Der Weg zur optimalen Erfüllung der Kundenwünsche führt auch auf dem Arbeitsmarkt über die Spezialisierung. Die Anforderungen von Unternehmen an die fachlichen Kenntnisse und Erfahrungen von Mitarbeitern unterscheiden sich je nach Branche und Funktion in der Firma. Je mehr Sie sich auf einen bestimmten Teilbereich des Arbeitsmarktes spezialisieren, desto größer ist Ihr Wettbewerbsvorteil gegenüber anderen. Vor allem zwei Spezialisierungsrichtungen bieten sich grundsätzlich an:

- *der Funktionsbereich* (beispielsweise Einkauf, Fertigung, Personalwesen oder Finanzen): Auf diesem Gebiet treffen die meisten Menschen bereits durch die Wahl ihrer Ausbildung oder die erste Stelle nach dem Studium eine Vorentscheidung für ihr weiteres Berufsleben.
- *die Branche*, also die großen Bereiche des Arbeitsmarktes: Investitionsgüterindustrie, Konsumgüterindustrie, Handel und Dienstleistungen, Non-Profit-Organisationen und öffentlicher Dienst; sowie auf der Ebene darunter die Einzelbranchen, wie etwa Werkzeugmaschinenbau, Lebensmittelindustrie oder Bankgewerbe.

Im Einzelfall, also beispielsweise bei einer konkreten Bewerbung, verstärkt sich Ihr Wettbewerbsvorteil noch, wenn Sie neben Ihrer grundsätzlichen Spezialisierung etwas Besonderes zu bieten haben: besondere, nicht alltägliche Kenntnisse (vielleicht sprechen Sie fließend Tschechisch) oder spezielle Erfahrungen (zum Beispiel bei der Leitung größerer Projekte).

Wie groß Ihr Wettbewerbsvorteil insgesamt ist, hängt einerseits davon ab, ob sich aus Ihrem speziellen Profil ein wesentlicher Nutzen für potenzielle Arbeitgeber ergibt – andererseits davon, wie viele aktuelle oder potenzielle Konkurrenten Vergleichbares aufweisen können. So nützen Ihnen Ihre sehr guten Tschechischkenntnisse nur, wenn der Arbeitgeber in Tschechien Geschäfte macht. Damit genießen Sie einen echten Wettbewerbsvorteil, da dies nicht viele Führungskräfte bieten. Umgekehrt können Sie sich heutzutage selbst durch sehr gute Englischkenntnisse kaum von anderen abheben.

Beachten Sie jedoch bei Ihrem Werdegang, dass Sie sich nicht zu stark spezialisieren. Wenn Sie Ihrem Lebenslauf eine zu enge Ausrichtung geben – zum Beispiel durch die Konzentration auf eine sehr kleine Branche oder eine exotische Tätigkeit –, geraten Sie leicht in große Abhängigkeit von einigen wenigen Arbeitgebern. Unter solchen Umständen können Sie zwar Glück haben, wenn es nur wenige Mitbewerber gibt. Im anderen Fall riskieren Sie aber große Schwierigkeiten bei der Jobsuche. Beachten Sie also bei Ihrer Spezialisierung, dass Ihr Wettbewerbsvorteil für möglichst viele Unternehmen attraktiv ist.

Tipps für Ihren Erfolg

- Die Grundideen des Marketing lassen sich auf den Arbeitsmarkt übertragen. Sie helfen Ihnen bei der Entwicklung und Umsetzung Ihrer Karrierestrategie.
- Das Produkt steht im Mittelpunkt aller Marketingüberlegungen. Ihr Produkt ist Ihr beruflicher Lebenslauf, das heißt die Summe Ihrer Kenntnisse und Berufserfahrungen.
- Ihr jetziger und Ihre potenziellen Arbeitgeber sind Ihre Kunden. Nur die Kunden entscheiden, ob sie ein Produkt attraktiv finden.
- Versuchen Sie, sich einen Wettbewerbsvorteil zu verschaffen: durch Spezialisierung auf eine Funktion oder Branche und durch zusätzliche Kenntnisse und Erfahrungen.

So entwickeln Sie Ihre Karrierestrategie

Bringen Sie nun die Grundsätze der Planung und des Marketing zusammen. Einerseits die Planung: Ihre Karriereplanung besteht aus der Bestimmung einzelner Etappen. Dabei berücksichtigen Sie Ihre Stärken und Schwächen sowie die Chancen und Risiken der Umwelt.

Andererseits das Marketing: Ihr Produkt ist Ihr Lebenslauf. Ob er attraktiv ist, entscheiden die Unternehmen als Ihre Kunden. Je attraktiver er *zurzeit* ist, desto größer die Wahrscheinlichkeit, dass Sie in Ihrer Firma befördert werden oder durch einen Firmenwechsel die nächste Etappe erreichen. Mit jeder neuen Etappe aber verändert sich Ihr Produkt. Es verbessert sich, wenn Sie durch den Karriereschritt Kenntnisse und Erfahrungen sammeln, die relevant für Ihre weiteren geplanten Etappen sind.

Die Planung Ihrer Karriere und die kontinuierliche Verbesserung Ihres Produkts sind also zwei Seiten derselben Medaille. Bei Ihrer Karriereplanung, also der Gestaltung Ihres Lebenslaufs, müssen Sie die Anforderungen der Firmen bei den jeweiligen Etappen berücksichtigen. Sie sollten Ihren Lebenslauf deshalb nicht nur an Ihren Stärken und Schwächen, sondern auch an den Anforderungen der Positionen ausrichten, die Sie zukünftig anstreben.

Orientieren Sie sich bei Ihrer Karriereplanung und bei der Realisation Ihres Berufswegs – also bei den Positionen, auf die Sie sich bewerben und die Sie letztlich besetzen – auch immer an den Anforderungen potenzieller späterer Arbeitgeber.

Konkret heißt das: Nachdem Sie sich ein langfristiges Ziel gesetzt haben, bestimmen Sie in einem zweiten Schritt die einzelnen Karrierestufen als Etappenziele. Für jedes dieser Zwischenziele müssen Sie herausfinden, welche Anforderungen die Unternehmen Ihrer Spezialisierungsrichtung – Ihr derzeitiger Arbeitgeber genauso wie andere Unternehmen – an Bewerber stellen. Welche Kenntnisse und Erfahrungen werden verlangt? Welche Jobs sollten Sie ausgeübt haben, und welche Weiterbildung ist gegebenenfalls notwendig? In der Summe ergeben diese Karriereschritte inklusive der dazu notwendigen Voraussetzungen das Kompetenzprofil, das Sie für den von Ihnen langfristig angestrebten Job benötigen.

Die konkreten Anforderungen an eine bestimmte Position hängen natürlich von der genauen Definition dieser Position und von der Branche ab. Studieren Sie aufmerksam Stellenanzeigen, und sprechen Sie mit Personalberatern. Sie werden feststellen, dass Firmen der gleichen Branche für bestimmte Positionen oft sehr ähnliche Stellenbeschreibungen und Anforderungen haben. So formulieren zum Beispiel die meisten Hersteller von Konsumgütern des täglichen Bedarfs weitgehend das gleiche Qualifikations- und Erfahrungsprofil für die Stelle eines nationalen Verkaufsleiters, alle Banken verlangen ähnliche Erfahrungen für die Stelle eines Filialleiters und die meisten Maschinenbaufirmen haben vergleichbare Vorstellungen über die erforderliche Qualifikation eines Werksleiters.

Für eine Karriere im Marketing wird in vielen Firmen Vertriebserfahrung – sei es als Reisender, sei es als Key Account Manager – vorausgesetzt. In multinationalen Konzernen kann häufig nur weiterkommen, wer Auslandserfahrung erworben hat. In manchen Branchen verlangen die Unternehmen für bestimmte Positionen unbedingt Branchenerfahrung. Und für die Besetzung von Führungspositionen ist fast immer vorherige Führungserfahrung nötig. Prüfen Sie, ob es in Ihrer derzeitigen Firma Möglichkeiten gibt, solche notwendigen Erfahrungen zu sammeln. Wenn ja, sollten Sie frühzeitig Ihrem Vorgesetzen Ihr Interesse an einer derartigen Stelle zeigen.

Die kurzfristige und die langfristige Sicht

Für Ihr nächstes Zwischenziel müssen Sie – ausgehend von Ihrem jetzigen Leistungsangebot – Ihren Wettbewerbsvorteil hinsichtlich der nächsten Etappe bestimmen. Dies gilt sowohlfür die Beförderung in Ihrer derzeitigen Firma als auch für einen Unternehmenswechsel. *Kurzfristig* macht es nur Sinn, sich auf Jobs zu bewerben, deren Anforderungen Ihrem Leistungsangebot entsprechen. Dieses ist das Ergebnis Ihrer bisherigen Spezialisierung und umfasst Ihre *heutigen* Fähigkeiten, Kenntnisse und Erfahrungen. Ihr Angebot können Sie nicht von heute auf morgen verändern.

Langfristig gesehen haben Sie es in Hand, Ihr Kompetenzprofil gezielt zu gestalten. Mit Blick auf die Anforderungen der nächsten und späterer Karrierestufen können Sie Ihr Angebot verbessern, indem Sie bestimmte Berufserfahrungen sammeln und sich auf fachlichem wie nicht-fachlichem Gebiet weiterbilden. Auf diesem Wege können Sie auch Ihre Spezialisierungsrichtung ändern, wenn sich zum Beispiel Ihr jetziges Gebiet als berufliche Sackgasse erwiesen hat.

Die folgende Abbildung stellt ein Praxisbeispiel für eine gut geplante Karriere dar. Der Nachwuchsmanager baut sein Leistungsangebot und seinen Wettbewerbsvorteil mit jedem Karriereschritt systematisch aus:

- Spezialisierungsrichtung: Vertrieb von Gütern des täglichen Bedarfs über den Lebensmitteleinzelhandel
- Langfristziel: Internationaler Verkaufsleiter, verantwortlich für die Führung des Außendienstes in mehreren Ländern und des internationalen Großkundenmanagements
- wesentliche Anforderungen an eine solche Stelle: Erfahrungen in der Betreuung von Großkunden aus dem Einzelhandel und in der Führung von Außendienstmitarbeitern, Führungsstärke, konzeptionelle Stärke, Verhandlungsgeschick

Beispiel einer guten Karriereplanung

	Leistungsangebot und Wettbewerbsvorteil	**Nutzen für die Firma: Warum wurde die Person eingestellt oder befördert?**	**Erreichtes Karriere-Etappenziel**
erste Etappe	*Studium* BWL-Studium mit Schwerpunkt Marketing und gutem Abschluss ⇒ gute Theoriekenntnisse (im Vertrieb gibt es bislang relativ wenig Akademiker) *Internationale Ausrichtung* gute Italienischkenntnisse und Auslandserfahrung (6 Monate Praktikum in der Marketingabteilung einer Firma in Italien)	*Studium* wird im Vertrieb immer wichtiger, da Anforderungen an analytische und konzeptionelle Fähigkeiten, insbesondere in der Großkundenbetreuung, steigen *Internationale Kompetenz* von Führungskräften im Vertrieb immer wichtiger im Hinblick auf die fortschreitende Europäisierung der Großkunden im Einzelhandel	Erste Stelle nach dem Studium: Außendienstmitarbeiter der deutschen Tochtergesellschaft eines italienischen Lebensmittelherstellers
zweite Etappe	wie oben und zusätzlich: *Erfolgreicher Verkäufer* *Branchenerfahrung*	*Vorbildfunktion* für Mitarbeiter durch Beherrschung von Verkaufsplanung und Verhandlungstechnik *Branchenkenntnisse* und Erfahrungen im Vertrieb von Lebensmitteln über den Einzelhandel sind nötig, um Mitarbeiter zu führen	Regionaler Verkaufsleiter (gleiches Unternehmen) mit Führungsverantwortung für fünf Außendienstmitarbeiter und Umsatzverantwortung für mehrere regionale Großkunden
dritte Etappe	wie oben und zusätzlich: *erfolgreiche Führungskraft im Außendienst* *Erfahrungen und Erfolge bei der Betreuung von regionalen Großkunden*	*Erfahung und Erfolge in der Personalführung* lassen Führungskompetenz erwarten *Konzeptionelle Kompetenz* (Studium), *Auslandserfahrung, Branchenerfahrung und Erfahrung in der regionalen Großkundenbearbeitung* lassen sehr gute Betreuung von internationalen Großkunden erwarten	Europäischer Key Account Manager (Konzernzentrale der Firma in Italien), verantwortlich für die Betreuung von Großkunden in ganz Europa, Führung eines Teams von drei Mitarbeitern
vierte Etappe	wie oben und zusätzlich: *Erfahrungen und Verkaufserfolge in der Betreuung von internationalen Großkunden*	*Branchenkenntnisse, internationale Ausrichtung, konzeptionelle Stärke* und *Erfolge in der Personalführung* und *Betreuung von Großkunden* lassen Erfolge als internationaler Verkaufsleiter erwarten	Verkaufsleiter West- und Südeuropa (anderes Unternehmen der Lebensmittelbranche)

Gutes Selbstmarketing und optimale Verkaufsstrategie

Eine Firma macht gutes Marketing, wenn sie ein Produkt entwickelt, das die Wünsche ihrer Kunden optimal erfüllt. Mit dem Entwickeln allein ist es aber nicht getan. Das Unternehmen muss das fertige Produkt auch verkaufen. Je mehr die Ware den Wünschen und Vorstellungen ihrer potenziellen Kunden entspricht, desto weniger Probleme werden die Vertriebsmitarbeiter haben, das Produkt abzusetzen. Ein Produkt hingegen, das nicht den Bedürfnissen der Kunden entspricht, wird auch ein guter Verkäufer nur schwer an den Mann bringen. Der Verkauf an sich ist dabei im Gegensatz zum Marketing ein kurzfristiger Prozess: Dem Kunden wird das Produkt angeboten; dieser entscheidet, ob er es wählt oder nicht.

Genau das Gleiche passiert auf dem Arbeitsmarkt. Durch Ihre Karrierestrategie entwickeln Sie *langfristig* Ihr Produkt, also Ihren Lebenslauf beziehungsweise Ihr Kompetenzprofil, sodass es für Unternehmen attraktiv ist, weil es deren Anforderungen entspricht und ihre Probleme löst. *Kurzfristig* müssen Sie dieses Produkt an einzelne Firmen verkaufen. Dieser Prozess ist das Bewerbungsverfahren.

Natürlich ist es wichtig, sich im Bewerbungsverfahren möglichst gut zu präsentieren (hiervon handeln die Regeln 8 und 9). Aber ob Sie eine bestimmte Stelle letztendlich bekommen, hängt in erster Linie davon ab, wie attraktiv Ihr Profil ist.

Die Grundlage Ihres Verkaufserfolgs in eigener Sache ist Ihre langfristig angelegte Karrierestrategie.

Der rote Faden in Ihrem Lebenslauf

Besonders wichtig ist, dass Sie auf Kontinuität in Ihrem Lebenslauf achten. Unternehmen suchen für das untere und mittlere Management in aller Regel Funktionsspezialisten mit gradliniger Fachlaufbahn, also mit stetig gestiegener Sach- und Personalverantwortung. Konkret heißt das: Für die Stelle eines Marketingleiters werden Bewerber mit einer Marketingkarriere gesucht, Analoges gilt für den Leiter Controlling oder den Leiter Fertigung. Kontinuität ist das Zauberwort. Der Grund dafür ist, dass viele Firmen bei der Personalauswahl extrem risikoscheu sind. Am liebsten würden sie jemanden einstellen, der alles, was in der Stellenbeschreibung steht, schon einmal gemacht hat.

Menschen mit unkonventionellen Lebensläufen können zwar gute Aufstiegschancen in ihrem derzeitigen Unternehmen haben. Dort kennt man sie und ihre Stärken gut. Wenn sie sich aber bei anderen Firmen bewerben, müssen sie mit den »Konventionellen« konkurrieren. Dabei ziehen sie häufig den Kürzeren, da ihnen spezielle Erfahrungen fehlen. Unkonventionelle Lebensläufe weisen meist Sprünge oder berufliche Stationen auf, die mit der ausgeschriebenen Stelle nichts zu tun haben und deshalb keine relevanten Erfahrungen darstellen.

Die beruflichen Chancen für Quereinsteiger und Personen mit ungewöhnlichen Lebensläufen sind in Zeiten der Hochkonjunktur deutlich besser als während einer Rezession. Während des Internet-Booms Ende der 90er Jahre beispielsweise waren Quereinsteiger heiß umworben, weil der Markt für Fach- und Führungskräfte mit Musterkarrieren in vielen Branchen leergefegt war. Nach dem Dotcom-Crash hat sich das wieder geändert. In Krisenzeiten haben Personen mit kontinuierlicher beruflicher Entwicklung wesentlich bessere Chancen auf dem Arbeitsmarkt. Eine »Patchwork«-Biografie – zusammengesetzt aus Stationen ohne inhaltlichen Bezug untereinander – ist also keinesfalls erstrebenswert! Solche Bewerber werden nicht einmal zum Gespräch eingeladen, wenn es genug andere gibt.

Die Stringenz im Lebenslauf

Eine zweite Anforderung, die mit der ersten unmittelbar zusammenhängt, ist die Zielstrebigkeit. Arbeitgeber erwarten im Lebenslauf eines Bewerbers den berühmten roten Faden. Wenn Sie sich bewerben, sollten Sie jeden früheren Jobwechsel gut begründen können. Idealerweise können Sie jede Tätigkeit als notwendigen Schritt hin zu Ihrem langfristigen Ziel darstellen. (Die Stelle, auf die Sie sich bewerben, kann dabei entweder bereits dieses Langfristziel sein oder eine Etappe auf dem Weg dorthin.) Dies bedeutet im Umkehrschluss: Jede Position im Lebenslauf, die nicht erkennbar eine Etappe auf dem Weg zur ausgeschriebenen Stelle darstellt, wird leicht als Mangel an Zielstrebigkeit interpretiert. Auch dies bedeutet einen Nachteil für alle Personen mit bunten Lebensläufen.

Wer einen Lebenslauf studiert, sucht dessen innere Logik und fragt sich bei jeder aufgeführten Station: »Warum hat der Bewerber diesen Schritt gemacht? Was wollte er damit erreichen?« Ist der Zweck nicht klar erkennbar, kommen schnell Zweifel an der Zielstrebigkeit des Bewerbers auf:

»Weiß er überhaupt, was er will?« Solche Zweifel sind für seine Bewerbung verheerend, denn der potenzielle Arbeitgeber fragt sich: Wenn der Bewerber nicht einmal Zielstrebigkeit bei der Verfolgung seiner eigenen Karriereinteressen erkennen lässt, warum sollte er sie bei seiner täglichen Arbeit zeigen?

Unter diesem Aspekt sollte man sich jeden abrupten Tätigkeits- oder Branchenwechsel sehr gut überlegen. Es kann gute Gründe dafür geben, Ihr langfristiges Ziel zu ändern und etwas ganz Neues zu beginnen. Aber einen solchen Wechsel können Sie nur selten auf Probe machen. Wenn Ihnen der neue Weg nicht gefällt, ist es äußerst schwierig, wieder zurück zu gehen. Sie würden Zweifel an Ihrem Urteilsvermögen oder an Ihrer Zielstrebigkeit wecken. Außerdem haben Sie ja gezeigt, dass Sie Ihrer bisherigen Tätigkeit oder Branche überdrüssig waren. Wenn Sie also Ihren Berufsweg grundlegend ändern wollen, sollten Sie immer zuerst versuchen, ob dies nicht innerhalb Ihrer derzeitigen Firma möglich ist.

Mit Zweischritt-Planung zum roten Faden

Wie bereits oben erwähnt, gibt es nicht nur den einen richtigen Weg zum letztendlichen Ziel. Diese Tatsache erschwert die geradlinige Karriereplanung. Um trotzdem den roten Faden nicht zu verlieren, sollten Sie immer mindestens die nächsten zwei Karrierestationen zusammen planen. Das heißt konkret: Bevor Sie sich auf einen Job bewerben, entwickeln Sie eine genaue Vorstellung davon, welche Position Sie im Anschluss daran anstreben wollen. Stellen Sie durch die Beobachtung des Arbeitsmarktes (zum Beispiel durch die Analyse von Stellenanzeigen) sicher, dass die übernächste Position aus der nächsten heraus erreichbar ist.

Wenn Sie immer die nächsten beiden Schritte zusammen planen, wird Ihr Berufsweg automatisch zielgerichtet sein und einen roten Faden aufweisen.

Am Anfang der Berufslaufbahn ist diese Zweischritt-Planung in der Regel relativ leicht, da in vielen Bereichen Standardwege vorgezeichnet sind. So führt zum Beispiel der klassische Karrierestart im Marketing vom Assistenten eines Produktmanagers zum Produktmanager und danach zum Produktgruppenmanager. Im späteren Karriereverlauf sind die Wege weniger eindeutig, und gerade dann hilft die Zweischritt-Betrachtung besonders.

Widerstehen Sie Versuchungen

Sie sollten immer daran denken, jederzeit in der Lage zu sein, jede einzelne Position in Ihrem Lebenslauf als notwendigen Schritt in Richtung auf ein langfristiges Karriereziel zu rechtfertigen. Finanzielle Argumente (»Das Angebot passte eigentlich nicht in meine Karriereplanung, aber ich konnte mein Gehalt deutlich steigern«) zählen nicht. Genauso wenig können Sie einen Jobwechsel damit begründen, dass Sie »einfach einmal etwas ganz anderes machen« wollten. Überlegen Sie sich vor jedem Wechsel, was wäre, wenn Sie sich aus der angestrebten oder angebotenen Position heraus erneut bewerben müssten. Wie würden Sie später diesen Wechsel begründen? Achten Sie also darauf, nicht von Ihrem geplanten Weg abzukommen. Die Versuchung ist immer wieder gegeben:

- *Angebote des eigenen Unternehmens*: Wenn in Unternehmen Vakanzen entstehen, versuchen die Firmen in der Regel zuerst, die frei gewordenen Stellen innerbetrieblich zu besetzen. Für den Kandidaten bedeutet dies nicht immer eine Beförderung auf dem Weg zum angestrebten Karriereziel – häufig nicht einmal einen nennenswerten Erfahrungszuwachs. Der Firma ist das egal – sie versucht lediglich, ein entstandenes Loch zu stopfen.
- *Angebote von fremden Unternehmen*: Manche Positionen, die Ihnen von Headhuntern angeboten werden, stellen eine große Versuchung dar. Sie bedeuten zwar keine Beförderung und sind vielleicht sogar in einem Bereich angesiedelt, der mit Ihrer Karriereplanung nicht vereinbar ist, aber sie sind hoch dotiert. Auch hier sollten Sie sehr vorsichtig sein. Man lässt sich leicht von der Gehaltssteigerung blenden, ohne zu bedenken, dass der Lebenslauf möglicherweise Schaden nimmt. Gerade in Zeiten der Hochkonjunktur ruinieren sich viele Leute ihre Berufsbiografie, weil sie Jobs annehmen, die überhaupt nicht zu ihrer Karriereplanung passen.

Beurteilen Sie *jedes* Angebot nur danach, ob es zu Ihren langfristigen Zielen passt. Bleiben Sie Herr Ihrer Entscheidungen. *Eine Stelle wird nicht dadurch besser, dass man sie Ihnen anbietet!*

Vermeiden Sie Lücken im Lebenslauf

Lücken können vor allem durch Arbeitslosigkeit oder andere Auszeiten (eine Weltreise oder Ähnliches) entstehen. Die meisten Arbeitgeber reagieren sehr argwöhnisch darauf. Wer ehrgeizig, zielstrebig und karrierebewusst ist, macht seine langen Reisen vor dem Berufsstart und lässt sich in der Regel nicht entlassen. Befürchtet er den Verlust seines Jobs, etwa weil es dem Unternehmen schlecht geht, sucht er sich rechtzeitig eine neue Stelle. Auch in diesem Zusammenhang gilt: Treue belohnt nur, wem sie galt. Zudem Sie sollten immer erst kündigen, wenn Sie den neuen Arbeitsvertrag bereits unterschrieben haben.

Eine Bewerbung aus der Arbeitslosigkeit heraus ist häufig schwierig. Arbeitgeber stellen sich in solchen Situationen immer die gleichen Fragen: Warum hat niemand den Bewerber bisher eingestellt? Hat er sich intensiv bemüht, in der Kündigungsfrist eine neue Stelle zu finden? Hat er wirklich alles unternommen, um nicht arbeitslos zu werden? Ist sein Interesse an der Position wirklich echt oder nur geheuchelt, weil er um jeden Preis wieder eine Stelle will?

In Zeiten der Rezession kann es im Einzelfall schwierig sein, innerhalb der Kündigungsfrist einen Job auf gleichem Niveau zu finden, geschweige denn einen besseren. Es stellt sich in diesen Fällen die Frage, ob man lieber an seiner Planung festhalten und damit die Arbeitslosigkeit riskieren sollte, oder ob es besser ist, einen Job anzunehmen, der nicht zur Karrierestrategie passt. Beides – Arbeitslosigkeit und fachfremde Tätigkeit – sieht im Lebenslauf nicht gut aus.

Aufgrund der geringen Erfolgsaussichten, aus der Arbeitslosigkeit einen angemessenen Job zu finden, scheint es vorteilhafter, vorübergehend in einem anderen Bereich zu arbeiten. Man sollte aber nicht aufhören, sich auf Wunschpositionen zu bewerben, um so schnell wie möglich wieder eine strategieadäquate Position zu erhalten. Wenn Sie eine entsprechende Stelle finden, kündigen Sie halt wieder, auch wenn dies nach kurzer Zeit geschieht. Die kurze Beschäftigungsdauer ist später leicht nachvollziehbar zu begründen.

Wer lieber die Arbeitslosigkeit riskiert, sollte im Hinblick auf seinen Lebenslauf Folgendes bedenken:

- Bei späteren schriftlichen Bewerbungen müssen Sie die Zeiten der Arbeitslosigkeit in Ihrem Lebenslauf angeben. Sie erscheinen sowieso als Beschäftigungslücken, wenn man das Ende der davor liegenden und den Beginn der folgenden Tätigkeit vergleicht.
- Nach spätestens etwa drei Monaten Arbeitslosigkeit – besser gleich von Anfang an – sollten Sie beruflich relevante Aktivitäten beginnen, wie etwa eine fachliche Weiterbildung oder einen Sprachkurs im Ausland. Auch eine vorübergehende Selbstständigkeit in Ihrem Berufsfeld kann sinnvoll sein. Wichtig ist, dass Sie bei Ihren jetzigen und späteren Bewerbungen darstellen können, dass Sie Ihr berufliches Schicksal in die Hand genommen haben.

Tipps für Ihren Erfolg

- Die Möglichkeit zu kündigen ist Ihre schärfste Waffe als Arbeitnehmer. Damit sie scharf bleibt, muss Ihr Lebenslauf für andere Arbeitgeber attraktiv sein.
- Ihr Lebenslauf sollte Kontinuität und einen »roten Faden« aufweisen. Dieser entsteht automatisch, wenn Sie immer zwei Schritte auf einmal planen.
- Widerstehen Sie Versuchungen durch Jobangebote. Beurteilen Sie jedes Angebot nur danach, ob es zu Ihrer Karriereplanung passt.
- Vermeiden Sie Lücken im Lebenslauf. Tun Sie alles, um nicht arbeitslos zu werden.

Zeitplanung: die optimale Verweildauer in jeder Position

Ein weiterer wichtiger Aspekt Ihrer individuellen Karriereplanung ist die Zeitplanung für die einzelnen Karriereschritte. Für jede *Hierarchiestufe* gibt es so etwas wie eine durchschnittliche Verweildauer für Personen mit Karriereambitionen. Diese gilt für die hierarchische Ebene als solche, auch wenn Sie auf der derselben Hierarchiestufe mehrere Jobs nacheinander – im gleichen Unternehmen oder in verschiedenen Firmen – ausüben. (Unter Job soll hier eine bestimmte Stelle oder Position in einer Firma verstanden werden.) In solchen Fällen müssen Sie auch die Zeitregeln für den einzelnen *Job* beachten. Schließlich gibt es noch Zeitregeln für die *Firmenzugehörigkeit*.

Beachten Sie die ungeschriebenen Regeln für die Verweildauer pro Hierarchiestufe, pro einzelnem Job und in einer Firma.

Bleiben Sie nicht zu lange auf einer Hierarchiestufe

Je höher in der betrieblichen Hierarchie, desto länger verbleibt man normalerweise auf der jeweiligen Ebene. Eine *grobe* Richtschnur für Hochschulabsolventen sagt: zwei bis drei Jahre Sachbearbeiter ohne Personalverantwortung, vier Jahre Abteilungsleiter, acht Jahre Hauptabteilungsleiter, Prokurist oder Bereichsleiter, den Rest des Berufslebens Geschäftsführer oder Vorstand. Diese Werte gelten sowohl wenn die Karriere innerhalb eines Unternehmens stattfindet, als auch wenn dabei zwischendurch die Firma gewechselt wird. Sie sind nur ungefähre Orientierungsgrößen, denn die Gegebenheiten unterscheiden sich zwischen Branchen, Unternehmen und Funktionen.

Ausgehend von dieser *normalen* Verweildauer gibt es auf jeder Hierarchiestufe eine *maximale* Verweildauer, die um ein paar Jahre darüber liegt. Wenn Sie diese überschreiten, wenn Sie also zu lange ohne triftigen Grund nicht befördert werden, wird es in der Regel problematisch für Ihren weiteren Aufstieg. Eine Karrierepause ist zumindest auf den unteren Stufen der Leiter nicht möglich, denn plötzlicher Ehrgeiz nach Jahren der Stagnation wirkt weder im eigenen Unternehmen noch auf potenzielle Arbeitgeber glaubwürdig.

Wenn Sie also die maximale Verweildauer erreicht haben – und es zeichnet sich unmittelbar keine Beförderung ab, obwohl Sie Ihr Karriereinteresse gegenüber Ihren Vorgesetzten deutlich bekundet haben –, sollten Sie versuchen, die fällige Beförderung durch einen Wechsel der Firma zu realisieren. Lassen Sie sich nicht länger von Ihren Vorgesetzten hinhalten etwa mit dem Argument, Sie seien ja eigentlich ein guter Mitarbeiter, aber leider sei zur Zeit eben keine Stelle frei. Bedenken Sie bitte: Wenn Ihre Vorgesetzten Sie wirklich befördern wollen, dann tun sie das auch, und sei es, indem eine neue Stelle für Sie geschaffen wird. *Wenn man Sie nicht befördert, dann deshalb, weil man Sie nicht befördern will.* Wer unter diesen Umständen bleibt, verschwendet nicht nur wertvolle Zeit, sondern riskiert auch, dass bei späteren Bewerbungen sein Verhalten als Mangel an Ehrgeiz und Dynamik auslegt wird und der potenzielle Arbeitgeber denkt: »Ein wirklich guter Mitarbeiter hätte sich das nicht gefallen lassen und wäre gegangen.«

Beachten Sie die Mindestverweildauer pro Job

In jedem Job müssen Sie sich bewähren, und dazu brauchen Sie Zeit. Man kann *grob* sagen, dass mindestens zwei Jahre nötig sind, um echte Erfolge vorweisen zu können – nicht zuletzt, weil Sie sich zunächst einarbeiten müssen. Beachten Sie bitte, dass auch dies nur ein ungefährer Richtwert ist, denn die erforderliche Zeit hängt selbstverständlich von den Besonderheiten der jeweiligen Aufgabe ab. Diese Mindestdauer sollten Sie sowohl bei innerbetrieblichen Jobwechseln als auch bei Arbeitgeberwechsel berücksichtigen.

Jobwechsel ohne Beförderung

Vergleicht man die Zeitangaben pro Hierarchiestufe mit der Mindestverweildauer pro Job, wird deutlich, dass man zumindest am Anfang der Karriere nach Möglichkeit den Job nicht auf gleicher Hierarchiestufe wechseln sollte. Anders gesagt: Versuchen Sie immer, einen Jobwechsel mit einer Beförderung zu verbinden – egal, ob es sich um eine innerbetriebliche Versetzung oder eine neue Position bei einer anderen Firma handelt. Von dieser Regel gibt es nur wenige Ausnahmen. Ein Jobwechsel ohne Beförderung ist ohne weiteres akzeptabel, wenn

- Sie dadurch Erfahrungen sammeln, die für Ihre weitere Karriere als unabdingbar erachtet werden, zum Beispiel Führungs- oder Auslandserfahrung;
- es der einzige Weg aus einer beruflichen Sackgasse ist. Wenn Sie beispielsweise kurz nach einem Firmenwechsel mit Beförderung feststellen, dass Sie mit Ihrem neuen Chef überhaupt nicht zurechtkommen, und erneut wechseln, werden Sie dies kaum mit einer weiteren Beförderung verbinden können;
- Sie in einem kleineren Unternehmen keine weiteren Aufstiegsmöglichkeiten haben und auf gleicher Ebene in eine Firma wechseln, die Ihnen Aufstiegsperspektiven bietet;
- Sie von Arbeitslosigkeit bedroht sind und unter Zeitdruck eine neue Stelle suchen müssen.

In allen anderen Fällen sollten Sie Ihren Job nur wechseln, wenn Sie dabei befördert werden. Denn Sie müssen jeden Jobwechsel begründen können, und von den dargestellten Ausnahmefällen einmal abgesehen, gibt es unter Karrieregesichtspunkten keinen guten Grund, eine einmal begonnene Tätigkeit abzubrechen und sich in ein neues Aufgabengebiet auf gleicher Hierarchieebene einzuarbeiten. Auch häufige innerbetriebliche Wechsel mit jeweils kurzen Dienstzeiten pro Job können problematisch sein. Sie bringen Ihnen zwar vielfältige Erfahrungen, mindern aber Ihre Möglichkeiten, auf den Jobs wirklich etwas zu bewegen und Erfolge zu produzieren. Solange Sie in Ihrer jetzigen Firma bleiben, ist das vielleicht unproblematisch. Im Falle späterer Bewerbungen könnte Ihnen aber der erforderliche Nachweis wirklicher Erfolge fehlen.

Je höher die Hierarchieebene, desto weniger problematisch sind Jobwechsel ohne Beförderung. Ganz unproblematisch sind sie, wenn Sie die letzte Hierarchiestufe Ihrer langfristigen Planung erreicht haben.

Wechseln Sie nicht zu schnell die Firma

Aus der Mindestverweildauer pro Job ergibt sich zwangsläufig die gleiche Mindestverweildauer von zwei Jahren pro Arbeitgeber. Wenn Sie nach weniger als zwei Jahren *auf der gleichen Hierarchieebene* den Arbeitgeber wechseln, kann das problematisch werden, vor allem wenn es mehrfach nacheinander geschieht. Nicht nur sind die Zeitspannen zu kurz, um nachhaltige und nachweisbare Erfolge zu erzielen, sondern spätere Leser Ihrer Bewerbung könnten leicht Zweifel an Ihren Fähigkeiten bekommen. Man wird Sie für unstet halten und Ihr Durchhaltevermögen bezweifeln, Ihre Fähigkeit, auch mit schwierigen Umständen in Ihrem Unternehmen fertig zu werden. Gleichzeitig drängt sich die Vermutung auf, dass Sie auch in der neuen Firma nicht lange bleiben werden. Es spricht zudem nicht für Ihr Urteilsvermögen und Ihr Augenmaß bei der Einschätzung einer angebotenen Stelle, wenn Sie diese nach kurzer Zeit wieder verlassen. Besonders problematisch ist in diesem Zusammenhang natürlich eine Beendigung des Arbeitsverhältnisses in der Probezeit, egal von wem sie ausgeht.

Überlegen Sie sich deshalb jeden Firmenwechsel sehr gut, wenn Sie erst kurze Zeit bei Ihrem jetzigen Unternehmen beschäftigt sind! Das gilt besonders für Wechsel auf gleicher Hierarchieebene, aber auch für solche, die mit einer Beförderung verbunden sind. Jeder Wechsel beinhaltet das Risiko, zu scheitern und als Folge erneut wechseln zu müssen. Sie können sich zum Beispiel einfach irren. Ihr neuer Chef, von dem Sie nach dem Vorstellungsgespräch glaubten, er sei aufrichtig und nett, entpuppt sich als hinterhältiger Intrigant und macht Ihnen das Leben zur Hölle. Oder was Sie beim Vorstellungsgespräch für die feste Zusage einer späteren Beförderung hielten, war nur eine unverbindliche Perspektive und wird nicht eingehalten.

Aber auch ohne dass Sie eine Schuld trifft, können Sie zum erneuten Wechsel gezwungen sein. So kann Ihre neue Firma plötzlich in wirtschaftliche Schwierigkeiten geraten oder übernommen werden, und man kündigt Ihnen. Oder Sie erhalten nach kurzer Zeit einen neuen Chef, mit dem Sie überhaupt nicht zurechtkommen. Das Problem bei all diesen Fällen: Die Schuldfrage interessiert später niemanden mehr. Ein zukünftiger Bewerbungsempfänger wird Ihnen vielleicht abnehmen, dass Sie *einmal* Pech hatten, ein zweites Mal wirkt bereits ziemlich unglaubwürdig. Mit noch häufigeren Jobwechseln nach kurzen Verweilzeiten riskieren Sie, Ihrem Lebenslauf schweren Schaden zuzufügen.

Kalkulieren Sie also bei Ihren Wechselüberlegungen immer die Möglichkeit des Scheiterns ein, gerade bei attraktiven Angeboten, die so verlockend klingen, dass Sie sich keine Schattenseiten ausmalen möchten.

Auch wenn alles optimal scheint, ist immer noch viel Spielraum für Unvorhergesehenes. Bevor Sie unterschreiben, überlegen Sie sich, wie ein nochmaliger Wechsel in Ihrem Lebenslauf aussehen würde.

Bewerbungsempfänger betrachten bei der Analyse eines Lebenslauf die *durchschnittliche Verweildauer pro Arbeitgeber*. Je nach Branche werden etwa drei bis fünf Jahre erwartet. Das bedeutet: Wenn Sie länger als diese Zeitdauer bei einem Unternehmen beschäftigt waren, können Sie sich auch mal eine kurze Firmenzugehörigkeit leisten, ohne dass dies Ihrem Lebenslauf schadet. Sie haben in diesem Fall gewissermaßen ein »Polster« (Heiko Mell) angelegt. Wenn Sie umgekehrt bisher die durchschnittliche Verweildauer nicht erreicht haben, sollten Sie sich vornehmen, vorerst bei Ihrer jetzigen Firma zu bleiben.

Bleiben Sie nicht zu lange in einer Firma

Jedes Unternehmen hat seine Besonderheiten, seine Firmenkultur. An diese müssen Sie sich anpassen, um erfolgreich arbeiten zu können. Je länger Sie im gleichen Unternehmen arbeiten, desto mehr verinnerlichen Sie die Firmenkultur und – so jedenfalls die weit verbreitete Annahme – desto schwerer fällt Ihnen die Umgewöhnung an die Gepflogenheiten eines neuen Arbeitgebers. Eine Betriebszugehörigkeit von bis zu etwa zehn Jahren gilt in dieser Hinsicht als unproblematisch. Je länger Sie aber darüber hinaus bei derselben Firma bleiben, desto skeptischer beurteilen andere Arbeitgeber Ihre Bewerbung. Dies gilt ebenso – wenn auch in geringerem Maße –, wenn Sie in der Zeit mehrfach befördert worden sind.

Tipps für Ihren Erfolg

- Verbleiben Sie nicht zu lange auf einer Hierarchiestufe. Wenn Ihre Firma Sie nicht innerhalb der maximalen Verweildauer befördert, sollten Sie gehen.
- Sie brauchen in jedem Job Zeit, sich zu bewähren. Rechnen Sie mindestens mit etwa zwei Jahren.

- Wechseln Sie am Anfang Ihrer Karriere nur in Ausnahmefällen den Job auf gleicher Hierarchiestufe. Dies gilt sowohl innerhalb der Firma als auch bei Firmenwechsel.
- Zu häufige Firmenwechsel in kurzen Abständen verschlechtern Ihre weiteren Karrierechancen erheblich.
- Jeder Firmenwechsel beinhaltet das Risiko des Scheiterns. Überlegen Sie sich jeden Wechsel deshalb sehr gut.
- Wenn Sie länger als zehn Jahre bei derselben Firma bleiben, verschlechtern sich Ihre Chancen zu wechseln mit jedem weiteren Jahr.

Das Wichtigste in Kürze

- Um aufzusteigen, müssen Sie Ihre Karriere kontinuierlich planen. Dabei können Sie jederzeit Ihr Ziel und Ihre Strategie ändern.
- Ihr Lebenslauf ist Ihr Produkt. Er muss für zukünftige Arbeitgeber attraktiv sein. Orientieren Sie sich deshalb bei Ihrer Karriereplanung und bei der Realisation Ihres Berufswegs an deren Anforderungen.
- Wenn Ihnen eine langfristige Karriereplanung nicht möglich erscheint, planen Sie immer mindestens die nächsten zwei Schritte gleichzeitig.
- Widerstehen Sie Versuchungen. Beurteilen Sie jedes Angebot nur danach, ob es zu Ihrer Planung passt.
- Vermeiden Sie Lücken im Lebenslauf.
- Beachten bei Ihrer Zeitplanung die Regeln der optimalen Verweildauer pro Hierarchiestufe, pro einzelnem Job und pro Arbeitgeber.

Regel 4
Ihre Soft Skills sind besonders wichtig!

Die nicht-fachlichen Kompetenzen, auch Soft Skills genannt, sind für den beruflichen Aufstieg von entscheidender Bedeutung. Manchmal spricht man auch von Schlüsselqualifikationen, weil sie der Schlüssel zur Karriere sind. Je höher die Hierarchieebene, desto wichtiger werden sie für den Erfolg in der jeweiligen Position und damit für den weiteren Aufstieg. Im gleichen Maße sinkt die Bedeutung Ihrer Fachkompetenz. Denn je höher Sie aufsteigen, desto

- weniger gehören Fachaufgaben zu Ihren Aufgaben,
- mehr besteht Ihr Aufgabenspektrum aus Personalführung,
- mehr administrative und Planungsaufgaben haben Sie,
- mehr sind Ihre Planungsaufgaben strategischer Natur,
- mehr hängt Ihr beruflicher Erfolg davon ab, ob Sie ein guter Büropolitiker sind,
- wichtiger wird Ihre kommunikative Kompetenz, denn Sie verbringen in steigendem Maße Zeit mit Gesprächen, Telefonaten und Besprechungen,
- mehr müssen Sie Verantwortung für Bereiche übernehmen, die Ihnen fremd sind. Folglich müssen Sie sich mit Fachfragen auseinander setzen, von denen Sie wenig oder gar keine Ahnung haben.

Aber auch um die erste Karrierestufe zu erklimmen, muss man schon nichtfachliche Kompetenzen aufweisen. Zum einen braucht man sie neben dem Fachwissen schon in fast allen Einstiegspositionen, um erfolgreich zu arbeiten. Außerdem achten Vorgesetzte bei der Auswahl von zu befördernden Kandidaten darauf, wie gut deren Soft Skills sind.

Welche Bedeutung nicht-fachliche Kompetenzen für Ihren Aufstieg haben, können Sie auch daran sehen, dass es in fast allen Firmen – sehr wahrscheinlich auch in Ihrer – ausgezeichnete Fachleute gibt, die bisher nicht befördert wurden (und darüber sehr frustriert sind). Dies hat jedenfalls nicht an ihrer mangelnden Fachkompetenz gelegen. Etwas anderes hat gefehlt: eben die Soft Skills.

Wie Sie Soft Skills erwerben

Eine Kompetenz lässt sich definieren als etwas, was man *kann*, also als eine Fähigkeit, oder als etwas, was man *weiß*, also als eine Kenntnis. Für das Können ist aber das Wissen im Sinne des Know-how immer Voraussetzung. Eine nicht-fachliche Kompetenz kann als Begabung quasi »angeboren« sein. So haben manche Personen ein ausgeprägtes Talent für beispielsweise Kommunikation. Allerdings werden Kompetenzen, auch nicht-fachliche, hauptsächlich durch bewusstes Lernen erworben, wobei natürlich eine entsprechende Begabung von Vorteil ist. Aber auch ohne Talent können Sie Ihre Soft Skills wesentlich verbessern, wenn Sie bereit sind zu lernen.

Die nicht-fachlichen Kompetenzen lassen sich in zwei große Kategorien unterteilen:

- *Persönlichkeitsmerkmale*: Hierunter versteht man einerseits Merkmale, die Charaktereigenschaften entsprechen, wie etwa Selbstsicherheit (»etwas, was man hat«), andererseits persönliche Eigenschaften, die bestimmten Fähigkeiten entsprechen, wie beispielsweise konzeptionelle Fähigkeiten oder Arbeitseffizienz (»etwas, was man kann«). Streng genommen sind Charaktereigenschaften weder »Kompetenzen« noch »Skills«. Sie werden aber üblicherweise dazugezählt. Manche Persönlichkeitsmerkmale lassen sich besser, manche weniger gut durch ein entsprechendes Training verbessern.
- *Soziale Kompetenzen*: Hiermit bezeichnet man alle Fähigkeiten im Umgang mit anderen, zum Beispiel Überzeugungskraft oder Teamfähigkeit. Nur wer gut mit anderen Menschen umgehen kann, macht Karriere. Soziale Kompetenzen sind durch Training erlern- beziehungsweise verbesserbar.

Die wichtigsten Persönlichkeitsmerkmale und sozialen Kompetenzen sind weiter unten aufgeführt.

Manchmal findet man in Ratgebern als weitere Kategorie noch die *methodische Kompetenz*. Hiermit ist die Beherrschung bestimmter Techniken gemeint, beispielsweise Präsentationstechnik. Methodische Kompetenzen sind jedoch in aller Regel lediglich Vorstufen oder Voraussetzungen für eine entsprechende soziale Kompetenz. So sind beispielsweise Präsentations- und Gesprächstechnik Voraussetzungen für die soziale Kompetenz Überzeugungskraft.

Welche Soft Skills sind besonders wichtig?

In Stellenanzeigen sind viele verschiedene nicht-fachliche Kompetenzen aufgeführt, einige davon trifft man fast immer an. Dazu gehören beispielsweise Teamorientierung oder Kommunikationsfähigkeit. Die Soft Skills, die man in Stellenanzeigen findet, sind ausdrücklich erwünscht, da die Firmen aus Erfahrung wissen, dass man sie braucht, um die Position erfolgreich auszufüllen. Die nicht-fachlichen Fähigkeiten, die besonders oft verlangt werden, sind also äußert wichtig für den beruflichen Erfolg. Es gibt aber auch Skills, die selten oder nie in Anzeigen auftauchen und trotzdem sehr bedeutsam sind, wie zum Beispiel Konfliktbereitschaft oder politisches Geschick.

In den nächsten Abschnitten finden Sie alle nicht-fachlichen Kompetenzen, die für die Karriere im Management in allen Branchen und Funktionsbereichen unverzichtbar sind. Darüber hinaus gibt es eine Reihe von Soft Skills, die zwar auch sehr nützlich für den beruflichen Aufstieg sind, aber nicht unabdingbar. Hierunter fallen beispielsweise Organisationsgeschick oder Kreativität.

Die Reihenfolge der unten aufgeführten Soft Skills sagt nichts über deren *relative* Wichtigkeit für den beruflichen Erfolg aus. Alle sind wichtig, je nach konkreter Jobsituation können sich die Gewichte jedoch etwas verschieben. Besonders auf der Sachbearbeiterebene gibt es – je nach Anforderungsprofil des konkreten Berufsbildes – Unterschiede. So braucht etwa ein Verkäufer mehr Überzeugungskraft als ein Ingenieur. Außerdem kann es gewisse Unterschiede in Abhängigkeit von der Branche, der Unternehmensgröße und der Firmenkultur geben. Beispielsweise sind in großen Firmen politische Fähigkeiten oft (nicht immer!) wichtiger als in kleinen.

Niemand verfügt über alle Soft Skills in gleichem Maße, denn jeder hat seine Stärken und Schwächen. Was zählt, ist die Summe. Teilweise können Sie Schwächen durch Stärken in anderen Kompetenzen kompensieren. Aber über die unten aufgeführten Soft Skills müssen Sie verfügen. Sie brauchen ein gewisses Mindestmaß von jeder dieser Kompetenzen, wenn Sie Karriere machen wollen. Sollten Sie bei sich gravierende Defizite entdecken, tun Sie etwas dagegen, indem Sie sich weiterbilden und Ihr Auftreten und Verhalten im Berufsalltag entsprechend verbessern.

Leider gibt es ein *Begriffswirrwarr*. Einige der unten aufgeführten Soft Skills werden mit mehreren gängigen Begriffen bezeichnet, die in Ratgebern und Stellenanzeigen für Fach- und Führungskräfte immer wieder zu finden sind (etwa »Eigeninitiative/selbstständiges Handeln«). Diese

Begriffe bedeuten in einigen Fällen das Gleiche, in anderen unterscheiden sie sich leicht in ihrer Bedeutung: Zum Teil werden zusätzliche Aspekte eingeschlossen, zum Teil bestimmte Aspekte ausgeklammert. Auch werden je nach Definition manche Kompetenzen separat betrachtet oder sind in anderen Kompetenzen enthalten. So wird die Fähigkeit, Mitarbeiter zu motivieren, manchmal als eigenständige Kompetenz angesehen, manchmal wird sie aber auch als Teil der Führungskompetenz betrachtet.

Es herrscht nämlich keineswegs Einigkeit darüber, wie genau die einzelnen Kompetenzen zu definieren sind. Unter dem gleichen Begriff verstehen verschiedene Personen und Unternehmen unterschiedliche Inhalte. Zum Beispiel wird der Begriff Motivation von manchen Firmen im Sinne von »andere motivieren« gebraucht, andere verstehen darunter »selbst motiviert sein«.

Umgekehrt werden für eine bestimmte Kompetenz oft ähnliche, aber doch unterschiedliche Begriffe verwendet, die inhaltlich genau das Gleiche bedeuten, beispielsweise »Teamgeist haben« oder »teamorientiert sein« oder »ein Teamplayer sein«.

Verschiedene nicht-fachliche Kompetenzen setzen sich aus mehreren anderen zusammen. So wird zum Beispiel in vielen Stellenanzeigen die wichtige Eigenschaft Durchsetzungsstärke (auch als Umsetzungsstärke bezeichnet) gefordert. Es geht darum, ein »Macher« sein, dafür zu sorgen, dass Pläne umgesetzt und Veränderungen in der Organisation durchgesetzt werden. Hierfür sind andere Eigenschaften und Fähigkeiten Voraussetzung: im Wesentlichen Eigeninitiative, Engagement, Handlungs- und Ergebnisorientierung, Überzeugungskraft und politische Fähigkeiten.

Kompetenzen werden mit abstrakten Begriffen bezeichnet. Man kann sie nicht mit bloßem Auge beobachten. So kann man zum Beispiel Kommunikationsfähigkeit oder Engagement nicht sehen, aber man kann bestimmte Verhaltensweisen oder konkret nachprüfbare Fakten beobachten, die auf das Vorhandensein solcher Merkmale hindeuten. Diese bezeichnet man als Indikatoren.

Die nachfolgende Beschreibung nicht-fachlicher Kompetenzen anhand von Indikatoren ermöglicht erstens eine genaue Definition dessen, was gemeint ist. Zweitens erlaubt sie Ihnen, sich zu fragen, wie gut Sie die entsprechende Anforderung beherrschen, ob sie zu Ihren Stärken gehört oder nicht. Dies müssen Sie wissen – zum einen für Ihre Karriereplanung, zum anderen für kommende Bewerbungsverfahren. Die Indikatoren erleichtern Ihnen auch das Finden konkreter Beispiele aus Ihrer beruflichen Vergangenheit, mit denen Sie im Bewerbungsverfahren (Anschreiben, Lebenslauf,

Vorstellungsgespräch) nachweisen können, dass Sie eine geforderte nichtfachliche Qualifikation erfüllen.

Die wichtigsten Persönlichkeitsmerkmale

Eigeninitiative/Eigenverantwortung/selbstständiges Handeln

Hierunter versteht man die Fähigkeit,

- Aufgaben aus eigenem Antrieb, also ohne Aufforderung oder Anweisung anzupacken und zu bewältigen.
- Probleme zu erkennen, Lösungen zu finden, und dem Chef oder Kollegen entsprechende Vorschläge zu machen.
- Verbesserungen von Arbeitsprozessen, organisatorische Verbesserungen und Möglichkeiten von Kosteneinsparungen vorzuschlagen.
- die Realisierung der eigenen Vorschläge voranzutreiben.
- sehr selbstständig arbeiten zu können.

Von einem Manager wird erwartet, dass er sich selbst Aufgaben stellt. Um von Ihrem Vorgesetzten als sehr gute Führungsnachwuchskraft eingestuft zu werden, reicht es nicht aus, dass Sie alle gestellten Aufgaben verlässlich erfüllen. Sie müssen darüber hinaus eigene Initiative zeigen, das heißt, dass Sie sich selbst Aufgaben stellen, sich »Arbeit« suchen.

Wie können Sie sich verbessern? Analysieren Sie die Ziele und Prioritäten Ihres Chefs. Darauf aufbauend sollten Sie aus eigenem Antrieb Vorschläge erarbeiten und Ihrem Chef unterbreiten, wie diese Ziele noch besser erreicht werden könnten. Das beeindruckt ihn wie kaum etwas anderes.

Hohe Selbstmotivation/Leistungsbereitschaft/ Einsatzfreude/Engagement

Dies bedeutet,

- immer mit voller Energie und Konzentration zu arbeiten, also überdurchschnittlich intensiv, und auch in quantitativer Hinsicht Überdurchschnittliches zu leisten (Überstunden).

- sich bei allen wichtigen Aufgaben anzustrengen, um gute Arbeitsergebnisse zu erzielen.
- auch unangenehme Teilaufgaben entschlossen anzupacken, weil man sie als Teil seiner Gesamtaufgabe ansieht.

Überdurchschnittlicher beruflicher Erfolg ist in aller Regel nur durch überdurchschnittlichen Arbeitseinsatz erreichbar. Dies gilt für das Management genauso wie für jeden anderen Beruf. Im Management gibt es dafür aber noch einen speziellen Grund: Nur wer seine Aufgaben mit hohem Engagement und hartem Einsatz verfolgt, wird andere Menschen, deren Mitarbeit für den Erfolg notwendig ist, motivieren und mitreißen können. Dies gilt einerseits für die eigenen Mitarbeiter, aber in noch größerem Maße für Kollegen aus anderen Abteilungen. Da Sie diesen keine Anweisungen erteilen können, sind Sie stark auf ihre freiwillige Kooperationsbereitschaft angewiesen. Und diese werden Sie um so eher erhalten, je mehr Sie zeigen, dass Sie mit ganzer Kraft hinter Ihren Aufgaben stehen.

Wie können Sie sich verbessern? Investieren Sie Ihre ganze Energie und Tatkraft in Ihren Job – auch wenn Sie bisher viel weniger verdienen als Ihr Chef und deshalb zögern, sich voll einzusetzen: Wenn Sie befördert werden wollen, müssen Sie gewissermaßen in Vorleistung treten. Man erwartet von einer Nachwuchskraft, dass sie sich wie ein Manager verhält, auch wenn sie es noch nicht ist. Und das bedeutet fast überall, hohes Engagement in qualitativer und quantitativer Hinsicht zu zeigen.

Handlungs- und Ergebnisorientierung/pragmatisches Handeln

Menschen mit Handlungsorientierung erkennt man daran, dass sie

- sich selbst nicht als Planer verstehen (selbst wenn sie in einer Planungsabteilung arbeiten!), sondern als »Macher«.
- dafür sorgen, dass Entscheidungen getroffen und in die Tat umgesetzt werden.
- nicht den perfekten Plan anstreben, sondern lieber pragmatisch einen noch vorläufigen Entwurf in die Praxis umsetzen und testen. Sie sind bereit, aus praktischen Erfahrungen kontinuierlich dazuzulernen.
- Tätigkeiten nicht um ihrer selbst willen tun, sondern um ein Ergebnis zu erzielen.

Die generelle Regel im Management lautet: »Tu etwas! Denke dabei nach, aber tu etwas!« Warum hat das Handeln einen so hohen Stellenwert? Der Grund liegt in der generellen Zielsetzung des Managements. In allen Unternehmen besteht dessen zentrale Aufgabe in der ständigen Verbesserung der gegenwärtigen Situation. Die Gewinne sollen gesteigert, die Kosten gesenkt, neue Märkte erschlossen werden. All dies kommt aber nur durch Handlung, nie durch Planung allein zustande. Nicht Pläne verändern die Welt, sondern Taten. In fast allen Organisationen wird deshalb die Qualität eines Managers danach beurteilt, ob er in der Lage ist, innerhalb der Organisation etwas zu bewegen.

Wie können Sie sich verbessern? Nicht wer die besten Analysen und Vorschläge macht, nicht der Planer hat im Management Erfolg, sondern der »Macher«. Dies sollten Sie keineswegs als Aufforderung zu blindem Aktionismus verstehen. Im Gegenteil: *durchdachtes* Handeln ist erforderlich – aber eben Handeln. Machen Sie sich klar: Nicht der Plan zählt, sondern nur das, was bei seiner Umsetzung als Ergebnis herauskommt.

Arbeitseffizienz/Konzentration auf das Wesentliche

Hierunter versteht man das Vermögen,

- wichtige von unwichtigen Aufgaben zu unterscheiden.
- sich voll auf die wichtigen Aufgaben zu konzentrieren und die weniger wichtigen mit möglichst geringem Aufwand zu bewältigen.

Wie Sie Ihre Arbeitseffizienz verbessern können, erfahren Sie in Regel 10.

Analytische Fähigkeiten/konzeptionelle Stärke/strategisches Denken/Problemlösekompetenz

Diese Begriffe bezeichnen die Fähigkeit,

- komplexe Zusammenhänge schnell zu verstehen.
- neu auftretende Probleme zu lösen, also Schwierigkeiten, die nicht mit den bekannten und erprobten Vorgehensweisen bewältigt werden können, und zwar durch Entwicklung neuer Problemlösungsstrategien auf der Basis vorhergehender Analysen.
- in langfristigen Zeiträumen und in gesamtunternehmerischen Zusammenhängen zu denken.

Konzeptionelle Stärke bedeutet, durch eine umfassende Analyse komplexe Probleme gedanklich zu strukturieren und darauf aufbauend praktikable Handlungsoptionen zu entwickeln.

Wie können Sie sich verbessern? Lernen Sie strukturiert zu denken.[4] Das bedeutet, dass Sie die Lösung jedes Problems in vier Teilschritte aufteilen. Zunächst sammeln Sie alle relevanten Fakten und Symptome, um das Problem genau zu definieren und einzugrenzen. Im zweiten Schritt ermitteln Sie die Ursachen für die beobachteten Fakten. Als Nächstes überlegen Sie sich, mit welcher grundsätzlichen Vorgehensweise (Strategie) das Problem zu lösen ist. Der vierte Schritt besteht in der konkreten Festlegung der Einzelschritte zur Problemlösung: *Wer* muss *was wie* und bis *wann* erledigen?

Selbstsicherheit/sicheres Auftreten/selbstbewusstes Auftreten

Ein selbstsicherer, souveräner Mensch

- ist sich seiner Stärken und auch Schwächen bewusst und kann ihr jeweiliges Ausmaß im Vergleich zu anderen gut einschätzen.
- kann eigene Fehler zugeben.
- steht zur eigenen Meinung, auch wenn sie von der der Mehrheit abweicht; er lässt sich aber auch von guten Argumenten überzeugen.
- kann Wünsche und Erwartungen an andere klar und deutlich äußern.
- verfügt über ein natürliches, unverkrampftes Verhalten – auch gegenüber Personen, die hierarchisch deutlich höher stehen als er.

Wie können Sie sich verbessern? Wie in Regel 1 dargestellt, werden Sie Selbstvertrauen und Selbstsicherheit gewinnen, wenn Sie Ihre Selbstverantwortung akzeptieren. Darüber hinaus ist Selbstsicherheit nur schwer trainierbar. Am ehesten können Sie in dieser Hinsicht etwas für sich tun, indem Sie sich bewusst schwierigen Situationen aussetzen, um aus deren erfolgreicher Überwindung Selbstvertrauen zu gewinnen. Gehen Sie zum Beispiel bei Meetings auf höhere Vorgesetzte zu und sprechen Sie sie an. Dies wird Sie beim ersten Mal wahrscheinlich viel Überwindung kosten, beim zehnten Mal ist es Routine geworden.

Die wichtigsten sozialen Kompetenzen

Zu den unabdingbaren sozialen Kompetenzen gehören Kommunikationsstärke, Teamfähigkeit, Führungskompetenz, politisches Gespür und Konfliktbereitschaft.

Kommunikationsstärke/Überzeugungskraft

Darunter versteht man die Fähigkeit,

- sich verständlich auszudrücken, auch bei komplexen Themen, besonders wichtig ist dies im Austausch mit Personen, die einen anderen Bildungs- und Ausbildungshintergrund haben oder aus anderen Kulturen stammen (interdisziplinäre und interkulturelle Kommunikation).
- sensibel für versteckte Signale zu sein, aus dem Gesagten das Gemeinte heraushören zu können.
- andere im Vier-Augen-Gespräch von seinem Standpunkt überzeugen zu können. Voraussetzung hierfür ist das Beherrschen von Gesprächstechniken (Argumentationstechnik und Einwandbehandlung).
- mit Rhetorik und Präsentationstechnik vor Gruppen überzeugend zu präsentieren.
- mit Moderationstechnik Besprechungen zum Erfolg zu führen.
- die eigenen Interessen in Verhandlungssituationen durch Einsatz von Verhandlungstechnik durchzusetzen.

Wie können Sie sich verbessern? Das Kompetenzfeld Kommunikationsstärke/Überzeugungskraft ist so umfangreich, dass seine Darstellung den Rahmen dieses Ratgebers sprengen würde. Die Methoden der Gesprächsführung, Rhetorik, Präsentations-, Moderations- und Verhandlungstechnik stelle ich in dem Buch *Knacken Sie die Karrierenuss!* dar. Wenn Sie Defizite in Teilbereichen der Kommunikationsfähigkeit bei sich erkennen, sollten Sie auch erwägen, entsprechende Seminare zu besuchen.

Teamfähigkeit/Kontaktstärke/Networkingfähigkeit

Unter Teamplayern versteht man Menschen, die

- gern mit anderen zusammenarbeiten. Sie gehen aktiv und konstruktiv an gemeinsame Aufgaben heran.

- sich schnell in eine Gruppe integrieren können, sich immer kollegial verhalten und für ein gutes Arbeitsklima im Team sorgen.
- konstruktiv mit Konflikten und Meinungsverschiedenheiten umgehen. Dazu gehört, unterschiedliche Meinungen und Denkweisen integrieren zu können.
- generell (auch privat) gerne mit anderen Menschen zusammen sind.
- auf andere zugehen und Kontakte knüpfen können. Teamplayer sorgen aus eigenem Antrieb dafür, dass die Kontakte aufrechterhalten werden; folglich verfügen sie über ein großes Netzwerk innerhalb und außerhalb des Unternehmens.

Wie Sie Ihre Kontaktstärke und Networkingfähigkeit verbessern können, wird in Regel 12 ausführlich dargestellt.

Führungskompetenz

Wer über Führungskompetenz verfügt, kann

- delegieren: durch das Treffen von Zielvereinbarungen und die Kontrolle der Zielerreichung.
- Mitarbeiter motivieren.
- Mitarbeiter fördern, auch durch die Führung konstruktiv-kritischer Mitarbeitergespräche.
- Strukturen und Abläufe in der Abteilung organisieren.

Wie Sie Ihre Fähigkeit, Mitarbeiter zu führen, verbessern können, erfahren Sie in Regel 7.

Politisches Gespür und politische Fähigkeiten

Darunter versteht man das Vermögen,

- in Organisationen den Umfang der eigenen Macht und derjenigen von anderen Personen angemessen bewerten zu können.
- andere Menschen realistisch einschätzen zu können, insbesondere ihre Interessen und Wünsche sowie ihre charakterlichen Stärken und Schwächen.
- die Beziehungen und Abhängigkeiten zwischen Personen zu erkennen.
- auf diesen Grundlagen ihr zukünftiges Verhalten voraussagen zu können.
- innerbetriebliche Macht aufzubauen, sie gezielt zur Erreichung eigener

Ziele einzusetzen und sie gegen (auch unfaire) Angriffe anderer zu verteidigen.

Was Sie beachten müssen, um in der Büropolitik erfolgreich zu agieren, wird in Regel 11 ausführlich dargestellt.

Konfliktbereitschaft

Konfliktbereite Menschen

- sind bereit, für ihre Ziele zu kämpfen, sie auch gegen Widerstände durchzusetzen; sie gehen Konflikten nicht aus dem Weg.
- können in Konflikten entschieden, aber fair agieren.
- sind als Vorgesetzte bereit, unpopuläre Entscheidungen zu treffen.

In manchen Situationen müssen Sie sich auf Machtkämpfe mit anderen einlassen, um Ihre sachlichen und persönlichen Ziele durchzusetzen (sehen Sie hierzu auch Regel 11). Wer Konflikte nicht scheut, muss damit rechnen, dass er sich Feinde schafft. Damit muss man leben können. Wenn Sie als Vorgesetzter unpopuläre Entscheidungen zu treffen haben, sollten Sie dazu stehen und sich nicht hinter Ihren Vorgesetzten oder Gremien verstecken.

Wie können Sie sich verbessern? Wenn Sie eher konfliktscheu sind, suchen Sie zunächst in einer Sachfrage bewusst den Machtkampf, anstatt die Auseinandersetzung durch einen Kompromiss zu Ihren Lasten beizulegen. Sie sollten dabei allerdings ziemlich sicher sein, dass Sie die Auseinandersetzung auch gewinnen werden. Diese Zuversicht können Sie nur haben, wenn Sie über deutlich mehr Macht verfügen als der andere. Loten Sie darum vorher die Machtverhältnisse gründlich aus.

Die Abbildung auf Seite 76 enthält alle genannten nicht-fachlichen Kompetenzen im Überblick:

Die wichtigsten nicht-fachlichen Kompetenzen

Persönlichkeitsmerkmale	Soziale Kompetenzen
Eigeninitiative/Eigenverantwortung/ selbstständiges Handeln	Kommunikationsstärke/ Überzeugungskraft
hohe Selbstmotivation/Leistungsbereitschaft/Einsatzfreude/Engagement	Teamfähigkeit/Kontaktstärke/ Networkingfähigkeit
Handlungs- und Ergebnisorientierung/pragmatisches Handeln	Führungskompetenz
analytische Fähigkeiten/konzeptionelle Stärke/strategisches Denken/ Problemlösekompetenz	politisches Gespür und politische Fähigkeiten
Arbeitseffizienz/Konzentration auf das Wesentliche	Konfliktbereitschaft
Selbstsicherheit/sicheres Auftreten/ selbstbewusstes Auftreten	

Das Wichtigste in Kürze

- Je höher Sie aufsteigen, desto wichtiger werden Ihre nicht-fachlichen Kompetenzen, und desto nebensächlicher wird Ihr fachliches Können. Bereits, um das erste Mal befördert zu werden, müssen Sie über Soft Skills verfügen.
- Es gibt eine Reihe sehr wichtiger Soft Skills, die Voraussetzung für jede Art von Karriere sind – unabhängig vom Funktionsbereich oder der Branche.
- Manche dieser nicht-fachlichen Kompetenzen gehören vielleicht zu Ihren natürlichen Begabungen. Wenn Sie jedoch gravierende Schwächen feststellen, sollten Sie sich weiterbilden.

Regel 5
Orientieren Sie sich an Ihren Stärken

Um Ihre Karriere zu planen, müssen Sie wissen, wo Sie gerade stehen. Karriereplanung kann man mit der Planung einer Reise vergleich. Die Landkarte, die Sie dafür benutzen, ist in unserem Fall gewissermaßen die Summe aller Regeln des beruflichen Aufstiegs. Es wurde bereits betont, dass Sie zunächst Ihr langfristiges Ziel einkreisen müssen. Den Weg zu Ihrem Ziel können Sie aber nur festlegen, wenn Sie wissen, wo Sie sich gerade aufhalten. Ohne dieses Wissen nützt Ihnen die beste Landkarte nichts.

Ihre Ausgangslage sind Ihre Stärken und Schwächen. Es kann deshalb gar nicht genug betont werden, wie wichtig es für Sie ist, diese genau zu kennen. Nur dann werden Sie Ihr Karriereziel und den Weg dorthin realistisch und erfolgversprechend planen können. Dazu müssen Sie bereit sein, sich selbst nüchtern und realistisch einzuschätzen. Ihre Selbstanalyse sollte alle Kompetenzen – also Kenntnisse, Fähigkeiten, Erfahrungen und Persönlichkeitsmerkmale – umfassen, die beruflich von Bedeutung sind. Weiter unten erfahren Sie, welche Methoden Sie dafür einsetzen können.

Nur wenn Sie Ihre Stärken und Schwächen genau kennen, können Sie sich die richtigen Karriereziele setzen. Und nur mit den richtigen Zielen werden Sie erfolgreich sein.

Fachaufgaben kontra Führungsaufgaben

Fragt man ehrgeizige Personen nach ihren langfristigen Karrierevorstellungen, so antworten viele, dass sie gern einen größeren Bereich, eine Geschäftseinheit oder eine Firma leiten würden. Dies sind alles Führungsaufgaben, die inhaltlich wenig mit dem zu tun haben, was ein Berufsanfänger in einer qualifizierten Sachbearbeiterposition macht. Es wurde in Regel 4 bereits erwähnt, dass nicht-fachliche Anforderungen umso wichtiger werden, je höher jemand aufsteigt. Gleichzeitig verringert sich die Bedeutung fachlicher Aufgaben schon bei der Übernahme der ersten Führungsverantwortung sehr deutlich und nimmt immer mehr ab, je mehr Karrierestufen jemand erklimmt.

Diese Tatsachen sind häufig problematisch für Menschen, die großen Spaß an ihren Fachaufgaben haben, zum Beispiel engagierte Entwicklungsingenieure oder talentierte Verkäufer. Sie bringen oft die besten Arbeitsergebnisse in ihrer Abteilung und werden gerade deshalb zum Leiter der Abteilung befördert. In ihrer neuen Führungsposition sinkt ihre Leistung nicht selten deutlich ab – bis hin zum Scheitern an der Aufgabe.

Die Gründe liegen in diesen Fällen oft gerade in der hohen Fachkompetenz. Sie führt dazu, das die Betroffenen sich nicht richtig von ihren Fachaufgaben lösen können. Sie verschwenden ihre Zeit mit Angelegenheiten, die nicht mehr die ihren sind, und demotivieren ihre Mitarbeiter, indem sie ihnen dauernd in ihren Arbeitsbereich hineinreden. Ihre eigentlichen Aufgaben hingegen liegen ihnen nicht. Die neuen Funktionen gehören nicht zu ihren Stärken, demzufolge machen sie sie schlecht.

Prüfen Sie sich deshalb genau: Wie stark hängen Sie an Ihren Fachaufgaben? Ist Ihnen klar, dass sich mit zunehmendem Aufstieg Ihre Arbeitsinhalte ändern? Können Sie sich berufliche Zufriedenheit ohne Ihre jetzigen Fachaufgaben vorstellen? Es ist keine Schande, seine Fachaufgaben nicht nur als Beruf, sondern als Berufung anzusehen und daran festzuhalten. Wie in Regel 2 dargelegt: Was für Sie beruflicher Erfolg ist, das entscheiden Sie selbst.

Bauen Sie Ihre Stärken aus

Sowohl Ihr langfristiges Ziel als auch alle angestrebten Positionen auf dem Weg dorthin sollten so beschaffen sein, dass sie möglichst gut Ihren Stärken entsprechen. Denn auf den Gebieten, auf denen Sie stark sind, erreichen Sie mit weniger Aufwand herausragende Ergebnisse. Dazu machen Ihnen diese Tätigkeiten in der Regel auch viel Spaß.

Versuchen Sie immer, Ihre Ziele so zu setzen, dass Sie zu deren Erreichung Ihre Stärken ausbauen und nicht Ihre Schwächen reduzieren müssen. Es ist für Sie viel motivierender, sich in einem Bereich zu verbessern, in dem Sie bereits gut sind. Die Energie, die Sie hierfür aufwenden, ist viel produktiver eingesetzt, als wenn Sie versuchen, Ihre Schwächen zu bekämpfen – was bekanntermaßen wenig Freude bereitet.

Einzige Ausnahme von dieser Regel sind gravierende Schwächen, die Ihre Karriere blockieren können. Es gibt bei bestimmten Kompetenzen Mindestanforderungen, die man erfüllen muss, um überhaupt Karriere zu machen. Hierzu zählen überall bestimmte Soft Skills (sehen Sie hierzu Regel 4). Darüber hinaus gibt es für jede Position und damit für jeden Werdegang unterschiedliche fachliche Anforderungen, die man in Kenntnisse und Erfahrungen unterteilen kann. Beispiele für *Fachkenntnisse* sind die Vertrautheit mit dem Arbeitsrecht, wenn Sie eine Karriere im Personalwesen anstreben, oder tiefe Einblicke in das amerikanischen Rechnungswesens US-GAAP, wenn Sie im Finanzbereich eines internationalen Konzerns aufsteigen wollen. *Fachliche Erfahrungen* sind beispielsweise Branchenerfahrung, Vertriebserfahrung oder Vertrautheit mit dem Rechnungswesen.

Solche unabdingbaren Anforderungen müssen Sie spätestens dann erfüllen, wenn sie als Voraussetzung für eine bestimmte Stelle gefordert werden, die Sie als nächsten Karriereschritt gern einnehmen möchten – auch wenn diese Kenntnisse nicht zu Ihren Stärken gehören. Also müssen Sie etwas tun. Versuchen Sie beispielsweise, gezielt bestimmte notwendige Erfahrungen zu sammeln, entweder in Ihrem jetzigen Unternehmen oder durch Firmenwechsel. Gehen Sie, wo es nötig ist, aktiv Ihre Weiterbildung in fachlicher und nicht-fachlicher Hinsicht an. Streben Sie dabei aber nur das absolut notwendige Mindestmaß an Verbesserung an.

Der Ausbau von Stärken hat noch weitere Vorteile: Einzelne deutlich erkennbare Stärken werden von Ihrer Umwelt, auch von Ihren Vorgesetzten, viel eher registriert als die Abwesenheit von Schwächen. Damit wächst Ihre Chance, aus der großen Masse herauszuragen. Wer keine Schwächen hat, aber auch keine erkennbaren Stärken, bleibt eher unauffällig. Außerdem werden Menschen, die über ausgeprägte Stärken auf wichtigen Gebieten verfügen, Schwächen eher nachgesehen.

Tipps für Ihren Erfolg

- Setzen Sie Ihre Ziele so, dass Sie zu deren Erreichung Ihre Stärken ausbauen und nicht Ihre Schwächen reduzieren müssen.
- Einzige Ausnahme von dieser Regel bilden gravierende fachliche oder nicht-fachliche Schwächen bei Muss-Anforderungen.

Das sollte Ihre Selbstanalyse umfassen

Ihre Karrierestrategie sollten Sie möglichst auf Ihren Stärken aufbauen. Nur wenn Sie die *genau* kennen, werden Sie sich die optimalen Berufsziele setzen. Der Karriereberater Armin Rohm ist überzeugt: »Natürlich wissen wir *ungefähr* darüber Bescheid, was wir können und was nicht. Wenn wir langfristig erfolgreich sein wollen, müssen wir es aber genau wissen.« Bei Ihrer Stärken-Schwächen-Analyse sollten Sie folgende Aspekte berücksichtigen:

1. Ihre fachlichen und nicht-fachlichen Kompetenzen:
   - Ihr fachliches Wissen und Können,
   - Ihre sozialen Kompetenzen,
   - Ihre karriererelevanten Persönlichkeitsmerkmale.
2. Ihre Erfahrungen und Leistungen, die auf diesen Kompetenzen und Persönlichkeitsmerkmalen beruhen:
   - Ihre beruflichen (und privaten) Erfolge,
   - andere Erfahrungen, die Sie gemacht haben, ohne dass es zu nennenswerten Erfolgen kam,
   - Ihre Misserfolge: Welche Schwächen zeigen sich daran?
3. das Ausmaß an Freude bei der Erfüllung Ihrer einzelnen Aufgaben. Welche Aufgaben machen Ihnen im Beruf und im Privatleben besonderen Spaß? Was würden Sie beruflich machen, wenn es keinerlei Sachzwänge gäbe und Sie frei wählen könnten? Und umgekehrt: Zu welchen Aufgaben müssen Sie sich immer wieder zwingen, weil Sie keine Lust dazu haben?

Ihr langfristiges Karriereziel einerseits und Ihre Stärken und Schwächen andererseits sollten Sie gleichzeitig bestimmen. Hierbei können Sie den Zusammenhang abwechselnd aus zwei Perspektiven betrachten:

- Sie gehen von einer bestimmten Wunschposition als langfristigem Ziel aus. Nun fragen Sie sich, ob Sie – neben der Bereitschaft, den Preis für die Karriere dorthin zu zahlen – auch die notwendigen Stärken als Voraussetzungen aufweisen. Genauso sollten Sie prüfen, ob Sie gravierende Schwächen haben, die die Erreichung Ihres Ziels infrage stellen könnten und von denen Sie meinen, dass Sie sie weder abbauen noch kompensieren können.
- Sie gehen anders herum von Ihren Stärken aus. Dann fragen Sie sich, wo Sie diese am produktivsten einsetzen könnten, während gleichzeitig Ihre Schwächen nicht so stark ins Gewicht fallen. Wie müsste Ihr Traumjob

beschaffen sein, damit Ihre Stärken optimal zur Geltung kommen? Schauen Sie dabei ruhig über den Tellerrand Ihrer derzeitigen Berufsperspektive hinaus. Entwickeln Sie eine Vision, eine möglichst konkrete Vorstellung von Ihrem Idealjob. Lassen Sie dafür Ihre Gedanken schweifen: Welche Aufgaben könnten Sie mit Ihren jetzigen Stärken theoretisch bewältigen? Was trauen Sie sich zu, obwohl Sie es noch nicht gemacht haben, weil Ihnen bisher einfach die Gelegenheit dazu fehlte?

Die eigenen Stärken und Schwächen genau zu kennen ist nicht nur wichtig, um sein *langfristiges* Ziel zu definieren, sondern Sie brauchen dieses Wissen auch in jeder Bewerbungssituation. Dann müssen Sie *kurzfristig* die Anforderungen, die vom potenziellen Arbeitgeber gestellt werden, mit Ihren Stärken vergleichen. Wie in Regel 9 ausführlich dargestellt wird, sollten Sie in Ihren schriftlichen Unterlagen hervorheben, inwieweit Sie die in der Stellenausschreibung geforderten Erfahrungen, Fähigkeiten und Eigenschaften besitzen. Das Gleiche gilt für das Vorstellungsgespräch: Auch hier müssen Sie überzeugend darlegen, dass Ihre Stärken den Anforderungen der Stelle entsprechen.

Deswegen sollten Sie Ihre Analyse *jetzt* durchführen. Egal, wo Sie beruflich stehen, ob Sie sich gerade bewerben oder nicht: Sie sollten jederzeit in der Lage sein zu entscheiden, ob Sie sich auf eine bestimmte Stelle bewerben wollen – schon morgen kann ein Headhunter bei Ihnen anrufen. Erst recht müssen Sie wissen, ob Sie ein konkretes Angebot annehmen wollen, dass Ihnen gemacht wird, zum Beispiel einen innerbetrieblichen Stellenwechsel. Wenn Sie einen Job annehmen, ohne sich über Ihre Stärken und Schwächen intensiv Gedanken gemacht zu haben, riskieren Sie eine Fehlentscheidung.

Die Stärken-Schwächen-Analyse sollten Sie nicht nur einmal im Leben machen, sondern gelegentlich wiederholen. Es kann sich gerade in den ersten Berufsjahren ergeben, dass Sie neue Stärken entdecken. Diese waren Ihnen vorher nicht bewusst, weil Sie nie Aufgaben zu bewältigen hatten, die diese Kompetenzen erfordern. Das klassische Beispiel ist das bereits erwähnte schlummernde Verkaufstalent. Eine solche Entdeckung können Sie auch noch später im Berufsleben machen, vor allem, wenn Sie einen neuen Job antreten. Genauso kann es passieren, dass sich im Berufsalltag herausstellt, dass eine Fähigkeit, die Sie für eine Ihrer Stärken hielten, doch nicht stark genug ausgeprägt ist.

Beachten Sie bei Ihrer Selbstanalyse ebenso, dass Ihnen wahrscheinlich manche Stärken nicht auf Anhieb bewusst sind. Die erfolgreiche Bewältigung bestimmter Aufgaben ist für Sie ganz selbstverständlich geworden. Sie nehmen sie folglich nicht mehr als besondere Leistung wahr.

Tipps für Ihren Erfolg

- Bestimmen Sie Ihr langfristiges Karriereziel sowie Ihre Stärken und Schwächen gleichzeitig.
- Führen Sie Ihre Selbstanalyse jetzt durch, damit Sie jederzeit beurteilen können, ob Sie ein Stellenangebot annehmen wollen.

Bestimmen Sie Ihre Soft Skills

Nutzen Sie den folgenden Fragebogen als Hilfe für die Analyse Ihrer Persönlichkeitsmerkmale und sozialen Kompetenzen. Er basiert auf den in Regel 4 aufgeführten nicht-fachlichen Kompetenzen. Sie werden in Kurzform noch einmal beschrieben. So verstehen Sie und andere Personen, die Sie anhand dieses Fragebogens beurteilen (mehr dazu unten), genau das Gleiche unter den einzelnen Begriffen. Dies ist nämlich – wie schon in Regel 4 betont wurde – alles andere als selbstverständlich.

Bewerten Sie anhand der Skala mit fünf Bewertungsmöglichkeiten, wie stark die einzelnen Merkmale auf Sie zutreffen beziehungsweise wie gut Sie dabei jeweils abschneiden:

– 2 = Dieses Merkmal trifft auf mich überhaupt nicht zu.
– 1 = Dieses Merkmal trifft auf mich eher nicht zu.
0 = Dieses Merkmal ist bei mir durchschnittlich ausgeprägt.
+1 = Dieses Merkmal trifft auf mich eher zu.
+2 = Dieses Merkmal trifft auf mich ganz besonders zu.

Versuchen Sie, nicht nach Ihrem Gefühl zu urteilen, sondern auf der Grundlage nachprüfbarer Fakten. Um Ihre Bewertung abzustützen, suchen Sie deshalb nach konkreten Beispielen aus Ihrer Berufspraxis, die Ihre Einschätzung belegen und tragen Sie sie in das entsprechende Feld ein. Diese Beispiele werden Sie auch bei Ihren Bewerbungen benötigen – zum einen bei der Formulierung Ihrer schriftlichen Unterlagen, zum anderen in Vorstellungsgesprächen.

Der Fragebogen enthält nicht alle Soft Skills, die von Firmen für bestimmte Jobs gefordert werden, sondern nur die, die für die Karriere am wichtigsten sind. Um ein vollständiges Bild Ihrer Stärken und Schwächen zu erhalten, können und sollten Sie die Liste erweitern:

Fragebogen zur Bestimmung nicht-fachlicher Kompetenzen

	Beschreibung	Bewertung					Konkrete Beispiele aus Ihrer Berufspraxis
		−2	−1	0	+1	+2	
Persönlichkeitsmerkmale							
Eigeninitiative	Aufgaben und Probleme aus eigenem Antrieb anpacken und selbstständig lösen						
Leistungsbereitschaft/ Engagement	Bereitschaft, überdurchschnittlich viel und intensiv zu arbeiten.						
Handlungs- und Ergebnisorientierung	sich selbst als »Macher« verstehen, sich stets auf das Ergebnis konzentrieren						
Arbeitseffizienz	Fähigkeit, wichtige von unwichtigen Aufgaben zu unterscheiden; volle Konzentration auf die wichtigen Aufgaben						
analytische und konzeptionelle Fähigkeiten	Fähigkeit, komplexe Probleme zu verstehen und eigenständige Problemlösungskonzepte dafür zu entwickeln						
Selbstsicherheit	Bewusstsein der eigenen Stärken; die eigene Meinung vertreten; Fehler zugeben können; unverkrampftes Auftreten						
Soziale Kompetenzen							
Kommunikationsstärke/Überzeugungskraft	Fähigkeit, sich verständlich auszudrücken, andere zu verstehen und sie vom eigenen Standpunkt zu überzeugen						
Teamfähigkeit/Kontaktstärke	gerne und gut mit anderen zusammen arbeiten; auf andere zugehen und Kontakte knüpfen können						
Führungskompetenz	Fähigkeit, zu delegieren und Mitarbeiter zu motivieren						
politisches Gespür und Fähigkeiten	Fähigkeit, die politische Situation zu verstehen (Machtverhältnisse, Interessen, Beziehungen und Abhängigkeiten) und entsprechend zu handeln						
Konfliktbereitschaft	Bereitschaft, für seine Ziele zu kämpfen und Widerstand zu überwinden						

- Fügen Sie die nicht-fachlichen Kompetenzen hinzu, von denen Sie aus Erfahrung wissen, dass sie in Ihrem speziellen Berufsfeld besonders wichtig sind (zum Beispiel Kreativität, wenn Sie in der Werbung arbeiten).
- Wenn Sie mithilfe dieser Liste Ihre Bewerbung um eine bestimmte Stelle vorbereiten, fügen Sie alle Anforderungen hinzu, die in der Stellenanzeige zusätzlich genannt werden.

Selbstwahrnehmung und Fremdwahrnehmung

Füllen Sie den Fragebogen zunächst allein aus. Betrachten Sie sich dabei möglichst objektiv und seien Sie ehrlich zu sich selbst. Das ist nicht einfach. Die meisten Menschen haben ein mehr oder weniger verzerrtes Bild ihrer selbst. Viele neigen dazu, einerseits ihre Schwächen zu bagatellisieren oder gar nicht zur Kenntnis zu nehmen und andererseits die Stärken zu überschätzen. Es gibt aber auch das Gegenteil: Manche Menschen nehmen ihre Stärken gar nicht als solche wahr, da sie ein Talent für bestimmte Dinge haben, das ihnen ganz selbstverständlich erscheint. Ebenso gibt es die Überdramatisierung von eigenen Schwächen. Blicken solche Menschen auf eine Aufgabe zurück, erinnern sie sich oft mehr an Schwierigkeiten und Probleme als an das erfolgreiche Ergebnis.

Bei der Bestimmung Ihrer Stärken und Schwächen mithilfe des Fragebogens sollten Sie sich deshalb in einem zweiten Schritt von Personen, die Ihnen nahe stehen, helfen lassen. Unsere Umgebung sieht uns häufig ganz anders als wir selbst. Bitten Sie mindestens einen Vertrauten, besser noch mehrere, Sie ehrlich zu beurteilen. Erklären Sie ihnen den Fragebogen, besonders die Bedeutung der einzelnen Kompetenzen, sowie die fünf Bewertungsabstufungen. Bitten Sie sie auch, ihre Einschätzung, wenn möglich, anhand konkreter Beispiele zu begründen.

Es besteht die Gefahr, dass die Personen, die Sie um Hilfe bitten, Sie aus falscher Rücksichtnahme zu positiv beurteilen. Machen Sie ihnen deutlich, dass Ihnen damit überhaupt nicht geholfen ist. Bitten Sie sie, schonungslos offen zu sein. Nur so können Sie ein realistisches Bild von sich gewinnen und Ihre Karriere adäquat planen. Hüten Sie sich aber davor, sich zu rechtfertigen, wenn Sie sich ungerecht beurteilt fühlen. In diesem Fall riskieren Sie, dass Ihre Freunde nicht offen zu Ihnen sind.

Wenn es Unterschiede zwischen Ihrem Selbstbild und dem Fremdbild gibt, stellt sich die Frage nach dem Warum. Da es uns, wie gesagt, allgemein schwer fällt, uns selbst objektiv zu beurteilen, nehmen Sie am besten der Einfachheit halber an, dass eher die anderen Recht haben. Machen Sie sich trotzdem die Mühe, gemeinsam mit Ihren Freunden zu analysieren, woran die Unterschiede liegen. Offensichtlich nimmt man Sie anders wahr, als Sie sich selbst sehen und von den anderen gerne gesehen werden möchten. Auch wenn Sie sich ungerecht beurteilt fühlen: *Sie* sind verantwortlich dafür, wie Ihre Umwelt Sie wahrnimmt. Falls verschiedene Freunde unterschiedliche Ansichten über Ihre Stärken und Schwächen haben, liegt das vielleicht daran, dass Sie unterschiedliche Signale aussenden.

Analysieren Sie Ihre früheren Aufgaben

Ihre derzeitige Ist-Situation ist das Ergebnis Ihrer beruflichen Entwicklung in der Vergangenheit. Diese wurde bestimmt durch Ihre Stärken und Schwächen. Wenn Sie alle Aufgaben genau analysieren, die Sie im Verlauf Ihres beruflichen Werdegangs zu bewältigen hatten, werden Sie Ihre fachlichen Kompetenzen erkennen. Gleichzeitig jedoch erlaubt Ihnen dies, Ihre nicht-fachlichen Stärken (und Schwächen) zu identifizieren: Hierfür stellt die Aufgabenanalyse neben dem Fragebogen eine weitere Methode dar.

Erstellen Sie eine Liste mit einer möglichst konkreten Beschreibung *aller* Aufgaben und erzielten Ergebnisse in allen bisherigen Jobs. Gehen Sie ins Detail: Betrachten Sie jede abgrenzbare Einzelaufgabe und beschreiben Sie sie in Stichworten (nur Sie selbst müssen später Ihre Liste entziffern können!). Tragen Sie dann die konkreten Resultate ein, und drücken Sie sich möglichst in Zahlen aus.

Berücksichtigen Sie darüber hinaus auch private Erfolge und Misserfolge, soweit sie auf beruflich relevanten Eigenschaften, Kenntnissen oder Fähigkeiten beruhen. Die Liste sollte folgende Spalten enthalten:

Firma/ Abteilung/ Funktionsbereich/Projekt	genaue Beschreibung der Einzelaufgabe	Ergebnisse (möglichst in Zahlen)	Bewertung der Ergebnisse • Erfolg? • welche Kompetenzen?	»Spaßfaktor«

Bei der Bewertung der Ergebnisse geht es erstens darum, zu beurteilen, wie erfolgreich Sie die betreffende Aufgabe gelöst haben. Analysieren Sie also nicht nur Ihre Erfolge, sondern auch das, was nur mittelprächtig lief, sowie die Fehlschläge.

Zweitens sollten Sie festhalten, welche fachlichen und nicht-fachlichen Kompetenzen ausschlaggebend für das jeweilige Ergebnis waren – in positiver wie negativer Hinsicht. Beachten Sie bei der Analyse einer Aufgabe nicht nur Ihr fachliches Know-how, das Sie meist relativ leicht identifizieren können. Bedenken Sie immer auch das Vorhandensein (oder Fehlen) nichtfachlicher Kompetenzen. Wenn Sie zum Beispiel eine Vorstandsvorlage mit sehr engem Termin durch eine Nachtschicht rechtzeitig und inhaltlich zur vollen Zufriedenheit des Auftraggebers fertig gestellt haben, deutet dies auf hohe Leistungsbereitschaft und hohe Belastbarkeit hin. Wenn anderseits der Kostenrahmen eines Projekts, das Sie geleitet haben, gesprengt wurde, könnte das ein Hinweis auf mangelndes Durchsetzungsvermögen gegenüber anderen Teammitgliedern oder auf mangelnden Kontakt zu ihnen sein. Was genau war der Grund?

Schließlich sollten Sie den »Spaßfaktor« berücksichtigen. Überlegen Sie sich bei jeder Aufgabe, wie viel Freude Sie an der Sache hatten. Normalerweise machen uns die Dinge, die wir besonders gut können – unsere Stärken – auch viel Spaß und umgekehrt. Das muss aber nicht immer so sein. So kann es durchaus Aufgaben geben, die Sie nur widerwillig anpacken, aber trotzdem sehr gut ausführen, weil Sie sie gut beherrschen. Und umgekehrt gibt es vielleicht Gebiete, auf denen Sie ein Dilettant sind, die Ihnen aber trotzdem Spaß machen.

Gehen Sie systematisch Ihre berufliche Vergangenheit durch. Das ist häufig einfacher gesagt als getan. Denn oft vergisst man kleinere Aufgaben oder Projekte, deren Ergebnisse aber durchaus aussagekräftig hinsichtlich der eigenen Stärken und Schwächen sein können. Benutzen Sie deshalb Erinnerungshilfen, zum Beispiel Ihre alten Terminkalender, Stellenbeschreibungen, Arbeitszeugnisse oder Projektabschlussberichte.

Wenn Sie sich bei der Aufgabenanalyse Mühe geben, kann dies leicht recht viel Zeit in Anspruch nehmen, vor allem wenn Sie schon einige Jahre im Beruf stehen und abwechslungsreiche Jobs hatten. Nehmen Sie sich die Zeit, Ihre Vergangenheit genau zu rekapitulieren, und haben Sie Geduld. Schließlich geht es um sehr viel: Ihre berufliche Zukunft. Je besser Sie sich selbst (er-)kennen, desto besser können Sie Ihre Zukunft planen, desto mehr Chancen haben Sie in Bewerbungsverfahren und desto eher werden Sie in beruflichen Fragen die richtigen Entscheidungen treffen.

Ihre drei größten Erfolge

Wenn Sie Ihre Liste fertig gestellt haben, gehen Sie sie nochmals durch und bestimmen Sie Ihre drei größten Erfolge – diejenigen, auf die Sie am stolzesten sind. Wenn Sie nun genau betrachten, welche Ihrer Stärken Sie in diesen Fällen erfolgreich werden ließen, dann haben Sie gute Hinweise darauf, was Sie besonders auszeichnet, welches also Ihre herausragenden Stärken sind, Ihre »persönlichen Erfolgsfaktoren« (Armin Rohm).

Das Wichtigste in Kürze

- Erkennen Sie das Spannungsfeld Fach- kontra Führungsaufgaben, und fragen Sie sich, wie stark Sie an Ihren Fachaufgaben hängen.
- Analysieren Sie Ihre Stärken und Schwächen sorgfältig.
- Planen Sie Ihre Karriere so, dass Sie Ihre Stärken immer weiter ausbauen.
- Reduzieren Sie Ihre Schwächen nur dort, wo dies unbedingt notwendig ist.
- Beziehen Sie Ihre fachlichen und nicht-fachlichen Kompetenzen und alle beruflich relevanten Erfahrungen in Ihre Selbstanalyse ein.
- Lassen Sie sich bei Ihrer Stärken-Schwächen-Analyse von Freunden helfen.

Regel 6
Beachten Sie die ungeschriebenen Regeln des Arbeitsmarktes

Warum bestimmte Stellen im Unternehmen karriereträchtiger als andere sind

Kernkompetenzen des Unternehmens

Jedes Unternehmen hat eine oder mehrere Kernkompetenzen, beispielsweise die Fertigung, den Einkauf, die Forschung und Entwicklung oder das Marketing. Das sind die betrieblichen Funktionen, die für den Erfolg der Firma ausschlaggebend sind, weil sie den »originären Unternehmenszielen« (Heiko Mell) entsprechen. Fast immer zählt auch der Finanzbereich dazu. Das Gegenteil sind die Hilfsfunktionen, die zwar auch notwendig, aber nicht von zentraler Bedeutung sind, etwa die Marktforschung, der EDV-Bereich oder die juristische Abteilung.

Wegen ihrer strategischen Bedeutung für den Unternehmenserfolg sind die Kernkompetenzen in aller Regel personell besser ausgestattet als periphere Funktionen. Um die Entwicklung in den Kernkompetenzen kümmert sich die Geschäftsleitung wegen ihrer Bedeutung besonders intensiv. Meistens stammen die Mitglieder der Geschäftsleitung selbst aus diesen Bereichen. Darum sind die Aufstiegschancen innerhalb der Kernbereiche generell als besser einzustufen. Die Mitarbeiter dieser Abteilungen sind häufig angesehener und werden ernster genommen.

Für Sie bedeutet dies Chance oder Risiko, je nachdem in welchem Bereich Sie gerade arbeiten. Periphere Funktionen haben häufig nur die Größe einer einzelnen Abteilung. Hier können Sie nur bis zum Leiter Ihrer Abteilung aufsteigen. Für eine weitere Beförderung müssen Sie mit Rivalen aus den Kernkompetenzen konkurrieren. Aus den genannten Gründen besteht aber ein großes Risiko, dass Sie den Kürzeren ziehen.

Welche Abteilungen zu den Kernkompetenzen zählen, variiert je nach Firma und Branche. So gehören etwa die Werbeabteilung und der Einkaufsbereich in einem Maschinenbau-Unternehmen zu den peripheren Bereichen. Kernkompetenzen sind hier die Konstruktion, die Fertigung und der Vertrieb. In einer Werbeagentur hingegen stellt die Werbung selbstverständlich die Kernkompetenz dar, und in einem Handelsunternehmen gehört der Einkauf zu den zentralen Bereichen.

Die Konsequenz für Ihre Karriereplanung liegt auf der Hand: Wenn Sie heute nicht im Kernbereich Ihres Unternehmens arbeiten, versuchen Sie, dorthin zu wechseln – oder gehen Sie zu einem Unternehmen, in dem Ihre Funktion die Kernkompetenz darstellt.

Linie und Stab

Eine ähnliche Problematik ergibt sich aus dem Verhältnis von Linien- und Stabsfunktionen. Unter Linienfunktionen versteht man diejenigen Bereiche einer Firma, die direkt und messbar zum Unternehmenserfolg beitragen und damit auch eine größere Verantwortung für diesen Erfolg tragen. Der Beitrag der Stabsabteilungen ist hingegen eher indirekt und nur ungenau berechenbar. Typische Linienfunktionen sind der Vertrieb und die Fertigung, typische Stabsfunktionen die Planungs-, Werbe- oder die PR-Abteilung.

Die peripheren Bereiche eines Unternehmens sind in der Regel als Stabsabteilungen organisiert. Allerdings gibt es auch im Bereich einer Kernkompetenz häufig Stabs- und Linienabteilungen. So gehören zum Kernkompetenzbereich Vertrieb in vielen Firmen sowohl die Linienabteilungen Außendienst und Key Account Management als auch die Stabsabteilungen Vertriebsplanung und Verkaufsförderung.

In Linienpositionen sind die Karrierechancen generell besser als in Stabsfunktionen. Auch hier gilt: Innerhalb einer Stabsabteilung können Sie bis zum Abteilungsleiter aufsteigen. Danach haben Sie im Konkurrenzkampf mit den Linienmanagern in der Regel die schlechteren Karten. Denn wer in der Linie erfolgreich ist, kann seine Erfolge vielfach in Euro und Cent beziffern: Umsatzbeträge, Produktionskennziffern oder Kosteneinsparungen. Der Manager in einer Stabsfunktion kann dies in der Regel nicht, auch wenn er noch so gute Arbeit geleistet hat. Zudem haftet vielen Stabsabteilungen der Geruch des unproduktiven Wasserkopfs an. Ob zu Recht oder zu Unrecht: In vielen Firmen genießen Linienmanager den besseren Ruf.

Dies sollten Sie berücksichtigen, wenn Sie Ihre Karriere planen. Besonders ein Wechsel von einer Linien- in eine Stabsposition will sehr gut überlegt sein. Nur wenn Sie dabei bestimmte wichtige Erfahrungen und Kenntnisse erwerben können oder der Wechsel eine Beförderung bedeutet, kann er sinnvoll sein. Wenn beides nicht der Fall ist, sieht ein solcher Wechsel leicht nach einer Flucht vor der Verantwortung aus.

Die Firmenzentrale

Viele Unternehmen haben neben ihren ausländischen Tochtergesellschaften auch im Inland eine Vielzahl von Betriebsstätten: Werke, Tochtergesellschaften oder Zweigniederlassungen. Bei deutschen Firmen ist eine dieser Betriebsstätten die Unternehmenszentrale. Hier arbeitet die Unternehmensspitze, hier befindet sich der Finanzbereich, hier sind die wichtigsten Verwaltungseinheiten und Stabsstellen angesiedelt. In der Zentrale werden alle wichtigen Personal- und Sachentscheidungen getroffen. Hier schlägt das Herz des Unternehmens, hier ist das Zentrum der Macht. Wer in einer Firma Karriere machen will, muss über kurz oder lang in die Zentrale wechseln – je früher, desto besser. Hierfür sind mehrere Gründe ausschlaggebend:

Kontakte zu Topmanagern: Die Wahrscheinlichkeit persönlicher Kontakte zu Mitgliedern des höheren Managements ist natürlich in der Zentrale am größten. Diese können aus den unterschiedlichsten Anlässen entstehen, beispielsweise die gemeinsame Teilnahme an einem Meeting. Durch Kontakte haben Sie zum einen die Chance, auf sich aufmerksam zu machen. Zum anderen ist die Erfahrung im Umgang mit den Firmenmächtigen an sich schon wertvoll. Sie lernen sie als Menschen kennen, die auch ihre Schwächen haben, und verlieren so die Scheu vor ihnen.

Kontakte zu Gleichgestellten: Sie brauchen unter anderem ein großes Netzwerk von guten Beziehungen mit Kollegen, um sich eine Machtposition in Ihrer Organisation aufzubauen. In der Zentrale gibt es in aller Regel mehr (Nachwuchs-)Manager als an allen anderen Standorten. Somit sind Ihre Möglichkeiten, ein umfangreiches persönliches Netzwerk aufzubauen, in der Zentrale am größten. Besonders leicht lassen sich Kontakte zu gleichgestellten Kollegen ganz am Anfang der Berufslaufbahn knüpfen. Zu diesem Zeitpunkt haben alle noch ähnliche Sorgen und Interessen. Deshalb sollten Sie immer versuchen, Ihren ersten Job in der Zentrale eines Unternehmens anzutreten. Auch wenn Sie später (vorübergehend) zu einer Tochtergesellschaft versetzt werden, können Sie Ihre Kontakte in der Zentrale leicht aufrechterhalten. Demgegenüber hat jemand, der erst später im Verlauf seiner Karriere in die Firmenzentrale versetzt wird, in der Regel gewisse Nachteile, was die Qualität und Quantität seiner Kontakte zu Gleichgestellten angeht.

Beförderungsmöglichkeiten: Angesichts der Vielzahl von Managementpositionen, die es in der Zentrale gibt, ist es bei gleicher Leistung wahrscheinlicher, dort zügig befördert zu werden als in einer Unterorganisation. Außerdem wird in der Zentrale über alle wichtigen Positionen in allen Untereinheiten entschieden.

Ihre längerfristigen Karriereaussichten sind in aller Regel besser, wenn Sie im Bereich einer Kernkompetenz Ihrer Firma arbeiten, eine Linienposition innehaben und in der Firmenzentrale tätig sind.

Vorsicht vor neu geschaffenen Stellen!

Durch Umstrukturierungen werden in Firmen immer wieder neue Stellen geschaffen. Zunächst versucht man meist, die Stelle intern zu besetzen; falls das nicht klappt, werden externe Bewerber herangezogen.

Neu geschaffene Stellen beinhalten sehr häufig ein hohes Risiko zu scheitern – vor allem, wenn die Aufgaben des Stelleninhabers vorher von einer Person oder mehreren Kollegen neben ihren sonstigen Tätigkeiten erfüllt wurden. Dadurch wurden sie oft nicht besonders gut erledigt und deswegen hat man nun eine neue Stelle definiert, deren Inhaber sich voll und ganz auf das betreffende Gebiet konzentrieren kann. »Wir wollen das in Zukunft professionell machen«, heißt es in solchen Fällen häufig.

Durch die Umstrukturierung wurde also in der Regel anderen Mitarbeitern etwas weggenommen, die damit einen Teil ihrer Verantwortung verloren. Das mögen die meisten Menschen nicht und reagieren deshalb ärgerlich, vor allem, wenn das Topmanagement die Schaffung der Stelle auch noch mit der unzureichenden Qualität der bisher geleisteten Arbeit begründet. Nicht selten bekommt »der Neue« dann die Enttäuschung der Betroffenen zu spüren. Ihre Kooperationsbereitschaft tendiert gegen null, oder sie legen ihm sogar absichtlich Steine in den Weg.

Überlegen Sie sich also gut, ob Sie eine neu geschaffene Stelle annehmen wollen. Sie sind in einer solchen Stelle noch mehr als anderswo auf die Unterstützung Ihrer Vorgesetzten angewiesen, um etwaigen Widerstand von Kollegen aufzuweichen.

Wenn Sie die Firma wechseln, um eine neu geschaffene Stelle anzutreten, gehen Sie ein besonders großes Risiko ein.

Das Risiko zu scheitern ist im eigenen Hause geringer als in einer neuen Firma. Denn in Ihrem derzeitigen Unternehmen kennen Sie die Machtverhältnisse und können den Rückhalt und die Widerstände, die Sie erwarten, viel besser einschätzen.

Nicht so, wenn Sie wechseln: Die im Vorstellungsgespräch zugesagte Unterstützung kann sich als unzureichend erweisen, und als Folge gelingt es Ihnen nicht, die bestehenden Blockaden aufzubrechen und Ihre Aufgaben erfolgreich auszuführen. Sie sollten deshalb den Wechsel auf eine neu geschaffene Stelle in einem anderen Unternehmen nur dann in Erwägung ziehen, wenn Ihr Lebenslauf ein eventuelles Scheitern und einen erneuten Firmenwechsel verkraften kann.

Selbst wenn die Stelle nicht ganz neu ist, sondern schon einen oder zwei Inhaber gehabt hat, können die gleichen Probleme auftauchen. Finden Sie im Vorstellungsgespräch heraus, ob es sich um einen »Schleuderstuhl« handelt. Fragen Sie,

- wann die Stelle geschaffen wurde,
- wie lange die bisherigen Stelleninhaber sie jeweils innehatten,
- wohin Ihre Vorgänger gegangen sind. Wurden sie im eigenen Haus befördert, ist die Situation wahrscheinlich unproblematisch. Haben sie jedoch die Firma verlassen, sind Zweifel angebracht.

Der Wert einer internen Beförderung

Wenn Sie Ihre Karriereplanung konsequent befolgen, kann es leicht vorkommen, dass Sie eine Beförderung durch einen Firmenwechsel zu realisieren versuchen. Sie sollten aber nicht anstreben, *nur* auf diese Weise aufzusteigen, vor allem nicht am Anfang Ihrer Karriere. Schon nach zwei derartigen Firmenwechseln werden bei den Unternehmen, bei denen Sie sich als nächstes bewerben, Zweifel an Ihren Qualifikationen wach. Man wird sich fragen, wieso keine der Firmen, bei denen Sie waren, Sie befördert hat. Man wird befürchten, dass Sie im Bewerbungsgespräch blenden können und später nicht halten, was Sie versprechen.

Der Grund dafür: Eine Beförderung in einem anderen Unternehmen erhalten Sie wegen des Potenzials, das man in Ihnen vermutet, und nicht wegen Ihrer erwiesenen Leistungen in der neuen Firma. Man gibt Ihnen gewissermaßen einen »Vorschuss« (Heiko Mell). Wenn Sie sich bewähren, Ihren Kredit gewissermaßen »zurückzahlen«, wird die Firma Sie später intern befördern. Wenn Sie vorher aber wieder abspringen, um woanders erneut einen Kredit aufzunehmen, schürt das Zweifel. Deshalb sollten Sie Ihre Karriereplanung so gestalten, dass Sie während der Anfangsphase mindestens einmal *intern* befördert werden. Jenseits aller guten Zeugnisse und Referenzen stellt dieser Aufstieg in Ihrem Lebenslauf den härtesten Beweis dar, dass Sie wirklich gut sind: Man hat Sie und Ihre Arbeit so positiv beurteilt, dass man Sie befördert hat.

Der beste Beweis für Ihre Fähigkeiten ist eine Beförderung im eigenen Unternehmen.

Nur Resultate zählen

Ein Fußballtrainer wird nicht dafür bezahlt, jede Woche eine bestimmte Menge an Trainingseinheiten mit seiner Mannschaft zu absolvieren, sondern dafür, Spiele zu gewinnen. Bei der Beurteilung seiner Leistung zählt nur der Erfolg. Bleibt der aus, kann der Trainer sich nicht darauf berufen, dass er eigentlich alles richtig gemacht, aber bedauerlicherweise Pech hatte; oder dass die gegnerischen Mannschaften leider alle stärker sind.

Manager und solche, die es werden wollen, sind wie Fußballtrainer: Auch sie werden nicht dafür bezahlt, eine bestimmte Tätigkeit auszuführen, sondern für den Erfolg und die Ergebnisse. In dieser Hinsicht ist das Berufsleben unerbittlich. Wenn Sie beruflich erfolglos sind, ist es unerheblich, wie sehr Sie sich angestrengt haben oder wie ungünstig die äußeren Umstände waren. »Begründungen und Rechtfertigungen für Misserfolge will niemand hören.« (Heiko Mell) Und wenn Sie Erfolg haben, fragt niemand, wie er zustande kam (solange Sie nichts Illegales machen). Diese Aussagen gelten sowohl für Ihren Erfolg in einer einzelnen Position als auch für Ihre Karriere insgesamt.

Manager sind wie Fußballtrainer. Nicht der Einsatz zählt, sondern einzig und allein der Erfolg.

Wenn zukünftige Arbeitgeber Ihren Lebenslauf interpretieren, zählt nur das, was Sie objektiv erreicht haben, nicht Ihr ursprünglicher Wille, Ihre guten Absichten oder das Ausmaß Ihrer Anstrengungen. Auch Pech zählt nicht. Wenn Sie zum Beispiel mehrfach kurz hintereinander den Arbeitgeber gewechselt haben, schlägt das für Sie negativ zu Buche, selbst wenn Sie daran objektiv schuldlos waren. Ein Beispiel: Die erste Firma mussten Sie nach kurzer Zeit wieder verlassen, weil sie in Konkurs ging, die zweite, weil durch eine Übernahme Ihr Job wegfiel, die dritte, weil Sie kurz nach Ihrem Eintritt einen neuen, unmöglichen Chef bekamen. So viel Pech macht misstrauisch. Man erwartet von Ihnen auch das, was man Fortüne nennt: eine glückliche Hand. Friedrich der Große soll einmal gesagt haben, er könne Offiziere ohne Fortüne nicht gebrauchen.

Da Sie sich Ihren Beruf und Ihre Arbeitgeber selbst ausgesucht haben, liegt es an Ihnen, durch Ihren Werdegang zu zeigen, das Sie das, was Sie anpacken, auch zum Erfolg führen können. Natürlich kann es einzelne unüberwindbare und unvorhersehbare Hindernisse geben, aber insgesamt dürfen sie den Erfolg nicht verhindern. Schwierigkeiten müssen überwunden werden, wenn nicht beim jetzigen Arbeitgeber, dann bei einem anderen. Insofern kann man zwar kurzfristig Pech haben, aber langfristig betrachtet gibt es kein »Pech«.

Das Wichtigste in Kürze

- Streben Sie eine Aufgabe im Bereich der Kernkompetenz Ihrer Firma, in einer Linienfunktion und in der Zentrale Ihrer Firma an.
- Vorsicht vor neu geschaffenen Stellen.
- Karriere können Sie nicht nur durch externe Wechsel machen.
- Nur Resultate zählen bei der Analyse Ihres Lebenslaufs.

Regel 7
Keine Karriere ohne Personalführung

Die meisten Hochschulabsolventen beginnen ihre Karriere als hoch qualifizierte Sachbearbeiter, deren fachliche Tätigkeit dem Studienabschluss entspricht. Ingenieure starten etwa in der Konstruktion oder in der Fertigung, Betriebswirte im Controlling oder im Marketing. In diesen Positionen können sie einerseits ihre im Studium erworbenen Kenntnisse einsetzen, andererseits fällt ihnen der notwendige Erwerb neuen Praxiswissens in ihrem Fachgebiet leicht.

Karriere im Sinne des hierarchischen Aufstiegs macht man aber nicht, indem man immer mehr Fachwissen anhäuft. Sie ist in allen Funktionsbereichen und in jedem Unternehmen mit Personalführung verbunden. Je höher man aufsteigt, desto wichtiger ist die Personalführung für den beruflichen Erfolg: Je besser Sie es verstehen, Ihre Mitarbeiter zu führen, desto produktiver wird Ihr Bereich sein und desto mehr empfehlen Sie sich für weitere Beförderungen. Umgekehrt ist die Unfähigkeit, Mitarbeiter zu führen, ein echtes Handicap für die Karriere.

Leider ist Personalführung eine Fertigkeit, die man nur sehr eingeschränkt theoretisch erlernen kann. Weitaus wichtiger ist das »Learning by doing«. Wenn Sie also aufsteigen wollen und eine Führungsaufgabe anstreben, lassen Sie sich nicht auf Dauer mit Jobs abspeisen, in denen Sie als Einzelkämpfer mit reinen Sachaufgaben betraut sind.

Versuchen Sie so schnell wie möglich, eine echte Führungsaufgabe mit disziplinarischer Personalverantwortung zu bekommen.

Für den Erwerb von Führungsverantwortung können Sie jederzeit einen Jobwechsel ohne Beförderung in Kauf nehmen. Je früher Sie Erfahrungen sammeln desto besser. Im Regelfall sollten Sie im Alter von Anfang bis Mitte 30 Ihre erste Führungsposition eingenommen haben.

Der Einstieg in die Personalführung ist im eigenen Unternehmen leichter zu realisieren als durch einen Firmenwechsel. Der Grund ist einleuchtend: Ihre eigenen Vorgesetzten kennen Sie und Ihre Qualifikationen gut. Sie gehen deshalb ein begrenztes Risiko ein, wenn sie Sie erstmalig mit einer Führungsaufgabe betrauen. Ein anderes Unternehmen hingegen, bei dem Sie sich um eine solche Stelle bewerben, ginge ein doppeltes Risiko ein: Sie könnten einerseits fachlich und andererseits menschlich als Führungskraft scheitern. Deswegen werden Sie ohne vorherige Führungserfahrung nur schwer eine Führungsaufgabe in einer anderen Firma bekommen.

Eine einmal erreichte Position mit Personalführung sollten Sie nicht ohne sehr gute Gründe wieder aufgeben. Auch wenn Sie in der innerbetrieblichen Hierarchie scheinbar nicht zurückfallen, weil man Ihnen einen schön klingenden Titel gibt – ein Außenstehender wird es als Rückschritt interpretieren, wenn Sie wieder Sachbearbeiter werden. Es wird Zweifel an Ihrem Führungsanspruch und damit an Ihrem Karrierewillen schüren: »Eine echte Führungskraft hätte sich das nicht gefallen lassen und wäre gegangen.« (Heiko Mell)

Ihre Aufgaben als Führungskraft

Mit der Übernahme von Personalverantwortung erhalten Sie völlig neue Aufgaben. Sie sind jetzt dafür verantwortlich, dass die Ziele Ihrer Abteilung mithilfe Ihrer Mitarbeiter erreicht werden. Ihr neues Aufgabenspektrum umfasst:

- die Motivation Ihrer Mitarbeiter,
- die Führung Ihrer Mitarbeiter im engeren Sinne, also die Delegation von Aufgaben und die Kontrolle der Zielerreichung,
- die Organisation Ihrer Abteilung, das heißt die Bestimmung der Zuständigkeiten Ihrer Mitarbeiter und der Arbeitsabläufe zwischen ihnen,
- die Beurteilung Ihrer Mitarbeiter, die Förderung ihrer beruflichen Entwicklung, die Auswahl neuer Mitarbeiter sowie gegebenenfalls die Entlassung von Mitarbeitern,
- die Bestimmung Ihrer eigenen Ziele für die Weiterentwicklung der Abteilung und die Konzeption geeigneter Maßnahmen hierfür,
- die Durchsetzung Ihrer Abteilungsziele gegenüber Ihrem Chef und anderen Personen im Unternehmen.

Die ersten vier Aufgaben betreffen Ihre Zusammenarbeit mit Ihren Mitarbeitern. Sie werden deshalb in den folgenden Abschnitten näher erläutert. Die letzten zwei Aufgaben sind hingegen denen sehr ähnlich, die sich auch ein engagierter Sachbearbeiter aus eigener Initiative stellt: Definition von Zielen für den eigenen Aufgabenbereich und Überzeugung der direkten und weiteren Vorgesetzten von diesen Zielen.

Je mehr Mitarbeiter Sie führen, desto weniger gehört die Sacharbeit zu Ihren Aufgaben. Als Nachwuchsmanager mit zwei Assistenten etwa werden Sie noch eine Menge fachlicher Dinge selbst erledigen müssen. Als Abteilungsleiter mit einem Dutzend Mitarbeitern hingegen sollten Sie sich ganz auf Ihre Führungsaufgaben konzentrieren. Wenn Sie diese ernst nehmen, werden Sie gar keine Zeit mehr für fachliche Aufgaben haben – zumal Sie auch noch Zeit für die in Regel 10 genannten Aufgaben benötigen: Aufbau und Pflege Ihres innerbetrieblichen Netzwerks sowie die Übernahme von Zusatz- und Sonderaufgaben.

So motivieren Sie Ihre Mitarbeiter

Sie sind als Vorgesetzter verantwortlich für den Output Ihrer Abteilung. Ihr Erfolg als Führungskraft hängt entscheidend von den Leistungen Ihrer Mitarbeiter ab. Ob Ihre Mitarbeiter hervorragende oder katastrophale Leistungen bringen – immer tragen Sie als Chef die Verantwortung.

Die wichtigste Triebfeder für die Leistungs*bereitschaft* eines Menschen ist seine Motivation. Hoch motivierte Mitarbeiter können Spitzenleistungen erbringen – vorausgesetzt, sie haben die notwendige Leistungs*fähigkeit*, das heißt, sie sind am richtigen Platz eingesetzt. Demotivierte, frustrierte Menschen leisten in der Regel weit weniger, als sie könnten. Im besten Fall machen sie »Dienst nach Vorschrift«, im schlimmsten Fall nicht einmal das. Was aber beeinflusst die Arbeitsmotivation eines Menschen? Die Alltagserfahrung, die auch in vielen empirischen Untersuchungen immer wieder bestätigt wird, sagt, dass es in erster Linie auf den Vorgesetzten und sein Führungsverhalten ankommt: Der Chef beeinflusst in entscheidender Weise die Motivation seiner Mitarbeiter.

Daraus ergibt sich zwangsläufig die Frage, *wie* man als Vorgesetzter seine Mitarbeiter zu guten Leistungen motiviert. Die Antwort ist recht einfach und lässt sich in einem Satz zusammenfassen: Behandeln Sie Ihre Mitarbeiter immer so, wie Sie selbst von Ihrem Chef behandelt werden möchten. Diese Maxime lässt sich in vier Richtungen präzisieren; sie stellen gewissermaßen die zentralen Motivationsfaktoren dar:

- Wertschätzung des Mitarbeiters
- Information des Mitarbeiters
- Glaubwürdigkeit und Loyalität der Führungskraft
- Delegation von Verantwortung

Wie Sie sehen, gehören Prämien, Boni und andere Incentives nicht dazu. Empirische Untersuchungen zeigen immer wieder, dass nicht Geld die meisten Menschen in erster Linie motiviert. Es sind vielmehr Dinge wie Spaß an der Arbeit, gutes Betriebsklima, Gestaltungsspielräume im eigenen Arbeitsbereich, persönliche Entwicklungsmöglichkeiten sowie Anerkennung der Leistung. Natürlich erwartet jeder ein angemessenes Gehalt. Aber die Erfahrung zeigt, dass die meisten Arbeitnehmer auch ohne zusätzliche finanzielle Anreize zu sehr guten Leistungen bereit sind, wenn die zentralen Motivationsbedingungen gegeben sind. Ist dies nicht der Fall, nützen auch Prämien wenig.

Bringen Sie Ihren Mitarbeitern Wertschätzung entgegen

Ihre Mitarbeiter sind nicht einfache Funktionserfüller und namenlose kleine Rädchen im Getriebe, sondern Menschen mit Gefühlen und Bedürfnissen. Sie geben den Wunsch nach Respekt und Anerkennung nicht am Werkstor ab, sondern wollen auch an ihrem Arbeitsplatz als Menschen wahrgenommen und freundlich behandelt werden. Das beginnt mit ganz einfachen Dingen: Begrüßen Sie Ihre Mitarbeiter und sprechen Sie sie mit ihrem Namen an. Besonders wichtig ist, dass Sie immer ansprechbar für Ihre Mitarbeiter sind und sich Zeit nehmen für Gespräche mit ihnen. Gehen Sie von sich aus auf Ihre Mitarbeiter zu und zeigen Sie Interesse für das, was sie bewegt, ihre Freuden und Probleme – nicht nur in dienstlicher, sondern auch in privater Hinsicht. Nehmen Sie sie ernst und hören Sie aufmerksam zu. Und schließlich: Verletzen Sie auf gar keinen Fall die Gefühle Ihrer Mitarbeiter, indem Sie sie zum Beispiel vor anderen bloßstellen, sie beleidigen oder anbrüllen.

Zeigen Sie Ihren Mitarbeitern, dass Sie sie nicht als bloße Arbeitskraft ansehen, sondern als Menschen persönlich schätzen. Geben Sie ihnen das Gefühl, einen wichtigen Beitrag für das Funktionieren der Abteilung zu leisten. Loben Sie Ihre Mitarbeiter, wann immer dies möglich ist. Selbst wenn zum Beispiel ein Arbeits*ergebnis* nicht gut ausgefallen ist, kann immer noch der *Einsatz* des Mitarbeiters anerkennenswert sein. Tun Sie alles, um Ihre Mitarbeiter »bei einer guten Leistung zu erwischen«, so der Rat der Experten für Führungsfragen, Kenneth Blanchard und Spencer Johnson. Loben Sie den betreffenden Mitarbeiter sofort, indem Sie ganz konkret sagen, was er gut gemacht hat, und wie sehr Sie sich darüber freuen.

Betonen Sie dabei immer Ihre eigenen Gefühle, Ihre subjektive Sichtweise. Denn das Bedürfnis nach Anerkennung ist ein emotionales Bedürfnis. Viele Menschen haben Angst, andere könnten schlecht von ihnen denken. Der beste Weg, Anerkennung zu zeigen, besteht deshalb darin, dem anderen einen Blick auf die eigenen subjektiven Gefühle zu erlauben, zum Beispiel: »Ich bin von Ihnen beeindruckt« oder »Ich weiß, dass ich mich auf Sie verlassen kann.« Ehrliche Anerkennung ist ein mächtiger Motivationsschub. Warten Sie deshalb damit nicht bis zum nächsten Jahresgespräch.

Informieren Sie Ihre Mitarbeiter

Ihre Mitarbeiter wollen wissen, woran sie sind – zum einen, was die Erwartungen ihres Chefs, zum anderen, was das Unternehmen als Ganzes angeht.

Kommunizieren Sie als Chef immer deutlich, welche Ziele Sie verfolgen und was Sie von Ihren Mitarbeitern erwarten. Worauf legen Sie besonderen Wert und welche Verhaltensweisen können Sie nicht ausstehen? Wie definieren Sie eine gute Leistung? Nur wenn Ihre Mitarbeiter Ihre Maßstäbe kennen, können sie sich darauf einstellen und Ihre Erwartungen optimal erfüllen.

Dazu gehört ebenso das kritische Feedback, wenn Sie mit einer Leistung unzufrieden sind. Kritik, auch sachliche Kritik, hört niemand gern. Sie wirkt als Angriff auf das Selbstwertgefühl. Daraus resultiert die Gefahr, dass das Verhältnis zum Mitarbeiter durch die Kritik belastet wird. Ein Kritikgespräch ist deshalb nicht nur für die betroffenen Mitarbeiter, sondern auch für die meisten Vorgesetzten eine unangenehme Sache. Trotzdem lässt sich kritisches Feedback nicht vermeiden, wenn Sie nicht wollen, dass Ihnen Ihre Mitarbeiter auf der Nase herumtanzen. Um die negativen Auswirkungen so gering wie möglich zu halten, beachten Sie folgende Hinweise:

- Genau wie Anerkennung sollten Sie auch kritisches Feedback möglichst unmittelbar nach dem Ereignis oder Resultat geben.
- Suchen Sie das Gespräch unter vier Augen. Niemand lässt sich gern vor anderen kritisieren.
- Versuchen Sie nicht, den Menschen zu verbessern, sondern seine Arbeitsweise oder seine Arbeitsergebnisse. Konzentrieren Sie sich also in dem, was Sie ihm sagen, auf seine Leistung und nicht auf seine Person. Seien

Sie dabei so konkret wie möglich und nennen Sie Fakten. Vermeiden Sie Verallgemeinerungen (»Sie kommen *immer* zu spät«).

- Sagen Sie dem Mitarbeiter in der Ich-Form, wie Sie sein Verhalten oder seine Leistung beurteilen und was Sie dabei fühlen. Sie vermeiden damit, einen objektiven Wahrheitsanspruch zu erheben, der beim anderen eine instinktive Abwehrreaktion hervorruft. Sagen Sie deshalb: »Ich finde, dass Sie zu unseren Kunden unfreundlich sind« und nicht: »Sie sind unfreundlich zu unseren Kunden«.
- Die Trennung von Verhalten und Person ermöglicht es Ihnen, sein Verhalten zu kritisieren, ohne den Mitarbeiter als Mensch anzugreifen. Versuchen Sie im Gegenteil, ihn als Person aufzuwerten. Sagen Sie zum Beispiel: »Ich schätze Sie als kompetenten Verkäufer. Gerade deshalb bin ich verärgert darüber, dass Sie diesen Rabatt gewährt haben.«
- Machen Sie deutlich, was Sie in Zukunft ganz konkret von ihm erwarten. Kritisieren Sie konstruktiv. Falls es im Einzelfall angebracht ist, machen Sie Vorschläge, was er tun könnte, um Ihre Erwartungen zu erfüllen.

Motivation durch Information beinhaltet auch, den Mitarbeitern die Bedeutung ihrer Funktion und ihrer Aufgaben für den Unternehmenserfolg aufzuzeigen und deren Sinn zu erklären. Unterrichten Sie Ihre Mitarbeiter regelmäßig, soweit es jeweils zulässig ist, über die Lage, die Zielsetzungen und die Maßnahmenplanung der Firma – das gilt ganz besonders in problematischen Situationen. Aufgrund Ihrer Position werden Sie oft mehr Informationen über viele Vorgänge im Unternehmen haben als Ihre Mitarbeiter. Manches davon ist vertraulich, aber bei vielen Informationen können Sie entscheiden, ob Sie sie weitergeben oder nicht. Seien Sie kein Geheimniskrämer, sondern unterrichten Sie Ihre Mitarbeiter so ausführlich wie möglich über alles, was Auswirkungen auf ihre persönliche Situation am Arbeitsplatz hat.

Wenn Ihre Mitarbeiter befürchten, dass ihre Stellen in Gefahr sind, haben sie natürlich ein vitales Interesse an solchen Informationen. In der Regel kursieren in derartigen Situationen die wildesten Gerüchte. Lassen Sie Ihre Mitarbeiter nicht allein mit ihren Sorgen, rät die Expertin für Personalführung Petra Begemann: »Selbst wenn Sie (noch) keine konkreten Aussagen machen können, ist es allemal besser, auf die Besorgnis der Mitarbeiter zu reagieren – und sei es nur, indem Sie ebendies mitteilen und frühestmögliche Information ankündigen –, als die Spekulationen weiter brodeln zu lassen.«

Die Grundlagen vertrauensvoller Zusammenarbeit: Glaubwürdigkeit und Loyalität

Sie motivieren Ihre Mitarbeiter am besten, wenn Sie eine vertrauensvolle Zusammenarbeit ermöglichen. Dies setzt zunächst voraus, dass Sie persönlich glaubwürdig sind. Seien Sie ehrlich zu Ihren Mitarbeitern. Sie müssen nicht alles sagen, was Sie wissen und denken, aber das, was Sie sagen, muss wahr und ehrlich gemeint sein. Zur Glaubwürdigkeit gehört auch die Berechenbarkeit. Halten Sie Ihre Zusagen ein; tun Sie generell das, was Sie angekündigt haben. Machen Sie also nur bekannt, was Sie ganz sicher tun wollen.

Seien Sie loyal zu Ihren Mitarbeitern. Das bedeutet zum einen, dass Sie sich für sie einsetzen, ihnen beispielsweise in Auseinandersetzungen mit anderen Abteilungen den Rücken stärken. Dazu gehört aber auch, dass Sie sich bei Problemen vor Ihre Mitarbeiter stellen, also die Verantwortung für ihre Fehler und Versäumnisse gegenüber Ihrem Chef und anderen Stellen in der Firma übernehmen. Das ist eigentlich eine Selbstverständlichkeit, denn Sie *sind* verantwortlich für alles, was in Ihrer Abteilung geschieht. Trotzdem verhält sich manch ein Vorgesetzter illoyal und schwärzt den betreffenden Mitarbeiter gegenüber Dritten an, um wenigstens einen Teil der Verantwortung von sich abzuwälzen.

Übernehmen Sie außerdem die Verantwortung für Ihre eigenen Fehler, und stempeln Sie nicht einen Mitarbeiter zum Sündenbock. Ein solches Verhalten wirkt nicht nur demotivierend auf den Betroffenen, sondern auf die ganze Abteilung. Fehler zugeben zu können – gegenüber dem eigenen Chef, aber auch gegenüber den Mitarbeitern – zeigt im Übrigen Selbstvertrauen und Souveränität. Wer hingegen seine Fehler vertuscht und die Verantwortung bei anderen sucht, wird als schwache Persönlichkeit eingestuft.

Loyalität bedeutet schließlich auch, dass Sie die Erfolge Ihrer Mitarbeiter nicht als die Ihren ausgeben. Sie sind zwar letztlich auch verantwortlich für alles Positive, das Ihre Abteilung hervorbringt, aber es ist ein ausgesprochen schlechter Stil, wenn Sie sich mit den fremden Federn Ihrer Mitarbeiter schmücken.

Delegation von Verantwortung

Sie motivieren Ihre Mitarbeiter sehr stark, wenn Sie ihnen Verantwortung übertragen. Gewähren Sie ihnen Freiräume bei ihrer täglichen Arbeit und Mitsprache bei der Bestimmung ihrer Ziele. Die Delegation von Verantwortung ist eine Ihrer Kernaufgaben. Deshalb wird ihr der folgende Abschnitt gewidmet

Tipps für Ihren Erfolg

- Bringen Sie Ihren Mitarbeitern Wertschätzung entgegen und loben Sie sie, wann immer das möglich ist.
- Informieren Sie Ihre Mitarbeiter über Ihre Erwartungen und über die Auswirkungen der Firmenplanung auf ihre Arbeitsplätze.
- Seien Sie glaubwürdig und loyal zu Ihren Mitarbeitern.
- Delegieren Sie Verantwortung.

Wie Sie richtig delegieren

Die Fähigkeit zu delegieren ist wohl die wichtigste Fähigkeit einer Führungskraft. Nicht nur motiviert Delegation Ihre Mitarbeiter, sondern sie ist zwingende Voraussetzung dafür, dass Sie genügend Zeit und Energie haben, um Ihre Führungsaufgaben gut erledigen zu können. Mit anderen Worten: Wer nicht delegieren kann, ist eine schlechte Führungskraft. Die Unfähigkeit zu delegieren stellt eine echte Karrierebremse dar.

Sie können und sollten alle Aufgaben delegieren, die nicht zu Ihren oben genannten originären Führungsaufgaben gehören. Es kann sich dabei um genau abgrenzbare Projekte handeln (etwa die Einführung einer neuen Software) oder um permanente Aufgaben (beispielsweise die Annahme und Bearbeitung von Kundenaufträgen). Bedenken Sie immer den einfachen, aber absolut zutreffenden Grundsatz von Kenneth Blanchard: »Management is getting things done through others.«

Führen durch Zielvereinbarung

Der Schlüssel zum wirkungsvollen Delegieren heißt »Management by objectives« (Führen durch Zielvereinbarung). Es geht zunächst darum, gemeinsam mit dem Mitarbeiter Ziele für seinen Arbeitsbereich festzulegen. Das klingt demokratischer als es in der Praxis häufig ist. Denn die grundsätzliche Aufgabenverteilung in Ihrer Abteilung müssen *Sie* bestimmen.

Auch kann es häufig vorkommen, dass Ihr Chef Ihnen Ziele »diktiert«, die Sie auf Ihre Mitarbeiter verteilen müssen, beispielsweise: »Reduktion der Kosten um 10 Prozent bei gleich bleibender Leistung«.

Es handelt sich also nicht um eine Diskussion unter gleichberechtigten Partnern mit offenem Ausgang. Trotzdem sollte am Ende des Gesprächs eine Vereinbarung mit dem Mitarbeiter über seine Ziele stehen, die er vollauf akzeptiert. Um diesen Spagat zu schaffen, sollten Sie, soweit es eben geht, seine Zielvorstellungen berücksichtigen. Je besser, erfahrener und motivierter Ihr Mitarbeiter ist, desto leichter wird es Ihnen fallen. Bei Widerständen müssen Sie Ihre ganze Überzeugungskraft aufwenden, um ihn von Ihren Vorstellungen zu überzeugen.

Was gute Ziele ausmacht, wurde schon in Regel 3 erwähnt. Für die Arbeitsziele, die Sie vereinbaren, gilt ebenfalls, dass sie realistisch und damit erreichbar sein sollten. Das Ausmaß der Zielerreichung muss messbar sein. Das setzt eine präzise Formulierung als gewünschtes Arbeitsergebnis (und nicht nur als Tätigkeit) voraus. Schließlich sollte ein Endtermin festgelegt sein. Dies alles gilt für große Projektziele wie für die tägliche Zusammenarbeit. Am Ende jedes Gespräch mit einem Mitarbeiter sollten Sie vereinbaren, welche nächsten Schritte er unternehmen und bis wann er die Teilaufgaben erledigen wird.

Nehmen Sie sich Zeit für das Zielgespräch mit dem Mitarbeiter. Bestimmen Sie dabei ebenfalls gemeinsam, welche Ressourcen, insbesondere in finanzieller Hinsicht, ihm zur Verfügung stehen, und welche Entscheidungskompetenzen er erhält. Dieser Aspekt ist ganz besonders wichtig: Je mehr Entscheidungsfreiheit Sie dem Mitarbeiter bei der Erfüllung seiner Aufgabe geben, desto stärker motivieren Sie ihn. Weiterhin sollten Sie vereinbaren, welche Hilfestellung Sie ihn geben werden und in welchen Abständen er Ihnen Bericht erstatten soll.

Nachdem Sie ein Ziel vereinbart haben, lassen Sie den Mitarbeiter selbstständig arbeiten. Akzeptieren Sie, dass er seine Entscheidungskompetenzen nutzt und vieles anders macht, als Sie es tun würden. Akzeptieren Sie, dass es verschiedene Wege geben kann, um das Ziel zu erreichen. Nicht der Weg ist wichtig, sondern nur, ob das vereinbarte Ziel erreicht wird. Durch die Berichterstattung behalten Sie die Kontrolle über die Erreichung der Teilziele bis hin zum Endergebnis.

Richten Sie sich beim Delegieren nach Ihren Mitarbeitern

Ihre Mitarbeiter unterscheiden sich in ihrer fachlichen Kompetenz und Erfahrung sowie in ihrem Selbstvertrauen – und die anfallenden Arbeiten sind unterschiedlich schwierig und umfangreich. Dies müssen Sie bei der Aufgabendelegation berücksichtigen. Einen Mitarbeiter mit (noch) wenig Kompetenz und Erfahrung oder mit geringem Selbstvertrauen sollten Sie »an der kurzen Leine führen« – dies gilt umso mehr, je komplexer die Aufgabe ist. Das bedeutet konkret: Sie geben die einzelnen Arbeitsziele sehr detailliert vor, unterstützen ihn bei der Durchführung der Aufgabe und lassen sich häufig über Zwischenergebnisse informieren. Diese Art von Delegation ist sehr zeitaufwändig, in manchen Fällen könnten Sie die Aufgaben sogar allein schneller erledigen. Widerstehen Sie dieser Versuchung: Nur wenn Ihre Mitarbeiter mit Ihrer Hilfe ständig dazulernen, werden sie in Zukunft selbstständig arbeiten können und Sie zeitlich entlasten.

Starke, erfahrene Mitarbeiter würden Sie hingegen völlig frustrieren, wenn Sie sie so führten. Die Konsequenz: Führen Sie Ihre Mitarbeiter entsprechend des Ausmaßes ihrer Erfahrung und Kompetenz. Geben Sie ihnen im Laufe der Zeit immer mehr Freiräume. Lassen Sie bewusst los und vertrauen Sie Ihren Mitarbeitern. Lassen Sie sie die Erfahrung machen, was sie alles selbstständig erledigen können. Die Selbstbewussten werden froh über jeden zusätzlichen Freiraum sein. Die weniger Selbstbewussten werden sich hingegen oft sträuben, Dinge allein zu entscheiden und Verantwortung zu übernehmen. Bleiben Sie dabei: Setzen Sie alles daran, Ihre unerfahrenen oder unsicheren Mitarbeiter zu größtmöglicher Selbstständigkeit zu führen. Lassen Sie Ihre Mitarbeiter mit ihren Aufgaben wachsen.

Die häufigsten Fehler beim Delegieren

Vermeiden Sie diese weit verbreiteten Führungsfehler:

- Sie delegieren zu wenig, das heißt, Sie machen schlicht zu viele Dinge selbst. Besonders die herausfordernden interessanten Aufgaben erledigen Sie selbst und degradieren damit Ihre Mitarbeiter zu Handlangern, die nur stupide Routinearbeiten ausführen dürfen. Die Folge: Ihre Mitarbeiter sind frustriert, und Sie sind überlastet.
- Sie kontrollieren zu stark die Arbeit Ihrer Mitarbeiter und mischen sich dauernd in ihre Arbeit ein. Beschränken Sie sich darauf, nur zu den vorher vereinbarten Gesprächsterminen über den Fortgang der Aufgaben zu sprechen.
- Sie wollen zu viele Details selbst festlegen und beschneiden die Entscheidungsfreiheit Ihrer Mitarbeiter unnötig.
- Sie lassen Rückdelegation zu, das heißt, Sie lassen sich von einem Mitar-

beiter eine Aufgabe aufhalsen, von der er behauptet, er könne sie nicht erledigen.

- Sie können das Ausmaß an Zeitaufwand für eine Aufgabe nicht genau einschätzen. Geschickte Mitarbeiter nutzen dies, um sich vor Arbeit zu drücken, und Sie verrichten deren Aufgaben.

Ursachen für mangelnde Delegation

Es gibt eine Reihe von Gründen, warum Führungskräfte nicht richtig delegieren. Viele haben nicht genügend Vertrauen in die Leistungsbereitschaft und -fähigkeit der Mitarbeiter. Die Verantwortung für Wohl oder Misslingen des Projekts vor Augen, treibt die Angst manchen Chef dazu, viele Dinge lieber selbst zu erledigen.

Ein weiteres Problem ergibt sich aus der Fachkompetenz, wie in Regel 5 erwähnt wurde. Die meisten Nachwuchsmanager erhalten mit der ersten Beförderung die Verantwortung für eine Abteilung, die ihrem Fachgebiet entspricht. Nicht selten wird jemand sogar Chef derselben Abteilung, in der er bis dahin als Sachbearbeiter tätig war. Die Beförderung erfolgt meist (auch) aufgrund hervorragender fachlicher Leistungen, und darin liegt eine Falle: Der Chef fühlt sich als »Oberexperte«, der alles besser zu wissen glaubt (und oft auch tatsächlich vieles besser weiß). Als solcher fällt es ihm extrem schwer zu akzeptieren, dass es bei den meisten Aufgaben einen zweiten Weg zur Zielerreichung geben kann. Also macht er vieles lieber selbst, »damit es richtig gemacht wird«. In anderen Fällen demotiviert er seine Mitarbeiter, weil er ihnen haarklein vorschreiben will, wie sie ihre Aufgaben zu erledigen haben.

Diese Einstellung ist meistens mit Perfektionismus gepaart. Doch selbst wenn der eigene Weg tatsächlich der bessere ist, um wie vieles ist er wirklich besser? Der Perfektionist erkennt nicht, dass die Unterschiede zwischen seiner Vorgehensweise und der seines Mitarbeiters hinsichtlich des Endergebnisses oft völlig unerheblich sind.

Hinzu kommt bei vielen Fachexperten, dass ihnen die Fachaufgaben mehr Spaß machen als die Führungsarbeit. Beispiele gibt es zuhauf in jedem Unternehmen, etwa Verkaufsleiter, die lieber weiter verkaufen, als ihre Mannschaft zu führen, oder EDV-Leiter, die weiterhin selbst programmieren und ihre Abteilung nicht im Griff haben.

Folgerichtig tun sich die Fachexperten wesentlich leichter damit, in Bereichen, die nicht zu ihrem ursprünglichen Fachgebiet gehören, Aufgaben gut zu delegieren.

Besser delegieren – so funktioniert es

Halten Sie sich zunächst ernsthaft Ihre Aufgaben vor Augen. Sie sind Führungskraft und nicht mehr, wie früher, der beste Sachbearbeiter. Ihre Leistung wird daran gemessen, wie gut Sie Ihre Führungsaufgaben erledigen. Wenn Sie dabei Defizite aufweisen, nützt es Ihnen nichts, Sachaufgaben perfekt zu lösen. Sie setzen Ihre weitere Karriere aufs Spiel, wenn Sie als schlechte Führungskraft eingestuft werden.

Fragen Sie sich bei allen anfallenden Aufgaben, ob sie nicht delegierbar sind. Bis auf Ihre originären Führungsaufgaben können Sie prinzipiell alles delegieren. Bekämpfen Sie Ihren Perfektionismus. Fragen Sie sich bei *jeder* Aufgabe, was passieren würde, wenn ein Mitarbeiter sie übernähme und das Ergebnis nicht vollkommen wäre. Suchen Sie im Kreis Ihrer Kollegen nach Beispielen von Arbeitsergebnissen, die nicht perfekt waren, aber trotzdem von Vorgesetzten als sehr gut eingestuft wurden. Machen Sie sich immer klar, wie viel Zeit Sie durch das Streben nach dem perfekten Ergebnis verlieren werden.

Lernen Sie Ihre Mitarbeiter genau kennen. Je besser Sie ihre Stärken und Schwächen erkennen, desto eher werden Sie Vertrauen in ihre Fähigkeiten entwickeln können – und desto eher werden Sie einschätzen können, welche Aufgaben und wie viel Arbeit Sie jedem von ihnen zutrauen können.

Tipps für Ihren Erfolg

- Führen Sie durch Zielvereinbarungen. Wenn nötig, versuchen Sie alles, um Ihre Mitarbeiter von der Richtigkeit der Ziele zu überzeugen.
- Richten Sie sich beim Delegieren nach der fachlichen Kompetenz der Mitarbeiter und nach der Komplexität der Aufgabe.
- Lassen Sie Ihre Mitarbeiter möglichst selbstständig daran arbeiten, ihre Ziele zu erfüllen.
- Bekämpfen Sie Ihren Perfektionismus als Ursache für mangelhaftes Delegationsverhalten.

Organisieren Sie Ihre Abteilung

Eine Ihrer zentralen Aufgaben besteht darin, die Struktur und die Arbeitsabläufe in Ihrer Abteilung zu organisieren. So legen Sie fest, was überhaupt gemacht werden muss. Grundlage hierfür sind die Gesamtziele Ihrer Abteilung, die Ihnen vorgegeben werden. Obwohl sich vieles zwangsläufig aus der Funktion der Abteilung ergibt, haben Sie doch einen gewissen Gestaltungsspielraum. Prüfen Sie, ob sich einzelne Aufgaben oder Tätigkeiten reduzieren oder ganz abschaffen lassen. Gibt es andererseits Tätigkeitsbereiche, die ausgebaut werden müssen?

Der nächste Schritt besteht in der Festlegung der Arbeitsbereiche und Kompetenzen der verschiedenen Mitarbeiter. Sie müssen die Gesamtziele auf Einzelziele für Ihre Mitarbeiter herunterbrechen. Stellen Sie sicher, dass alle Aufgaben erfüllt werden, und sorgen Sie für klare Abgrenzungen. Nur so lassen sich unnötige Doppelarbeiten und Auseinandersetzungen über die Zuständigkeit vermeiden.

Berücksichtigen Sie die Stärken Ihrer Mitarbeiter bei der Aufgabenverteilung. Es gibt zwei Wege, diese zu erfahren: Gespräche und Beobachtung. Sprechen Sie mit jedem Mitarbeiter: Welche Tätigkeiten liegen ihm besonders, welche nicht? Wo sieht er selbst seine Stärken? Und beobachten Sie genau die Arbeitsweise und -ergebnisse jedes Mitarbeiters. Was gelingt ihm gut? Wobei hat er besondere Probleme? Nicht selten werden Sie bei der Übernahme einer Leitungsfunktion eine nicht optimale Aufgabenverteilung vorfinden. Es liegt auf der Hand, dass Ihre Mitarbeiter zufriedener und produktiver sein werden, wenn ihre Aufgaben ihren Stärken entsprechen.

Schaffen Sie die Voraussetzungen dafür, dass Ihre Mitarbeiter ihre Aufgaben optimal erfüllen können. Hierzu gehört zum einen die technische Ausstattung der Arbeitsplätze. Zum anderen müssen Sie sicherstellen, dass sie die notwendigen Kenntnisse haben, das kann bedeuten, dass es Bedarf an zusätzlicher Ausbildung oder Weiterbildung gibt.

Organisieren Sie die Arbeitsabläufe und die interne Kommunikation in Ihrer Abteilung. Sorgen Sie dafür, dass jeder alle Informationen, die er braucht, rechtzeitig und in der richtigen Form erhält. Das gilt natürlich auch für den Informationsfluss zwischen Ihnen und Ihren Mitarbeitern.

In vielen Bereichen gibt es ständig wiederkehrende Schwankungen im Arbeitsanfall: Zeiten der Überlastung und des Leerlaufs. Prüfen Sie, ob eine gleichmäßigere Verteilung der Arbeit möglich ist.

Fördern Sie Ihre Mitarbeiter

Ein wichtiger Aufgabenbereich betrifft die Förderung der beruflichen Entwicklung Ihrer Mitarbeiter, die regelmäßige Beurteilung ihrer Leistung, die Auswahl neuer Mitarbeiter sowie gegebenenfalls die Entlassung von Mitarbeitern. Besonders die Personalentwicklung ist wichtig. Sie umfasst verschiedene Aspekte, beispielsweise die Betrauung der Mitarbeiter mit immer anspruchsvolleren Aufgaben, die Hilfestellung bei der Erfüllung von Aufgaben und die gemeinsame Festlegung von Weiterbildungsmaßnahmen.

Wie oben bereits dargestellt wurde, ist die Förderung der beruflichen Entwicklung ein wichtiges Mittel der Mitarbeitermotivation. Darüber hinaus entlastet es Sie, wenn Sie Ihren Mitarbeitern helfen, in ihrem jeweiligen Arbeitsbereich kompetenter zu werden.

Die regelmäßige (meist jährliche) Beurteilung der Mitarbeiter in Form eines Mitarbeitergesprächs ist zumindest in größeren Unternehmen üblich. Auch dies kann man zu den Maßnahmen der Mitarbeiterentwicklung zählen, denn hiermit soll sichergestellt werden, dass alle Mitarbeiter Feedback über ihre Leistungen erhalten und dass längerfristige Zielvereinbarungen getroffen werden. Außerdem ist die Beurteilung oft die Basis für die jährliche Gehaltsüberprüfung. Beachten Sie für die Führung von derartigen Jahresgesprächen folgende Hinweise:

- Das Jahresgespräch ersetzt nicht die tägliche Kommunikation. Es dient vielmehr dazu, Bilanz zu ziehen, Ziele für das kommende Jahr zu vereinbaren und Themen zu besprechen, die in der Hektik des Alltags manchmal untergehen, beispielsweise die längerfristigen Ziele des Mitarbeiters und seine berufliche Zukunft im Unternehmen.
- Begehen Sie nicht den Fehler, Ihre Unzufriedenheit mit den Arbeitsergebnissen oder einzelnen Handlungen des Mitarbeiters bis zum Jahresgespräch aufzustauen und ihn dann massiv damit zu konfrontieren. »Warum haben Sie mir das damals nicht sofort gesagt?«, wird er Sie zu Recht fragen. Der Rückblick auf das abgelaufene Jahr sollte für ihn keine Überraschungen bringen. Wenn Sie ihn – wie oben empfohlen – immer »zeitnah« gelobt und kritisiert haben, wird er Ihre Gesamtbeurteilung seiner Leistung richtig einschätzen können.
- Ihre Mitarbeiter müssen sich mit ihren Zielen identifizieren, wenn sie dadurch motiviert werden sollen. Seien Sie deshalb bei der Zielvereinbarung kulant, aber anspruchsvoll bei der Zielerreichung.
- Bereiten Sie sich intensiv auf das Gespräch vor. Es soll der Motivation und Weiterentwicklung des Mitarbeiters dienen. Neben der Beurteilung

seiner bisherigen Leistung müssen Sie bedenken, welche neuen Ziele Sie ihm vorschlagen wollen und wie Sie sich seine längerfristige Entwicklung in Ihrer Abteilung oder darüber hinaus vorstellen. Dazu benötigen Sie zuvor eine umfassende Analyse seiner Fähigkeiten und Schwächen.

- Seien Sie offen für kritisches Feedback Ihrer Mitarbeiter, was Ihr Führungsverhalten angeht. Ermutigen Sie sie dazu. Bedenken Sie: Sie müssen das Feedback nicht annehmen. Sie bleiben der Chef. Aber vielleicht erhalten Sie von Ihren Mitarbeitern sehr wertvolle Hinweise, wie Sie sich verbessern und dadurch beruflich erfolgreicher werden können.
- Nehmen Sie sich viel Zeit für das Gespräch und lassen Sie sich durch nichts unterbrechen. Sie zeigen dem Mitarbeiter damit, wie wichtig er Ihnen ist. Am besten eignet sich ein Nachmittagstermin mit offenem Ende.

Das Wichtigste in Kürze

- Aufstieg bedeutet Personalführung. Versuchen Sie deshalb so schnell wie möglich, eine Führungsposition zu erreichen.
- Nehmen Sie Ihre Aufgaben als Führungskraft ernst. Ziehen Sie sich soweit es geht aus der Sacharbeit zurück.
- Motivieren Sie Ihre Mitarbeiter, indem Sie
  - ihnen Anerkennung und Wertschätzung entgegenbringen,
  - sie so umfassend wie möglich informieren,
  - sich immer glaubwürdig und loyal ihnen gegenüber verhalten,
  - möglichst viel delegieren.
- Führen Sie durch Zielvereinbarungen, und lassen Sie Ihre Leute arbeiten. Vermeiden Sie die typischen Fehler beim Delegieren.
- Organisieren Sie Ihre Abteilung. Berücksichtigen Sie bei der Aufgabenverteilung so weit wie möglich die Stärken Ihrer Mitarbeiter.
- Fördern Sie die berufliche Entwicklung Ihrer Mitarbeiter. Setzen Sie hierfür auch das Beurteilungsgespräch ein.

Regel 8

Bewerbungsstrategie: So bekommen Sie den passenden neuen Job

Der erste Schritt: ein gutes Zeugnis vom letzten Arbeitgeber

Sie sollten sich stets aus ungekündigter Position bewerben. Daher ist mit dem »letzten Arbeitgeber« nicht Ihre derzeitige, sondern Ihre vorherige Firma gemeint. Wenn Sie Ihre Tätigkeit bei einem Arbeitgeber beendet haben, haben Sie Anspruch auf ein Arbeitszeugnis. Auch wenn es oft von der Personalabteilung verfasst wird, so bestimmt doch praktisch immer Ihr direkter Vorgesetzter seinen Inhalt.

Nach Gesetz und Rechtsprechung in Deutschland ist die Firma einerseits verpflichtet, das Zeugnis wohlwollend zu formulieren, um das berufliche Fortkommen des Mitarbeiters nicht zu behindern. Sie darf also nichts Negatives in das Zeugnis schreiben. Andererseits hat das Unternehmen natürlich auch ein Interesse an der Wahrheit des Zeugnisinhalts. Wenn die Leistungen eines Mitarbeiters ganz oder teilweise nicht zufrieden stellend waren, entsteht folglich ein Dilemma. Dies hat dazu geführt, dass sich ein Code für die Beurteilung der Leistung entwickelt hat, den Sie unbedingt kennen müssen, um den Inhalt Ihrer Zeugnisse zu verstehen. Besorgen Sie sich deshalb einen einschlägigen Ratgeber und machen Sie sich fit auf diesem Gebiet.

Das so genannte qualifizierte Arbeitszeugnis sollte folgende Informationen enthalten und ist üblicherweise wie folgt aufgebaut:

Titel, Name, Geburtsdaten sowie Art und Dauer des Beschäftigungsverhältnisses.

Kurze Selbstdarstellung des Unternehmens: Bei größeren Unternehmen, die jeder kennt, kann diese entfallen.

Detaillierte Beschreibung Ihrer Position, also Ihrer Hauptaufgaben und Verantwortungsbereiche: Aus diesen Angaben sollte deutlich werden, welche Fachkenntnisse und Fähigkeiten Sie besitzen. Bei einer längeren Tätigkeit in einer Firma sollten die einzelnen Stationen separat beschrieben und eventuelle Beförderungen erwähnt werden, sodass der Leser Ihre Entwicklung nachvollziehen kann.

Beurteilung Ihrer Arbeitsleistung: Einzelleistungen und Gesamtnote. Die Leistungsbeurteilung sollte Ihre einzelnen Leistungen und Erfolge hervorheben. Achten Sie darauf, dass Ihre Leistungen so präzise wie möglich beschrieben und Ihre Erfolge, wenn möglich, in messbaren Dimensionen dargestellt werden. Beispiele: *Senkung* (in Prozent) der Anzahl der Reklamationen, der Ausschussrate oder der Abteilungskosten beziehungsweise *Steigerung* (in Prozent) des Umsatzes, der Produktivität oder des Gewinns.

Darüber hinaus muss Ihr Zeugnis eine Gesamtbeurteilung enthalten, die alle Leistungen in einem Satz zusammenfasst und sich an der Schulnotenskala orientiert. Diese Gesamtnote ist immer codiert. Beispielsweise wird für sehr gute Leistungen (Note 1) oft die Formulierung »stets zu unserer vollsten Zufriedenheit« verwendet; für ausreichende Leistungen (Note 4) benutzt man hingegen den üblicherweise den Begriff »zu unserer Zufriedenheit«.

Beurteilung Ihres Führungsverhaltens: Falls Sie als Vorgesetzter Personalverantwortung hatten, sollten Ihre Führungsqualitäten unbedingt erwähnt werden. Anderenfalls wird man annehmen, dass Ihre Führungsleistungen nicht besonders gut waren.

Beurteilung Ihrer sozialen Kompetenz und herausragender persönlicher Eigenschaften: Hierunter versteht man das Verhalten gegenüber Vorgesetzten, Kollegen und gegebenenfalls externen Personen (Kunden, Lieferanten). Darüber hinaus sollten besonders positive persönliche Eigenschaften erwähnt werden.

Grund für die Beendigung des Arbeitsverhältnisses: Wenn Ihnen gekündigt wurde, wird üblicherweise die Formulierung »Die Trennung erfolgte im gegenseitigen Einverständnis« benutzt. Die allgemeine Auffassung geht aber dahin, dass ein wirklich guter Mitarbeiter sich nicht entlassen lässt, sondern selbst entscheidet, wann er gehen will. Deshalb sollte als Grund für Ihr Ausscheiden angegeben werden, dass Sie die Firma aus eigenem Wunsch verlassen. Bedenken Sie dies auch, wenn Sie überlegen, ob Sie auf Ihre Entlassung warten sollten, nur um eine Abfindung zu kassieren.

Abschluss: Dankesformel, Bedauern und gute Wünsche: Ein gutes Zeugnis endet damit, dass der Aussteller Ihnen für Ihre Mitarbeit dankt, sein Bedauern über Ihr Ausscheiden zum Ausdruck bringt und Ihnen für Ihre persönliche und berufliche Zukunft alles Gute wünscht. Diese Formulierungen verleihen dem Zeugnis »Wärme« (Heiko Mell). Fehlen sie ganz oder teilweise, wird das leicht als Einschränkung der Gesamtbeurteilung angesehen.

Neben der Gesamtnote und dem Ausmaß an Wärme in der Abschlussformel äußert sich der oben erwähnte Zeugniscode zum Beispiel darin, dass

- positive Aussagen eingeschränkt werden (»im Allgemeinen«, »im Großen und Ganzen«),
- Dinge, die für die Beurteilung unwichtig sind, hervorgehoben werden (»war stets pünktlich«),
- Wichtiges weggelassen wird, beispielsweise eine Aufgabe nur erwähnt wird, nicht aber, ob sie erfolgreich gelöst wurde,
- eine einfache positive Formulierung als eher schlechte und nur eine extrem positive Formulierung als wirklich gute Beurteilung zu verstehen ist (analog der Gesamtnote).

Zwischenzeugnisse

Wenn Sie sich aus ungekündigter Position bewerben, erwartet ein Bewerbungsempfänger normalerweise kein Zwischenzeugnis von Ihrem derzeitigen Arbeitgeber. Denn jeder weiß, dass Zwischenzeugnisse für den Arbeitnehmer problematisch sein können. Wenn Sie ohne ersichtlichen Grund eines verlangen, wird man natürlich annehmen, dass Sie sich woanders bewerben wollen. Dieser Verdacht der Illoyalität ist sehr nachteilig für Sie.

Eine Ausnahme liegt vor, wenn Ihr direkter Vorgesetzter Ihre Abteilung verlässt. Sollte er das Unternehmen ganz wechseln, nimmt er damit das Wissen um Ihre Leistungen mit. Es steht später nicht mehr zur Verfügung, wenn Sie den Arbeitgeber wechseln wollen und Ihr Endzeugnis benötigen. Besonders wenn Sie ein gutes Verhältnis zu Ihrem Chef hatten und gute Leistungen aufweisen können, sollten Sie sich ein Zwischenzeugnis ausstellen lassen. Falls dies in Ihrer Firma nicht üblich sein sollte, bestehen Sie zumindest darauf, dass Ihr Chef eine Beurteilung in Ihre Personalakte einfügt.

Eine ähnliche Situation entsteht, wenn Sie innerhalb des Unternehmens auf gleicher Ebene den Job wechseln und damit einen neuen Vorgesetzten erhalten. Lassen Sie sich auch in diesem Falle von Ihrem bisherigen Chef eine Beurteilung oder ein Zwischenzeugnis ausstellen. (Dies ist nicht nötig, wenn für Sie der Jobwechsel mit einer Beförderung verbunden ist, denn diese *ist* der Nachweis guter Leistungen.)

Achten Sie auf gute Zeugnisse

In Deutschland wird bei der Beurteilung von Bewerbungen auf Arbeitszeugnisse großer Wert gelegt. Jedes gute Zeugnis steigert Ihre Chancen, jedes weniger gute mindert sie. Arbeitgeber gehen mit jeder Neueinstellung das Risiko ein, dass der Kandidat nicht den Erwartungen entspricht. Wenn also ein Bewerber von seinen vier bisherigen Arbeitgebern vier gute Zeugnisse vorlegen kann, wird man stark annehmen, dass er seinen Job auch beim fünften Mal gut machen wird. Wenn aber zwei von vier Zeugnissen Defizite aufzeigen, kommen erhebliche Zweifel auf.

Gute Zeugnisse werden auch deshalb erwartet, weil Sie sich für Ihr Studium, Ihren Beruf und für jeden einzelnen Arbeitsplatz in Ihrem Berufsleben frei entschieden haben. Deshalb erwarten zukünftige Arbeitgeber, dass Sie motiviert sind und gute Ergebnisse hervorbringen, die wiederum durch Ihre Zeugnisse dokumentiert werden. Beurteilungen zeigen, ob Sie in der Lage sind, im Berufsleben die richtigen Entscheidungen zu treffen, also sich die richtigen Jobs in den richtigen Firmen mit den richtigen Vorgesetzten zu suchen. Sie lassen Ihren Willen zum Erfolg erkennen. Zudem geben sie Hinweise darauf, welche Fähigkeiten und Kapazitäten Sie einsetzen konnten, um Schwierigkeiten zu überwinden.

Es wurde oben bereits erwähnt: Der Arbeitgeber ist zu wohlwollender Zeugnisformulierung verpflichtet. Dies gibt Arbeitnehmern, die mit ihrem Arbeitszeugnis nicht zufrieden sind, weitgehende Einflussmöglichkeiten auf dessen Inhalt. Um Verbesserungen in Ihrem Zeugnis durchzusetzen, müssen Sie allerdings genau wissen, welche Formulierungen Sie wollen.

Nutzen Sie, soweit es geht, die Möglichkeiten aus, Ihr Zeugnis zu optimieren, auch wenn es Ihnen im Einzelfall nicht leicht fallen sollte. Ein verbesserungsbedürftiges Zeugnis erhält man oft, wenn das Verhältnis zum direkten Chef getrübt war. In einem solchen Fall sind Sie wahrscheinlich froh, endlich die Firma zu verlassen. Ihre Gedanken sind ganz auf die neue Stelle gerichtet, und Sie haben keine Lust, sich mit der Vergangenheit zu befassen. Bedenken Sie aber: Das Zeugnis wird Sie Ihr ganzes Berufsleben begleiten!

Aber ein schlechtes Arbeitszeugnis kann auch völlig unbeabsichtigt entstehen. Denn die codierte Zeugnissprache ist wohl den Profis in Personalabteilungen größerer Unternehmen geläufig, nicht jedoch vielen Zeugnisausstellern in kleineren Firmen. So kann es vorkommen, dass ein Zeugnis negativ interpretiert werden kann, obwohl eine sehr gute Beurteilung beabsichtigt war.

Schreiben Sie Ihr Zeugnis selbst

Viele Chefs schreiben ungern Arbeitszeugnisse – schon gar für Mitarbeiter, zu denen sie nicht das beste Verhältnis hatten –, und viele Personalabteilungen sind überlastet. So laufen Sie oft Ihrem Zeugnis hinterher, selbst wenn Sie die Firma schon verlassen haben; womöglich streiten Sie sich noch über einzelne Formulierungen. Vorausgesetzt, Sie beherrschen die Zeugnissprache, können Sie Ihr Zeugnis auch selbst schreiben und Ihrem Chef vorlegen. Er und die Personalabteilung werden Ihnen für diese Arbeitserleichterung dankbar sein, und mit etwas Glück erhalten Sie es unverändert ausgehändigt.

Tipps für Ihren Erfolg

- Analysieren Sie genau den Inhalt jedes Zeugnisses. Achten Sie darauf, nur gute Zeugnisse zu erhalten.
- Schreiben Sie sich gegebenenfalls Ihr Zeugnis selbst.

Fangen Sie rechtzeitig an, sich zu bewerben

Egal warum Sie Ihre Firma verlassen wollen: Es muss nicht, aber es *kann* lange dauern, bis Sie eine neue Stelle gefunden haben, die zu Ihrer Karriereplanung passt. Ein Jahr lang zu suchen ist keine Seltenheit. Fangen Sie deshalb frühzeitig an, sich zu bewerben.

Das gilt besonders, wenn Ihre Firma in Schwierigkeiten steckt und Sie die Entlassung befürchten müssen. Wenn Sie zu spät mit der Suche beginnen, und es sich als schwierig erweist, Ihre Wunschposition zu finden, riskieren Sie, von den Ereignissen überrollt zu werden. Nach einer Phase des Hoffens und Bangens ist plötzlich der Konkurs da, und Sie erhalten die Kündigung. Nun müssen Sie sich unter Druck bewerben und riskieren, entweder in die Arbeitslosigkeit entlassen zu werden oder eine Stelle zweiter Wahl antreten zu müssen, um nicht arbeitslos zu werden.

Rechnen Sie immer mit einem langen Suchprozess und fangen Sie so früh wie möglich an, einen Job zu suchen, der optimal zu Ihrer Karriereplanung passt. Sollte während Ihrer Bewerbungsphase der Grund für Ihre externe Suche wegfallen, weil Sie beispielsweise doch befördert werden, können Sie die ganze Operation immer noch abbrechen. Solange Sie keinen neuen Arbeitsvertrag unterschrieben haben, können Sie Ihre Bewerbung jederzeit zurückziehen.

Vermeiden Sie Bewerbungen unter Zeitdruck

Nicht nur im Konkursfall kann Zeitdruck entstehen. Sie können diese missliche Situation auch selbst herbeiführen, zum Beispiel indem Sie kündigen, ohne bereits einen neuen Arbeitsvertrag unterschrieben zu haben, oder indem Sie freiwillig mit einer Abfindung ausscheiden.

Wenn es irgend geht, sollten Sie Situationen vermeiden, in denen Sie sich unter Zeitdruck bewerben müssen. Es ist offensichtlich, dass dies höchst unangenehm sein kann – nicht nur, weil Sie in der verfügbaren Zeit vielleicht keinen adäquaten Job finden, sondern auch, weil Sie viel nervöser als nötig in die Vorstellungsgespräche hineingehen.

So bereiten Sie sich vor

Bevor Sie anfangen, einen neuen Job zu suchen, sollten Sie sich zuerst genau überlegen, was für eine Stelle Sie eigentlich genau wollen. Sonst besteht die Gefahr, dass Sie sich auf Stellenangebote bewerben, die zwar irgendwie mit Ihren Karrierevorstellungen zu tun haben, aber nicht optimal zu Ihnen passen. Die zentrale Frage bei der Beurteilung einer offenen Stelle lautet: Stellt sie eine logische Weiterentwicklung Ihrer Laufbahn dar? Hier zeigt sich der Wert einer gut durchdachten Karriereplanung. Nur wenn Sie Ihre Hausaufgaben gemacht haben, können Sie genau beurteilen, ob es Sinn macht, sich um eine bestimmte Position bewerben.

Arbeiten Sie eine Selbstpräsentation aus

Sich be-»werben« heißt, Werbung für die eigene Person zu machen. Wenn Sie einen Job wollen, müssen Sie sich selbst präsentieren und als attraktiven Kandidaten darstellen können. Sie müssen aufzeigen, welche Probleme Sie lösen und welchen besonderen Nutzen Sie dem Unternehmen bringen könnten. Als Begründung stellen Sie Ihre Stärken und Erfolge in der Vergangenheit dar. Dabei geht es immer um die Beantwortung der zentralen Fragen in jedem Bewerbungsverfahren: Was qualifiziert Sie für die zu besetzende Position und warum sollte die Firma gerade Sie einstellen?

Ihre Selbstpräsentation benötigen Sie in verschiedenen Situationen und Phasen des Bewerbungsprozesses (einige werden in diesem Kapitel näher beschrieben, die anderen im nächsten):

- bei der telefonische Kontaktaufnahme im Rahmen einer Initiativbewerbung,
- für die Initiativbewerbung durch persönliche Kontaktaufnahme, beispielsweise bei Messen oder Kongressen,
- für die Formulierung von Anschreiben und Lebenslauf,
- für Vorstellungsgespräche bei Firmen und Personalberatern.

Die Aufstellung zeigt, dass Sie Ihre Selbstpräsentation in mündlicher und schriftlicher Form ausarbeiten müssen. Beide Versionen sollten möglichst kurz, aber auch möglichst aussagekräftig sein. Für die mündliche Selbstpräsentation haben Sie im Extremfall knapp 30 Sekunden Zeit – das entspricht ungefähr vier bis fünf Sätzen. Im Vorstellungsgespräch steht Ihnen mehr Raum zur Verfügung. Aber auch hier sollte Ihre Selbstdarstellung nicht mehr als 5 bis 7 Minuten dauern. Ihre schriftliche Selbstpräsentation – in Form eines Anschreibens – sollte alle relevanten Fakten auf einer DIN-A4-Seite enthalten.

Es gibt grundsätzlich zwei Formen der Bewerbung, die eine jeweils angemessene Selbstdarstellung erfordern: die Initiativbewerbung (sehen Sie dazu weiter unten) und die Bewerbung auf ein Stellenangebot. Entsprechend kann man zwischen einer allgemeinen und einer spezifischen Selbstdarstellung unterscheiden. Im ersten Fall kennen Sie die genauen Anforderungen an die Bewerber noch nicht, im zweiten sind Sie Ihnen deutlich bekannt, da sie im Ausschreibungstext genannt werden. In diesem Fall sollten Sie Ihre Selbstdarstellung genau auf die ausgeschriebene Stelle ausrichten.

Wenn Sie sich aber initiativ bewerben, müssen Sie beim ersten Kontakt Ihre Aussagen etwas allgemeiner halten, da Sie sich nicht auf ein konkretes Stellenangebot beziehen. Allerdings können Sie herausfinden, welche Anforderungen *im Allgemeinen* an Inhaber einer solchen Position gestellt werden, wie Sie sie suchen. Studieren Sie Stellenanzeigen für diese Art von Jobs. Wie in Regel 3 erwähnt wurde, stellen verschiedene Firmen für gleichartige Positionen ähnliche Anforderungen.

Heben Sie also in Ihrer Selbstpräsentation alle beruflichen Erfahrungen, Fähigkeiten und Kenntnisse hervor, die einen Bezug zu den (bekannten oder vermuteten) Anforderungen des Unternehmens haben. Nennen Sie Ihre relevanten Erfolge und belegen Sie diese mit Fakten. Veranschaulichen Sie auch, dass Sie wichtige nicht-fachliche Anforderungen aufweisen, und zwar anhand von konkreten Beispielen aus Ihrem bisherigen Berufsleben.

Erläutern Sie Ihre berufliche Entwicklung. Zeigen Sie dabei den in Regel 3 bereits erwähnten roten Faden zwischen Ihrem Berufseinstieg und der ausgeschriebenen Stelle auf. Im Idealfall lassen sich Ihre jetzige und alle früheren Aufgaben als Vorbereitung auf die angestrebte Position darstellen. Suchen Sie also bei allen bisherigen Jobs nach relevanten Kenntnissen und Erfahrungen, die Sie erworben beziehungsweise gemacht haben.

Verdeutlichen Sie in Ihrer Selbstdarstellung, wie engagiert Sie sind und wie stark Ihre Eigeninitiative ist. Belege für diese Eigenschaften sind beispielsweise zielgerichtete Weiterbildungsaktivitäten oder die Anregung und freiwillige Übernahme von Sonderprojekten.

Der folgende Hinweis ist eigentlich eine Selbstverständlichkeit, wird aber oft nicht beachtet: Stellen Sie alles, was Sie sagen, positiv dar. Setzen Sie sich nicht selbst in ein ungünstiges Licht, etwa indem Sie Ihre Schwächen erwähnen. Jeder hat Schwächen, und die Ihren werden Ihrem Gesprächspartner oder dem Leser Ihrer Unterlagen von allein deutlich, wenn er fachkundig ist. Sie brauchen gar nicht nachzuhelfen!

Thematisieren Sie auf keinen Fall Ihre aktuellen beruflichen Schwierigkeiten. Jeder weiß auch so, dass meistens die Unzufriedenheit mit dem derzeitigen Arbeitsplatz der Anlass für eine Bewerbung ist. Bei jedem Problem, das Sie erwähnen, wird sich Ihr Adressat sofort fragen, ob nicht vielleicht *Sie* die Verantwortung dafür tragen. Warum befördert man Sie nicht? Warum haben Sie zu Ihrem Chef kein gutes Verhältnis? Warum lässt man Ihnen bei Ihrer Arbeit so wenig Freiräume? Begründen Sie Ihre Wechselabsichten immer positiv. Zeigen Sie auf, wie gut Ihr Qualifikationsprofil zu der angestrebten Position passt.

Sie müssen sich viel Mühe geben, um die verschiedenen Versionen Ihrer Selbstpräsentation auszuarbeiten. Je weniger Zeit Sie für Ihre Selbstdarstellung haben, desto schwieriger wird es, denn Sie müssen gnadenlos das Wesentliche vom weniger Wichtigen trennen. Lassen Sie sich bei der Ausarbeitung Ihrer Präsentation von anderen helfen. Tragen Sie Freunden Ihren Text vor und lassen Sie sich ein ehrliches Feedback geben.

Wie Sie den Job finden, den Sie suchen

Stellenanzeigen: Die traditionellen Stellenmärkte für Fach- und Führungskräfte in Deutschland finden Sie vor allem in den Samstagsausgaben der großen Tageszeitungen, insbesondere in der *Frankfurter Allgemeinen Zeitung*. Hinzu kommen branchen- und berufsspezifische Fachzeitschriften. Neben die Druckmedien ist in den letzten Jahren das Internet getreten. Hier finden Sie Stellenangebote über drei Wege: erstens in Jobbörsen, zum Beispiel jobpilot.de, zweitens in den Online-Ausgaben der großen Tageszeitungen und einiger Zeitschriften und drittens auf den Websites von Unternehmen.

Eigene Stellengesuche: Die Jobsuche durch die Aufgabe eines Stellengesuchs in einer führenden Tageszeitung ist möglich, hat sich aber nie so richtig durchgesetzt. Viel interessanter (und noch dazu kostenlos) ist heutzutage das Stellengesuch über die Jobbörsen im Internet. Sie geben lediglich Ihren Lebenslauf ein und erhalten per E-Mail passende Stellenausschreibungen, auf die Sie sich bewerben können.

Ihr Netzwerk: Zu den großen Vorteilen eines außerbetrieblichen Netzwerks gehört es, dass Sie von offenen Stellen erfahren können, bevor diese öffentlich ausgeschrieben werden (siehe Regel 12). Kontaktieren Sie also alle Ihre Netzwerkpartner und sagen Sie ihnen, dass Sie auf der Suche sind und, vor allem, was Sie genau suchen.

Beschränken Sie sich dabei nicht auf Personen, die im gleichen Beruf oder in der gleichen Branche wie Sie arbeiten, sondern sprechen Sie einen möglichst großen Personenkreis an. Denn es geht nicht nur darum, von den Angesprochenen Tipps zu frei werdenden Stellen in ihren eigenen Firmen zu bekommen, sondern Ihre Netzwerkpartner sollten Ihnen idealerweise auch helfen, indem sie ihrerseits ihr jeweiliges Netzwerk aktivieren. Da man nie weiß, wer wen kennt, können Sie wertvolle Hinweise auch von Personen bekommen, die selbst keinerlei Beziehung zu Ihrer beruflichen Tätigkeit haben.

Je mehr Partner Sie kontaktieren, desto größer Ihre Erfolgschance. Scheuen Sie sich deshalb nicht, auch Personen auf Ihre Stellensuche anzusprechen, mit denen Sie längere Zeit keinen Kontakt hatten, etwa ehemalige Studien- und Arbeitskollegen. Zwar wird mancher vielleicht etwas pikiert sein, dass Sie ihn nur kontaktieren, weil Sie Hilfe brauchen; andere aber werden froh sein, überhaupt wieder von Ihnen zu hören – vielleicht haben sie wegen des eingeschlafenen Kontakts ein schlechtes Gewissen.

Initiativbewerbungen

Unter Initiativbewerbung versteht man eine Bewerbung aus eigener Initiative, also ohne dass eine offene Stelle ausgeschrieben ist. Sie kann über das Telefon oder durch das Versenden der schriftlichen Unterlagen erfolgen. Wirkungsvoller und effizienter ist in der Regel die telefonische Bewerbung. Auf diese Weise erfahren Sie schnell und ohne große Kosten, ob überhaupt eine Stelle zu besetzen ist und ob eine Bewerbung Sinn macht. Darüber hinaus können Sie im Gespräch wichtige Informationen erhalten, zum Beispiel ob die von Ihnen anvisierte Position wirklich Ihren Vorstellungen entspricht oder auf welche Qualifikationen das Unternehmen besonderen Wert legt.

Auch wenn Sie bevorzugen, sich schriftlich zu bewerben, sollten Sie in jedem Fall eine konkrete Person anschreiben. Versuchen Sie, im Anschreiben und in Ihrem Lebenslauf soweit es geht auf die konkreten Anforderungen des Unternehmens einzugehen. Um diese und den Namen des Ansprechpartners zu erfahren, müssen Sie oft zum Telefonhörer greifen, sodass Ihr Anruf schließlich doch zu einer telefonischen Bewerbung wird.

Eine Initiativbewerbung ist etwas anderes als eine Blindbewerbung. Wer sich blind bewirbt, schickt an verschiedene Firmen gleich lautende Anschreiben und Lebensläufe, die nicht an eine bestimmte Person gerichtet sind (Negativbeispiel: »An die Personalabteilung« und »Sehr geehrte Damen und Herren«).

Mit einer Initiativbewerbung zeigen Sie hingegen zielgerichtete Initiative. Dies wird im Allgemeinen positiv registriert. Die Chancen, Erfolg zu haben, stehen nicht schlecht, denn viele Positionen werden besetzt, ohne dass es je eine Stellenanzeige gegeben hätte – über Headhunter, persönliche Empfehlungen und eben Initiativbewerbungen. So gehen Sie bei der telefonischen Bewerbung vor:

Suchen Sie sich Wunscharbeitgeber: Als ersten Schritt bestimmen Sie die Firmen, für die Sie gern arbeiten würden und bei denen Sie einen Bedarf nach jemandem mit Ihrem Profil und Ihrem Wettbewerbsvorteil vermuten. Für welche Firmen ist Ihr Kompetenzprofil von besonderem Nutzen? Welche Unternehmen haben die Art von Problemen, die Sie besonders gut lösen können? Denken Sie dabei nicht nur an die nahe liegenden Namen aus Ihrer eigenen Branche. Suchen Sie nach ähnlich strukturierten Branchen oder nach solchen, die ähnliche Probleme haben wie die Ihre. Lesen Sie regelmäßig die Wirtschaftspresse. Hier wird über geplante Veränderungen in Firmen geschrieben, und hier erfahren Sie, welche Unternehmen expandieren.

Bestimmen Sie Ihren Ansprechpartner: Sie können Ihre Bewerbung an die Personalabteilung oder direkt an den Leiter der Fachabteilung richten, in der Sie arbeiten wollen. Den richtigen Adressaten in der Personalabteilung finden Sie heraus, indem Sie die Telefonzentrale oder die Personalabteilung anrufen. Auch die Auswertung von Stellenanzeigen kann nützlich sein. Sie enthalten häufig den Namen und die Telefonnummer einer Ansprechperson in der Personalabteilung. Den Namen Ihrer Zielperson im Fachbereich erfahren Sie in manchen Fällen über die Website des Unternehmens. Ansonsten rufen Sie auch dafür die Telefonzentrale an.

Legen Sie Ihr Gesprächsziel fest: Das *generelle* Ziel Ihres Anrufs besteht in jedem Fall darin, Interesse an Ihrer Person zu wecken und Ihren Gesprächspartner davon zu überzeugen, dass es sich für ihn lohnt, die Sache weiterzuverfolgen. Dabei kommt Ihre Selbstpräsentation zum Einsatz. Nennen Sie in wenigen Sätzen Ihre relevanten Kernkompetenzen und zeigen Sie auf, welchen Nutzen Sie der Firma bringen könnten.

Ihre *konkrete* Zielsetzung unterscheidet sich je nachdem, ob Sie mit der Personalabteilung oder mit einer Führungskraft im anvisierten Fachbereich sprechen. Wenn Sie den Weg über die Personalabteilung wählen, besteht Ihr Ziel darin, Ihren Gesprächspartner dazu zu bringen, Ihre Bewerbungsunterlagen – die Sie ihm baldmöglichst zusenden werden – wohlwollend zu prüfen und Sie der Fachabteilung zu empfehlen, damit Sie zu einem Vorstellungsgespräch eingeladen werden. Deshalb sollten Sie versuchen, von Ihrem Gesprächspartner möglichst viele Informationen über die Anforderungen der angestrebten Position zu erhalten.

Wenn Sie Ihren potenziellen zukünftigen Chef direkt ansprechen, sollte die Vereinbarung eines Gesprächstermins Ihr Ziel sein. Auch in diesem Fall müssen Sie Ihre Bewerbungsunterlagen einschicken, aber von deren Qualität hängt es normalerweise nicht mehr ab, ob Sie zum Gespräch eingeladen werden.

Rechnen Sie mit einer hohen Ablehnungsquote: Auch wenn Sie einen interessanten Lebenslauf aufweisen und am Telefon überzeugen können: Sie werden oft auf Situationen treffen, in denen einfach keine Stelle frei ist, wie Sie sie suchen. Nehmen Sie diese Art von Ablehnung nicht persönlich. Schließlich haben Sie sich auf gut Glück beworben. Halten Sie sich immer wieder Folgendes vor Augen: Ja, es werden viele Jobs an Initiativbewerber vergeben, aber es sind einfach sehr viele Anrufe nötig, bis man die richtige Firma gefunden hat. Und zweitens hat auch der beste Kandidat keine Chance, wenn es keine Stelle für ihn gibt.

Neben der Ansprache per Telefon gibt es auch die Möglichkeit, Mitglieder Ihrer Wunschfirmen auf Fachmessen oder Kongressen zu kontaktieren. Sollten Sie den Adressaten Ihrer Bewerbung nicht persönlich treffen, so können Sie doch auch von anderen Personen eine Menge bewerbungsrelevanter Informationen über das Unternehmen und bestehende Vakanzen erhalten.

Abschließend ein Warnhinweis: Je mehr Firmen Sie im Rahmen einer Initiativbewerbungsaktion ansprechen, desto größer ist das Risiko, dass Ihr jetziger Arbeitgeber davon erfährt. Man weiß schließlich nie, wer wen kennt und was mit wem bespricht. Dies kann natürlich für Sie zum ernsten Problem werden, vor allem wenn Ihre aktuelle Position in keiner Weise gefährdet ist. Unproblematisch sind Initiativbewerbungen hingegen, wenn Sie oder der Arbeitgeber gekündigt haben, Sie arbeitslos sind oder sich von Arbeitslosigkeit bedroht fühlen.

So nutzen Sie Personalberater bei der Jobsuche

Personalberater, auch Headhunter genannt, suchen im Auftrag von Firmen Fach- und Führungskräfte. Früher beschränkte sich ihre Suche auf die oberen Führungsebenen, heute hingegen beauftragen Unternehmen sie auch, Manager der mittleren und unteren Ebenen sowie Spezialisten zu suchen. Diese Suche findet auf zwei Wegen statt. Manche Personalberatungsfirmen bevorzugen die so genannte Direktansprache, also die Kontaktierung potenzieller Kandidaten per Telefon, andere schalten Stellenanzeigen, wieder andere gehen beide Wege – je nachdem welche Methode im Einzelfall erfolgversprechender ist. Auch wenn es Ausnahmen gibt, lässt sich tendenziell sagen, dass Stellen im mittleren und höheren Management (»Executive Search«) eher über Direktansprache besetzt werden.

Der Auftraggeber beauftragt normalerweise lediglich *eine* Personalberatungsfirma mit der Kandidatensuche. Er erwartet in der Regel vom Headhunter eine Vorselektion und die anschließende Präsentation von drei oder vier guten Kandidaten für Vorstellungsgespräche.

Werden für die Suche Stellenanzeigen geschaltet, fungiert der Headhunter gewissermaßen als »outgesourcte« Personalabteilung. Das Verfahren läuft im Prinzip, als ob Sie sich bei einer Firma bewerben, nur dass der Berater (und nicht die Firma) auf Basis der eingegangenen Bewerbungen entscheidet, wen er zu Vorstellungsgesprächen einlädt. Die ersten Gespräche führt der Berater selbst, erst bei der Endauswahl wird der Auftraggeber hinzugezogen.

Die Direktansprache folgt hingegen anderen Regeln. Innerhalb der meisten Personalberatungsfirmen gibt es eine Arbeitsteilung zwischen »Beratern« und »Researchern«. Letztere haben meist nur die Aufgabe, telefonisch Kontakt zu potenziellen Kandidaten aufzunehmen und deren Interesse an der zu besetzenden Stelle zu wecken. Sie erreichen ihre Ansprechpartner, indem sie sich entweder über die Telefonzentrale durchfragen (»Wer ist bei Ihnen für das Marketing verantwortlich?«) oder sich in ihren Gesprächen Namen nennen lassen. Wenn Sie kontaktiert werden, aber persönlich kein Interesse an der Stelle haben, die man Ihnen anbietet, wird man Sie deswegen zum Schluss des Gesprächs immer fragen: »Kennen Sie vielleicht jemanden, für den die Position interessant sein könnte?«

Die Researcher kontaktieren ihre Zielpersonen in der Regel im Büro während der Arbeitszeit und informieren sie in Kurzform über die Position, meist ohne das auftraggebende Unternehmen zu nennen. Nutzen Sie die Chance, durch Fragen herauszufinden, ob die Stelle für Sie grundsätzlich interessant sein könnte. Wenn dies der Fall ist, erhalten Sie im nächsten Schritt ein ausführliches, aber anonymisiertes Exposé der Stelle.

Sind Sie weiterhin interessiert, wird man Sie bitten, Ihren Lebenslauf einzuschicken und Sie zu einem ersten Vorstellungsgespräch einladen. Dieses Gespräch führt der Berater. Er kennt den Auftraggeber und seine Anforderungen und ist für den Erfolg des Suchauftrags verantwortlich. In der Regel erfahren Sie nun auch den Namen des Auftraggebers. Lädt man Sie zum zweiten Gespräch ein, gehören Sie zum engeren Kandidatenkreis. Es findet üblicherweise am Sitz des Auftraggebers im Beisein des Personalberaters statt.

Beim Umgang mit Headhuntern sollten Sie Folgendes beachten:

- Es gilt als unprofessionell, einen Researcher oder Berater zu fragen, woher er Ihren Namen hat. Wie potenzielle Kandidaten aufgespürt werden, wissen Sie ja jetzt. Nur in Ausnahmefällen wird man Ihnen sagen, dass Sie von Freunden empfohlen wurden.
- Im Idealfall ist ein Researcher gut über Sie informiert und bietet Ihnen nur dann eine Stelle an, wenn sie wirklich interessant für Sie ist. Immer wieder kommt es aber vor, dass Researcher offensichtlich nur Ihren Namen kennen und Ihnen von Jobs erzählen, die für Sie überhaupt nicht infrage kommen, weil sie zum Beispiel hierarchisch zu hoch oder zu niedrig angesiedelt sind. Entweder handelt es sich dabei um einen Versuch auf gut Glück oder der Researcher will nur Ihre Mithilfe bei seiner Suche. Auch wenn Sie im Moment des Anrufs im Stress sind und Wichtigeres zu tun haben, seien Sie immer höflich und hilfsbereit zu den Mitar-

beitern von Personalberatungen. Wenn *Sie* einen neuen Job suchen, werden Sie sie möglicherweise noch brauchen.

- Bei den ersten Kontakten mit Headhuntern fühlt man sich oft geschmeichelt (»Man kennt mich und macht mir Angebote.«) Aber beachten Sie bitte: Ein solches Angebot ist nichts anderes als eine Stellenausschreibung in der Zeitung! Es handelt sich um die Aufforderung, sich zu bewerben. Sie durchlaufen, wie oben beschrieben, ein ganz normales Bewerbungsverfahren. Eine Stelle, von der Sie über einen Personalberater erfahren, ist qualitativ nicht »besser« als irgendeine andere. Ob Sie sich für eine Position interessieren, sollte einzig und allein davon abhängen, ob Sie in Ihre Karriereplanung passt.
- Headhunter locken gerne mit einem hohen Gehalt. Bedenken Sie dabei bitte, dass dies das maximale Gehalt darstellt, das der Auftraggeber für den idealen Kandidaten zu zahlen bereit ist. Wie viel Sie wirklich bekommen können, hängt von Ihrer Qualifikation und Ihrem derzeitigen Einkommen ab. Häufig wird es unterhalb des Maximums liegen.
- Wenn Sie während eines Verfahrens, zum Beispiel nach dem ersten Vorstellungsgespräch, längere Zeit nichts von dem Berater hören, rufen Sie ihn nicht an, um nach dem Stand der Dinge zu fragen. Auch das ist nicht professionell. Offensichtlich gehören Sie im Augenblick nicht zu den heißen Kandidaten. Akzeptieren Sie das. Sollte sich daran etwas ändern, wird man Sie anrufen. Sie werden es schon merken, wenn Sie in die engere Wahl kommen.
- Obwohl Kontakte zu Personalberatern in Managementpositionen an der Tagesordnung sind, stellen sie trotzdem in gewissem Sinne ein illoyales Verhalten dar. Prahlen Sie deshalb vor Kollegen nicht mit Ihren Kontakten.

Die Personalberatungsbranche ist relativ unübersichtlich. So gibt es einerseits große, renommierte und weltweit operierende Firmen, andererseits kleine unbekannte Ein-Mann-Unternehmen und natürlich alles dazwischen. Manche haben sich auf Führungskräfte bestimmter Ebenen spezialisiert, andere auf bestimmte Branchen.

Die meisten Firmen sind seriös, leider gibt es aber auch in dieser Branche schwarze Schafe, zum Beispiel solche, die ohne konkreten Kundenauftrag arbeiten. Sie suchen sich Firmen, von denen sie wissen oder annehmen, dass sie eine bestimmte Position besetzen wollen. Diesen versuchen die Berater, Kandidaten aus ihrer Datei zu »verkaufen«. Zu diesem Zweck schicken sie zunächst unaufgefordert anonymisierte Kurzlebensläufe an die Firmen. Bei Interesse können Unternehmen die ausführliche Version anfordern. Je kleiner die Branche und je höher Ihre Position, desto eher wird es trotz Anonymisierung unter den Empfängern Ihres Lebenslaufs Leute geben, die Sie darin wiedererkennen. Dies kann im Einzelfall sehr schädlich für Ihren Ruf sein.

Unseriös arbeitende Headhunter sind froh über jeden Bewerberlebenslauf, den sie bekommen können. Leider gibt es für Sie wenig Möglichkeiten, ein solches Treiben zu unterbinden. Bevor Sie einem Headhunter Ihren Lebenslauf schicken, versuchen Sie deshalb, seine Seriosität zu beurteilen. Beachten Sie hierfür folgende Hinweise:

- Die Mitgliedschaft in einem anerkannten Berufsverband wie der Vereinigung Deutscher Executive Search Berater oder dem Bundesverband Deutscher Unternehmensberater bürgt für die Einhaltung von ethischen Standards. Dazu gehört, dass der Lebenslauf eines Bewerbers nur mit dessen Zustimmung an Firmen weitergeleitet wird.
- Die großen, international operierenden Firmen sind in der Regel seriös.
- Das Gleiche gilt für Firmen, von denen Sie wissen, dass Sie grundsätzlich nur im Kundenauftrag arbeiten. Scheuen Sie sich nicht, bei einem Erstkontakt, falls notwendig, nach der Arbeitsweise zu fragen.

Wenn Sie eine Stelle suchen, teilen Sie dies den seriösen Headhuntern mit, die Ihnen bekannt sind. Darüber hinaus können Sie auch unbekannte Personalberatungen kontaktieren, sofern Sie deren Seriosität geprüft haben. Rufen Sie die entsprechenden Firmen an und lassen Sie sich den Namen des Beraters geben, der Ihre Branche bearbeitet. Schildern Sie ihm kurz Ihren Werdegang und Ihre Stärken und bitten Sie ihn um ein Kennenlerngespräch. Vorher müssen Sie ihm in der Regel Ihren Lebenslauf schicken. Ist dieser auch nur ansatzweise interessant für ihn, wird er Sie gerne kennen lernen wollen und in seine Datei potenzieller Kandidaten aufnehmen.

Nun heißt es, Geduld zu haben. Es wäre nämlich der reine Zufall, wenn der Personalberater gerade einen Suchauftrag für Ihre Idealstelle hätte. Ihr Ziel muss vielmehr sein, bei möglichst vielen seriösen Headhuntern als interessanter Kandidat registriert zu sein. Da die meisten Unternehmen nur einen Personalberater pro Stelle mit der Kandidatensuche beauftragen, ist es unproblematisch, mehrere Headhunter auf Ihren Wechselwunsch hinzuweisen.

Wie Sie zwischen verschiedenen Angeboten auswählen

Wenn Sie einen attraktiven Lebenslauf aufweisen, sich intensiv um eine neue Stelle bemühen und in Vorstellungsgesprächen eine gute Figur machen, werden Sie immer wieder in die Situation kommen, sich zwischen zwei oder mehr Angeboten entscheiden zu müssen. Nach welchen Kriterien sollten Sie die Entscheidung treffen?

Stellenbeschreibung: Das wichtigste Entscheidungskriterium ist die neu zu übernehmende Aufgabe, so wie sie Ihnen beschrieben worden ist. Prüfen Sie, inwieweit sie erstens Ihrem Stärkenprofil entspricht, zweitens eine logische Weiterentwicklung Ihrer bisherigen Karriere darstellt und drittens zu Ihren Lebensprioritäten passt. Wenn Sie Ihre berufliche Zukunft sorgfältig geplant haben und sich nur auf Stellen bewerben, die zu Ihrer Planung passen, sollten diese Anforderungen eigentlich von allen Angeboten erfüllt werden, die Ihnen vorliegen – vermutlich aber nicht im gleichen Umfang. Im Detail wird es Unterschiede geben.

Aufstiegsmöglichkeiten: Vorsicht: Manchmal versuchen Firmen, Bewerbern einen weniger attraktiven Job schmackhaft zu machen, indem sie tolle Aufstiegsmöglichkeiten in Aussicht stellen. Lassen Sie sich davon nicht blenden. Um befördert zu werden, müssen Sie sich zunächst in der angebotenen Stelle bewähren. Das werden Sie aber nur schaffen, wenn die Aufgabe Ihren Stärken entspricht und Sie Freude an ihr haben. Die Qualität der angebotenen Stelle im Sinne der oben genannten Kriterien ist also entscheidend. Außerdem lässt sich immer vieles versprechen. Wenn eine Beförderungszusage nicht ausdrücklich bereits in Ihren Arbeitsvertrag aufgenommen wurde (was nur selten vorkommt), handelt es sich um unverbindliche Zukunftsvisionen.

So wenig man sich in Vorstellungsgesprächen auf mündliche »Zusagen« hinsichtlich zukünftiger Beförderungen verlassen kann, so vorteilhaft ist es natürlich, wenn Aufstiegsmöglichkeiten bestehen. Anderenfalls müssten Sie sich von vornherein darauf einstellen, für den nächsten Karriereschritt wieder den Arbeitgeber zu wechseln. Wenn mangelnde Aufstiegsmöglichkeiten aber der einzige Nachteil einer Alternative sind, sie sonst allen anderen überlegen ist, sollten Sie dieses Angebot trotzdem wählen.

Sympathie für den zukünftigen Chef: Mit der Entscheidung für eine bestimmte Stelle wählen Sie immer auch Ihren neuen Vorgesetzten. Ihr Chef ist für Sie die wichtigste Person im ganzen Unternehmen. Hierauf wird in

Regel 13 näher eingegangen. Deshalb sollte zwischen Ihnen beiden möglichst die »Chemie« stimmen. Normalerweise lernen Sie Ihren Chef während der Vorstellungsgespräche kennen. Sollte das von der Firma nicht vorgesehen sein, schlagen Sie von sich aus ein Gespräch vor.

Je sympathischer Ihnen Ihr zukünftiger Chef ist, desto besser – und umgekehrt. Sympathie und Antipathie beruhen erfahrungsgemäß oft auf Gegenseitigkeit. Wenn Sie ihn also nicht mögen, besteht die große Gefahr, dass er umgekehrt genauso empfindet. Dies kann sich bei der späteren Zusammenarbeit als dauerhaftes Handicap erweisen.

Oft lernen Sie bei den Vorstellungsgesprächen ebenfalls den Vorgesetzten Ihres potenziellen Chefs kennen. Auch in diesem Fall ist gegenseitige Sympathie hilfreich für den späteren Erfolg im Job. Sie ist allerdings nicht ganz so wichtig wie die zum direkten Vorgesetzten. Denn mit dem höheren Vorgesetzten werden Sie in der Regel längst nicht so viel zu tun haben wie mit Ihrem unmittelbaren Chef. Und was dieser seinem Vorgesetzten von Ihnen und Ihren Erfolgen erzählt, wird dessen Bild von Ihnen im Zeitablauf entscheidend beeinflussen. Vor allem aber lässt sich mangelnde Sympathie für den Chef nicht durch noch so große Sympathie für dessen Vorgesetzten ausgleichen.

Der Ruf des Unternehmens: Je größer, bekannter und renommierter eine Firma im Allgemeinen oder in ihrer speziellen Branche ist, desto attraktiver ist sie in der Regel auch als Arbeitgeber. Das hat zur Folge, dass viele Bewerbungen um jede offene Position eingehen. Entsprechend schwierig ist es, dort eine Stelle zu bekommen. Allein die Tatsache, von einem solchen Arbeitgeber angenommen worden zu sein, bedeutet deshalb einen gewissen Qualitätsausweis. Sie stellt ein dauerhaftes Plus in Ihrem Lebenslauf dar, auch wenn Sie das Unternehmen später wieder verlassen.

Was Sie nicht besonders stark gewichten sollten: Zwei Kriterien sollten bei Ihrer Wahl zwischen verschiedenen Angeboten keine große Rolle spielen: das Gehalt und der Einsatzort.

Wenn Sie Ihren Marktwert richtig bestimmt haben, werden die meisten Unternehmen Ihren Gehaltswunsch ganz oder weitestgehend akzeptieren. Kleinere Gehaltsunterschiede sollten Ihre Entscheidung nicht beeinflussen. Bedenken Sie, dass Sie – wenn Sie gut sind – später normalerweise ohne größere Probleme Salärerhöhungen durchsetzen können oder gar befördert werden. Wie Sie dabei vorgehen, wird in Regel 16 beschrieben.

Es kann allerdings Ausreißer nach oben und unten geben. Liegt ein potenzieller Arbeitgeber mit seinem Gehaltsangebot *deutlich unter* Ihrem

Marktwert, dann sollten Sie diese Stelle nicht in Betracht ziehen. Sie können bei einem Arbeitgeber, der nicht bereit ist, Sic zu Ihrem Marktwert einzustellen, kaum erwarten, dass Sie eine wertgerechte Bezahlung zu einem späteren Zeitpunkt erreichen – selbst bei guten Leistungcn. Insofern riskieren Sie, dauerhaft unterbezahlt und damit unzufrieden zu sein.

Ein anderes Problem kann entstehen, wenn Ihnen ein Gehalt angeboten wird, das weit über Ihrem Marktwert liegt. Leicht lässt man sich davon blenden und übersieht, dass der Job wesentliche Nachteile aufweist, zum Beispiel ein hohes Risiko zu scheitern oder eine fehlende Übereinstimmung mit Ihren vorher definierten Karrierezielen.

Wo in Deutschland Sie Ihren Job ausüben, sollte unter Karrieregesichtspunkten kein entscheidendes Kriterium bei der Auswahl sein. Hierauf wurde in Regel 2 schon deutlich hingewiesen. Ebenso wenig wie beim Gehalt sollten Sie sich durch einen Ort blenden lassen und als Folge gewichtige Nachteile des Angebots übersehen.

Das Wichtigste in Kürze

- Sorgen Sie dafür, dass Sie immer das bestmögliche Zeugnis bekommen.
- Bewerben Sie sich möglichst aus einer ungekündigten Position.
- Fangen Sie rechtzeitig an sich zu bewerben, damit Sie sich möglichst nie unter Zeitdruck bewerben müssen.
- Bereiten Sie die Bewerbung vor, indem Sie Ihre Wunschposition bestimmen und eine Selbstpräsentation ausarbeiten.
- Nutzen Sie zur Jobsuche die Presse, das Internet und Ihr Netzwerk. Auch eine telefonische Initiativbewerbung kann sinnvoll sein. Beachten Sie die Hinweise dafür.
- Kontaktieren Sie auch Personalberater bei Ihrer Jobsuche. Beachten Sie die Regeln für den Umgang mit ihnen.
- Wählen Sie zwischen mehreren Angeboten nach folgenden Kriterien aus: Stellenbeschreibung, Aufstiegsmöglichkeiten, Sympathie für den zukünftigen Chef und Ruf des Unternehmens. Gehalt und Einsatzort sollten keine große Rolle spielen.

Regel 9

Bewerbungstaktik: So überzeugen Sie im Bewerbungsverfahren

In diesem Kapitel geht es um die Bewerbung um eine ganz konkrete Stelle. Sie erfahren zunächst, was Sie bei der Erstellung Ihrer schriftlichen Unterlagen beachten sollten. Im zweiten Teil wird Ihnen aufgezeigt, wie Sie im Vorstellungsgespräch überzeugen.

Um die beste Besetzung für eine bestimmte Position zu finden, gibt es eine Reihe von Auswahlverfahren. Zwei davon werden praktisch immer eingesetzt, nämlich die (Vor-)Auswahl auf der Grundlage schriftlicher Unterlagen und das Vorstellungsgespräch. Daneben gibt es weitere Verfahren, die aber nicht sehr verbreitet sind und auf die deshalb hier nicht weiter eingegangen wird: Assessment-Center (wird vor allem bei der *internen* Auswahl eingesetzt), Persönlichkeitstests, Referenzen und grafologische Gutachten.

Die perfekte Bewerbungsmappe

Unternehmen, die Stellenanzeigen aufgeben, erwarten üblicherweise, dass Bewerber vollständige Unterlagen einsenden. Darunter versteht man: ein Anschreiben, einen Lebenslauf mit Foto sowie Kopien aller relevanten Zeugnisse. Die Firma prüft die eingehenden Bewerbungen, um herauszufinden, wen sie in einem Gespräch näher kennen lernen möchte. Insofern besteht Ihr einziges Ziel bei der Erstellung schriftlicher Unterlagen darin, zu einem Vorstellungsgespräch eingeladen zu werden.

Dafür müssen Sie aus der Masse der anderen Bewerber herausragen. Dies schaffen Sie nur, wenn Ihre Unterlagen in *inhaltlicher* und *formaler* Hinsicht überzeugen. Die wichtigste inhaltliche Anforderung besteht darin, dass Ihre Bewerbung maßgeschneidert zur ausgeschriebenen Stelle passen muss. Ihr Anschreiben *und* Ihr Lebenslauf sollten möglichst genau auf die Anforderungen der Position ausgerichtet sein. Sie müssen überzeugend darlegen können, warum die Firma gerade Sie einstellen sollte, welchen besonderen Nutzen Sie ihr bringen könnten. Damit verbieten sich alle Formen von Standardanschreiben und Standardlebensläufen!

Versuchen Sie nicht, sich zu profilieren, indem Sie Ihre Bewerbung besonders kreativ gestalten (einzige Ausnahme: Bewerbungen in Bereichen der Werbung, in denen Kreativität unabdingbar ist). Bleiben Sie, was das Äußere angeht, beim seriösen Standard. Es kommt nur auf den Inhalt an: Wenn daraus hervorgeht, dass Sie ein höchst interessanter Kandidat sind, werden auch äußerlich langweilige Unterlagen die Bewerbungsempfänger in Verzückung versetzen.

Wie Unternehmen Bewerbungsunterlagen auswerten

Bei Analyse von Bewerbungsunterlagen versucht der Empfänger, sich ein möglichst umfassendes Bild des Kandidaten zu machen. Dabei geht es nicht nur darum, inwieweit sich das Qualifikationsprofil mit den definierten Anforderungen deckt, sondern es wird auch versucht, aus den Unterlagen Rückschlüsse auf gewisse Persönlichkeitsmerkmale zu ziehen. Hier einige Beispiele:

- Die Analyse des berufsqualifizierenden Zeugnisses und der Arbeitszeugnisse erlaubt Rückschlüsse auf Eigenschaften wie *Leistungsbereitschaft, Engagement und Ehrgeiz*. Wer vom Examen bis zum letzten Arbeitgeber durchgängig gute Noten und Beurteilungen vorweisen kann und alle Stationen zügig durchlaufen hat, zeigt, dass er bisher alles, was er anpackte, zum Erfolg führen wollte *und konnte*. Man nimmt daher an, dass dies sich auch in der Zukunft wiederholen wird.
- Wie in Regel 3 bereits gesagt wurde, lässt sich aus der Abfolge der einzelnen beruflichen Stationen auf die *Zielstrebigkeit* eines Bewerbers schließen.
- *Arbeitshaltung und -qualität*: Firmen betrachten Bewerbungen als Arbeitsprobe. Da es um Ihre ureigensten Interessen geht, nimmt der Bewerbungsempfänger an, dass Sie sich für Ihre Bewerbung in inhaltlicher und formaler Hinsicht die größte Mühe geben, ja dass sie überhaupt das Beste darstellt, was Sie in schriftlicher Form zu leisten imstande sind, Ihr »geistiges Maximum«. In den Worten des Karriereexperten Heiko Mell: »Irgendwelche Fehler (Rechtschreibung, Zeichensetzung, Logik etc.) bedeuten: ›So werde ich auch später wichtige Texte abfassen.‹«

Ihre Vorbereitung

Bevor Sie an die Formulierung des Anschreibens und Ihres Lebenslaufs gehen, sind einige Vorarbeiten nötig. Analysieren Sie zunächst genau den Wortlaut der Stellenanzeige, und markieren Sie alle aufgeführten Anforderungen. Diese lassen sich in zweierlei Hinsicht unterscheiden:

»Harte« und »weiche« Merkmale: Harte Kriterien sind solche, die objektiv bestimmbar und nachprüfbar sind, wie zum Beispiel ein bestimmter Studienabschluss, SAP-Kenntnisse, Führungserfahrung oder ein bestimmtes maximales Alter. Als weiche Merkmale bezeichnet man die in Regel 4 dargestellten nicht-fachlichen Kompetenzen. Es ist für den Bewerber nicht so einfach, ihr Vorhandensein nachzuweisen, aber es ist möglich.

Muss- und Soll-Kriterien: Muss-Kriterien sind solche, die vom Unternehmen als unabdingbar erachtet werden (»Wir setzen ... voraus.«) Wenn es genug qualifizierte Bewerber gibt, haben nur solche eine Chance, die alle Muss-Kriterien erfüllen. Sind diese Bewerber knapp, haben Sie unter Umständen auch eine Chance, wenn Sie eines der Kriterien nicht aufweisen. Soll-Merkmale werden zwar gerne gesehen (»Wünschenswert wäre ...«), man muss diese aber nicht unbedingt erfüllen. Allerdings entscheidet auch hier die Bewerberlage, wie wichtig die Erfüllung der Soll-Kriterien ist, um den Job zu bekommen.

Die beiden Einteilungen der Anforderungen sind voneinander unabhängig, das bedeutet: Sowohl harte als auch weiche Merkmale können Muss- oder Soll-Kriterien sein. So ist beispielsweise das weiche Merkmal Kommunikationsstärke für die Position eines Vertriebsingenieurs oft ein Muss (»Wir suchen den kommunikationsstarken Ingenieur«), während das harte Merkmal Branchenerfahrung im Einzelfall lediglich ein Soll-Kriterium sein kann (»Erfahrungen in unserer Branche sind von Vorteil«).

Der nächste Schritt besteht darin, sämtliche Anforderungen mit dem eigenen Kompetenzprofil zu vergleichen. Wenn Sie Ihre Erfahrungen und Stärken sorgfältig analysiert und Ihre allgemeine Selbstpräsentation (siehe Regel 8) ausgearbeitet haben, wird Ihnen dieser Abgleich nicht schwer fallen.

Die weichen Kriterien sollten Sie mit konkreten Beispielen aus Ihrer beruflichen Praxis belegen können. (Auch hier helfen Ihnen die Vorarbeiten, die Sie bei Ihrer Stärkenanalyse geleistet haben.) Ohne solche Beispiele werden Ihre Aussagen zu Floskeln, wie etwa: »Teamgeist und Kommunikationsstärke können Sie bei mir voraussetzen.« In manchen Fällen lassen sich mehrere Kriterien durch ein gemeinsames Beispiel darstellen, etwa: »Als Projektleiter führte ich ein Team von gleichrangigen Kollegen aus den Abteilungen X, Y und Z. Das Projekt wurde im vorgegebenen Zeit- und Kostenrahmen erfolgreich beendet. Dies erforderte Überzeugungskraft und Belastbarkeit.«

Anschreiben und Lebenslauf müssen nicht nur auf die ausgeschriebene Stelle ausgerichtet, sondern auch aufeinander abgestimmt sein. Mit anderen Worten: Alles, was im Anschreiben behauptet wird, muss auch im Lebenslauf belegt werden. Umgekehrt gilt das aber nicht. Das Anschreiben sollte nur die Kerninhalte Ihres Lebenslaufs enthalten.

Achten Sie darauf, dass Sie alle wichtigen Aspekte Ihrer Qualifikation für die Stelle in beiden Texten deutlich herausstellen, sodass auch ein Laie (Personalverantwortliche sind dies oft, wenn es um hoch spezialisierte Jobs geht) sie ohne Mühe erkennen kann. Vertrauen Sie nicht darauf, dass die entsprechenden Informationen in Ihren Zeugnissen stehen und der Bewerbungsempfänger diese auch lesen wird. Das macht er nur dann, wenn Sie ihn vorher mit Ihrem Anschreiben und Ihrem Lebenslauf überzeugt haben, dass sich das auch lohnt.

Vorab anrufen?

Es kann notwendig sein, vorab bei der Firma oder beim beauftragten Personalberater anzurufen, um herauszufinden, ob eine Bewerbung wirklich sinnvoll ist. Dies sollten Sie tun, wenn die Anzeige Fragen in zwei Bereichen offen lässt:

Ihre K.-o.-Kriterien: Zum Beispiel schließen Sie bestimmte Regionen für Ihren neuen Arbeitsplatz aus, oder Sie sind nicht bereit, mehr als ein bestimmtes Maß an Reisetätigkeit zu akzeptieren.

Die K.-o.-Kriterien der Firma: Sie wollen herausfinden, ob eine bestimmte Anforderung, die Sie ganz oder teilweise nicht erfüllen, ein Ausschlusskriterium darstellt, ob Sie also mit Ihrer Bewerbung überhaupt eine Chance hätten. Eine solche Frage kann für Sie jedoch unter Umständen nachteilig sein. Um sie zu beantworten, müsste der Personalverantwortliche die Bewerberlage und vor allem Ihre Gesamtqualifikation genau kennen. Wenn es Ihnen nicht gelingt, mit einer guten Selbstpräsentation am Telefon zu überzeugen, rät er Ihnen möglicherweise von einer Bewerbung ab, obwohl Sie vielleicht mit einer erstklassigen schriftlichen Bewerbung doch eine Chance gehabt hätten.

Bevor Sie anrufen, prüfen Sie nochmals ganz genau, ob die gesuchte Information nicht doch in der Anzeige enthalten ist. Es macht einen sehr schlechten Eindruck, wenn aus Ihrer Frage hervorgeht, dass Sie die Anzeige nicht sorgfältig gelesen haben.

Tipps für Ihren Erfolg

- Sie müssen Anschreiben und Lebenslauf auf die Anforderungen der Stelle hin maßschneidern. Beide müssen ebenfalls aufeinander abgestimmt sein.
- Analysieren Sie genau den Wortlaut der Anzeige; identifizieren Sie die Muss- und die Soll-Kriterien.
- Belegen Sie mit konkreten Beispielen, dass Sie die weichen Kriterien erfüllen.

Das Anschreiben

Das Anschreiben soll Interesse wecken und Lust auf die intensive Prüfung von Lebenslauf und Zeugnissen machen. Der Leser wird dies umso lieber tun, wenn Ihnen im Anschreiben die Darstellung Ihrer fachlichen und persönlichen Vorzüge gelingt. Allerdings gilt das nur für Adressaten, die zuerst das Anschreiben lesen. Wenn es auf ein Stelleninserat sehr viele Bewerbungen gibt, gehen Empfänger oft umgekehrt vor. Sie beginnen mit der Lektüre der Lebensläufe und schauen sich nur bei den interessanten Kandidaten auch das Anschreiben an. In diesem Fall sucht der Leser im Anschreiben eine Bestätigung des guten Eindrucks, den der Lebenslauf vermittelt hat.

Inhaltliche Anforderungen an das Anschreiben

Argumentieren Sie in Ihrem Anschreiben immer aus der Perspektive des Unternehmens. Stellen Sie dar, welchen Nutzen Sie ihm verschaffen können. Bedenken Sie: Es geht nicht darum zu erklären, was Sie suchen, sondern was Sie der Firma zu bieten haben.

Gehen Sie Punkt für Punkt auf die in der Anzeige geforderten Kompetenzen ein. Zeigen Sie auf, in welcher Weise Sie die gestellten Anforderungen erfüllen. Verwenden Sie dabei möglichst viele der Schlüsselbegriffe aus der Aufgabenbeschreibung und dem Anforderungsprofil. Damit zeigen Sie, dass Sie sich intensiv mit den Erfordernissen befasst und Ihre Bewerbung auf die Bedürfnisse der Firma zugeschnitten haben.

Es kann vorkommen, dass Sie eine besondere Kompetenz haben, die nicht im Anzeigentext erwähnt wird, die aber für den Erfolg in der Position nützlich ist. Diese sollten Sie natürlich nennen, denn es stärkt Ihr Profil und hilft Ihnen, aus der Masse der Bewerber herauszuragen – und sei es nur durch den »Kandidat-denkt-mit-Effekt«, wie die Bewerbungsberater Christian Püttjer und Uwe Schnierda es nennen. Dieser Tipp gilt besonders, wenn es sich um eine nicht alltägliche Qualifikation handelt. Vermeiden Sie es hingegen, Qualifikationen aufzuführen, die nichts mit der ausgeschriebenen Position zu tun haben.

Wenn Sie eine Anforderung, insbesondere ein Muss-Kriterium nicht erfüllen, empfiehlt es sich, im Anschreiben darauf einzugehen. Auch dadurch wird deutlich, dass Sie sich mit den Anforderungen auseinander gesetzt und folglich das Problem erkannt haben. Legen Sie dar, warum Sie trotz dieses Mankos ein hervorragend geeigneter Kandidat für die Stelle sind. Erwähnen Sie zum Beispiel, welche *vergleichbaren* Erfahrungen Sie gemacht haben oder an welchen Fortbildungsmaßnahmen Sie teilnehmen würden, um die Anforderung später zu erfüllen (falls dies im Einzelfall möglich und sinnvoll ist). Ein Tipp: Sprechen Sie diese Abweichung vom Anforderungsprofil erst gegen Ende Ihres Anschreibens an. Beginnen Sie immer mit den positiven Informationen. Haben Sie so das Interesse des Lesers geweckt, fällt der negative Aspekt nicht mehr so stark ins Gewicht. Würden Sie hingegen mit Negativem anfangen, liest der Empfänger Ihre Bewerbung gar nicht erst bis zum Ende.

Alle in der Anzeige geforderten Angaben sollten Sie liefern. Dies gilt für ausdrücklich gewünschte Informationen, wie zum Beispiel den frühesten Eintrittstermin oder Ihren Gehaltswunsch. Es gilt aber auch für die einzelnen Anforderungen; mit anderen Worten: Ihr Anschreiben und Ihr Lebenslauf sollten keine Frage offen lassen. Sonst sinken Ihre Chancen, eingeladen zu werden, erheblich.

Selbstverständlich müssen alle Angaben stimmen, aber es kann, um es mit den Worten von Heiko Mell zu sagen, verschiedene »Versionen der Wahrheit« geben. Konkret heißt das: Bestimmte Dinge können Sie erwähnen oder außen vor lassen, besonders betonen oder herunterspielen, in unterschiedlicher Weise beschreiben – je nachdem wie es am besten zu den Anforderungen passt. Besonders viel Gestaltungsspielraum haben Sie hinsichtlich Ihrer aktuellen Position, da über diese kein Zeugnis vorliegt. Hier können Sie zum Beispiel einzelne Verantwortungsbereiche weglassen oder hervorheben. Beachten Sie aber bei allem, dass Sie nicht bewusst einen falschen Eindruck erwecken dürfen.

Beschreiben Sie Ihre beruflichen Tätigkeiten, Erfahrungen und Erfolge sachlich und neutral, dass heißt: ohne sie zu bewerten. Überlassen Sie dem Leser die Beurteilung Ihrer Angaben. Er wird es ganz automatisch tun. Gute Leistungen wird auch er positiv sehen, warum denn nicht? Vermeiden Sie, sich selbst zu loben oder zu übertreiben. Sie erzeugen damit einen schlechten Eindruck und fordern nur den Lesern zum Widerspruch heraus. Statt Ihnen zu glauben, wird er in Ihren Unterlagen nach Hinweisen suchen, dass Sie übertreiben.

Formale Anforderungen an das Anschreiben

Das Anschreiben sollte nicht länger als eine Seite sein (höchstens anderthalb Seiten) und in der Aufmachung einem seriösen Geschäftsbrief entsprechen. Verwenden Sie also nur *eine* Schriftgröße und Typografie. Des Weiteren sollten Sie Spielereien mit Fett- oder Kursivschrift und Unterstreichungen vermeiden. Einzige Ausnahme ist die Betreffzeile, hier sollten Sie Fettschreibung wählen. Erleichtern Sie dem Leser die Arbeit: Schreiben Sie in kurzen Sätzen und bilden Sie thematische Blöcke (Absätze), die Sie durch Leerzeilen trennen.

Wenn es irgend geht, sollten Sie das Anschreiben an eine konkrete Person richten. Erfragen Sie falls notwendig telefonisch den Namen des zuständigen Ansprechpartners in der Personalabteilung. Ihr Anschreiben muss fehlerfrei sein, darf also keine Rechtschreib-, Grammatik- oder Ausdrucksfehler enthalten. Achten Sie besonders auf die richtige Schreibweise der Firma (einschließlich der Rechtsform, etwa »Anton Müller GmbH« statt »Fa. Müller«) und des Adressaten. Gefährlich sind die Tücken der Textverarbeitung: Wenn Sie Textbausteine verwenden, achten Sie darauf, dass im neuen Text alles richtig zusammenpasst.

Die formalen Anforderungen sind hoch. Jede Form von Schlampigkeit kann dazu führen, dass Ihre Bewerbung sofort ohne nähere Prüfung aussortiert wird, denn man schließt von der Qualität Ihres Anschreibens direkt auf Ihre Arbeitsweise.

Tipps für Ihren Erfolg

- Gehen Sie im Anschreiben auf alle genannten Anforderungen ein. Zeigen Sie auf, wie gut Sie diese erfüllen. Benutzen Sie dabei so viele Schlüsselbegriffe wie möglich.
- Wenn Sie eine wichtige Anforderung nicht erfüllen, gehen Sie darauf ein, allerdings erst am Ende des Anschreibens. Begründen Sie, warum Sie trotzdem für die Stelle gut geeignet sind.
- Beschreiben Sie Ihre Kompetenzen und Erfolge, ohne sie zu bewerten.
- Beachten Sie die hohen formalen Anforderungen an das Anschreiben.

Lebenslauf und Zeugnisse

Ihren Lebenslauf sollten Sie stichwortartig in tabellarischer Form erstellen. Er muss ab dem Studienabschluss lückenlos sein, das bedeutet, dass Sie den gesamten Zeitraum bis heute muss durch Zeugnisse oder andere Dokumente belegen, aus denen die Beschäftigungszeit hervorgeht. Empfehlenswert ist die Darstellung aller Zeitpunkte mit Monatsangaben, zum Beispiel »08/1999 – 06/2001 Kaufmännische Lehre bei ...« Wenn Sie nur die Jahre erwähnen, wird man annehmen, dass Sie eine Beschäftigungslücke (etwa durch Arbeitslosigkeit verursacht) verbergen wollen.

Im Allgemeinen gibt man im Lebenslauf keine Gründe für das Ausscheiden aus einem Unternehmen an. Eine Ausnahme kann man machen, um eine besonders kurze Beschäftigungszeit gut zu begründen.

Gliedern Sie Ihren Lebenslauf in folgende Themenblöcke:

- persönliche Daten, einschließlich Adresse, Telefonnummer und Ähnlichem, da manche Personalabteilungen Lebensläufe ohne Anschreiben an die Fachabteilungen weiterleiten
- Schule, Wehrdienst, Ausbildung, Studium
- Berufstätigkeit
- Weiterbildung, Zusatzqualifikationen (insbesondere Sprachen, EDV-Kenntnisse) und Sonstiges (zum Beispiel Ehrenämter)

Innerhalb der Blöcke sollten Sie alle Stationen chronologisch aufführen. Hierbei stellt sich die Frage, ob dies im Zeitablauf vorwärts oder rückwärts geschehen sollte. In Deutschland ist die Vorwärts-Darstellung der Berufstätigkeit üblich. Sie beginnt mit dem ersten Job nach dem Studium. Die in den USA verbreitete umgekehrte Reihenfolge nennt zuerst die aktuelle Tätigkeit. Beides ist möglich und hat seine spezifischen Vorteile. Bei der Vorwärts-Darstellung wird die Entwicklung der Karriere, besonders wenn sie gradlinig verlief, leichter erkennbar. Im Fall der Rückwärts-Darstellung springt die geforderte Qualifikation sofort ins Auge, falls der derzeitige Job die optimale Voraussetzung für die offene Stelle ist. Falls Sie sich für die amerikanische Version entscheiden, sollten Sie im Gegensatz zur obigen Empfehlung mit dem Block »Berufstätigkeit« anfangen und den Block »Schule, Wehrdienst, Ausbildung, Studium« erst danach folgen lassen.

Beschränken Sie sich bei der Darstellung der einzelnen Stationen Ihrer Berufstätigkeit nicht nur auf den Firmennamen und die Bezeichnung der Position, sondern stellen Sie darüber hinaus mit wenigen Stichworten dar, welches Ihre wichtigsten Aufgaben waren, welche Erfahrungen Sie gesammelt und welche Erfolge Sie erzielt haben. Dies gilt auch, wenn Sie mehrere Jobs oder Karriereschritte im gleichen Unternehmen gemacht haben.

Richten Sie den Lebenslauf auf die Anforderungen aus

Es wurde schon in den vorherigen Abschnitten betont: Sie sollten nicht nur das Anschreiben, sondern auch Ihren Lebenslauf auf die Anforderungen der ausgeschriebenen Stelle hin formulieren. Das bedeutet konkret: Vergleichen Sie die geforderten Merkmale mit Ihren bisherigen Tätigkeiten und Kenntnissen. Beschreiben Sie *die* Stationen und Kompetenzen ausführlicher, die wichtig im Hinblick auf die Anforderungen der neuen Stelle sind, und skizzieren Sie die übrigen nur ganz knapp. Benutzen Sie auch im Lebenslauf so viele Schlüsselwörter aus der Anzeige wie möglich. Die Bewerbungsspezialisten Christian Püttjer und Uwe Schnierda raten: »Sie überzeugen mit Ihrem Lebenslauf dann, wenn Sie Ihrem zukünftigen Arbeitgeber klarmachen, dass Sie in Ihrer jetzigen Position und vorher genau die Tätigkeiten ausgeübt haben, die für die zu vergebende Position wichtig sind.« Mit anderen Worten: Es geht darum, den Lebenslauf so zu gestalten, dass er möglichst gut zu der ausgeschriebenen Position passt – ohne zu lügen oder einen falschen Eindruck zu erwecken!

Ein weiterer Tipp: Erwähnen Sie nur die Weiterbildungsmaßnahmen, die für die Position relevant sind und deren Abschlussdatum noch nicht zu lange zurückliegt.

Hobbys haben im Lebenslauf normalerweise nichts zu suchen. Einzige Ausnahme: Das Hobby hat einen direkten Bezug zur ausgeschriebenen

Stelle. Wenn Sie beispielsweise Ski fahren, sollten Sie dies bei einer Bewerbung als Vertriebsleiter eines Skiherstellers erwähnen.

Die Hinweise zu den formalen Anforderungen des Anschreibens gelten natürlich auch für den Lebenslauf. Unterschreiben Sie den Lebenslauf auf der letzten Seite mit aktueller Datumsangabe. Dadurch wirkt er authentischer und individualisierter.

Zeugnisse und Zertifikate

Im Prinzip muss alles, was im Lebenslauf steht, durch Zeugnisse und Nachweise belegt sein, besonders natürlich die früheren Beschäftigungen. Es gibt nur wenige Ausnahmen von dieser Regel, zum Beispiel bei Sprach- und EDV-Kenntnissen. Hier reicht eine Selbsteinstufung, die allerdings mit Begründung noch glaubwürdiger wird. Von den Schul- und Ausbildungszeugnissen müssen Sie nur das berufsqualifizierende beilegen, also den Gesellenbrief oder das Diplomzeugnis (mit allen Noten). Ein Schulabschlusszeugnis wie das Abiturzeugnis sollten Sie nur hinzufügen, wenn es besonders gut ist, sonst können Sie es weglassen.

Für Ihre aktuelle Tätigkeit brauchen Sie kein Zeugnis, es sei denn, Sie sind schon viele Jahre bei dem Arbeitgeber beschäftigt. Dann empfiehlt es sich, ein Zwischenzeugnis beizulegen – sofern Sie ein gutes haben. Vermeiden Sie auf jeden Fall, der Beschreibung Ihrer derzeitigen Tätigkeit oder aus anderen Gründen betriebsinterne vertrauliche Dokumente beizufügen. Der Bewerbungsempfänger wird natürlich irritiert annehmen, dass Sie so etwas bei ihm auch tun würden.

Für alle Zeugnisse und Bescheinigungen genügen unbeglaubigte Kopien in guter Qualität. Sie sollten sie als Anlagen zum Lebenslauf in der gleichen Reihenfolge sortieren, in der die dazu gehörigen Sachverhalte im Text genannt werden. So erleichtern Sie dem Leser das Überprüfen Ihrer Angaben.

Tipps für Ihren Erfolg

- Richten Sie auch den Lebenslauf auf die Anforderungen hin aus.
- Beschreiben Sie jede berufliche Station in knappen Stichworten: Aufgaben, Erfahrungen, Erfolge.
- Jede Station des Lebenslaufs sollte durch ein Zeugnis oder eine Bescheinigung belegt sein.

Das Bewerbungsfoto

Das Bewerbungsfoto ist ein wichtiger Bestandteil Ihrer Unterlagen, kann es doch – je nach Qualität – beim Bewerbungsempfänger Sympathie oder Antipathie für Ihre Person erzeugen. Deshalb sollten Sie unbedingt von einem Fotografen Porträtfotos in Farbe machen lassen. Besonders hochwertig wirken solche mit weißem Rand. Polaroids reichen in keinem Fall! Lassen Sie den Profi eine Reihe von Aufnahmen machen und auf einem so genannten Kontaktbogen entwickeln. Suchen Sie sich dann für die Abzüge das beste Foto aus, eventuell mithilfe eines guten Freundes.

Lächeln Sie freundlich und versuchen Sie, in Körperhaltung und Gesichtsausdruck eine gewisse Dynamik auszustrahlen – so erzeugen Sie spontane Sympathie beim Betrachter. Ihre Kleidung sollte dem entsprechen, was Sie später im Job tragen werden. Für Männer, die sich um Managementpositionen bewerben, heißt das Hemd, Krawatte und Jackett, für Frauen analog Bluse und Kostümjacke. Falls Sie unsicher sind, entscheiden Sie sich für die seriösere Variante.

Wie Sie im Vorstellungsgespräch überzeugen

Wenn Sie zum Vorstellungsgespräch eingeladen werden, heißt das, dass Sie grundsätzlich als Kandidat infrage kommen. Ihr fachliches Kompetenzprofil, wie Sie es in Ihren schriftlichen Unterlagen skizziert haben, entspricht den Anforderungen. Nun soll Ihre persönliche Eignung für die Position geprüft werden. Das Gespräch dient dazu, sich gegenseitig kennen zu lernen und zu sehen, ob man wirklich zueinander passt. Es wird in der Regel von je einem Verantwortlichen aus der Personalabteilung und der Fachabteilung – meist Ihr potenzieller zukünftiger Chef – geführt. Entweder sprechen Sie nacheinander mit beiden oder es gibt ein gemeinsames Gespräch.

Seien Sie Sie selbst

Im Mittelpunkt des Interesses Ihrer Gesprächspartner steht Ihre Persönlichkeit. Aus dem, *was* Sie sagen und *wie* Sie es sagen, schließen diese auf Ihre soziale Kompetenz und Ihre karriererelevanten Persönlichkeitsmerkmale. Beispielsweise beobachten sie, wie souverän Sie auftreten und sich in einer schwierigen Gesprächssituation wie dieser verhalten. Zudem erkennt man im Gespräch Ihre Kommunikationsstärke, also Ihr sprachliches Ausdrucksvermögen und Ihre Fähigkeit, intelligente Fragen zu stellen und aktiv zuzuhören. Eigenschaften wie Initiative, Ehrgeiz und Dynamik lassen sich ebenfalls aus Ihrem Gesprächsverhalten ableiten.

Geben Sie sich im Gespräch ganz natürlich und seien Sie authentisch. Versuchen Sie nicht, sich zu verstellen, nur um den Job zu bekommen. Im Normalfall bewerben Sie sich aus gesicherter, ungekündigter Position. Sie hätten den Job zwar gern, sind aber nicht darauf angewiesen, unbedingt diese Stelle zu bekommen. Deshalb ist es kein Drama, wenn die andere Seite feststellt, dass Sie nicht zueinander passen.

Professionelle Gesprächspartner merken im Laufe des Gesprächs, wenn jemand versucht, sich anders zu geben, als er wirklich ist. In diesem Fall verlieren Sie Ihre Glaubwürdigkeit, und das Gespräch endet ohne Erfolg. Aber selbst wenn es Ihnen gelänge, die Stelle durch Verstellung zu ergattern – Sie hätten auf die Dauer keine Freude daran. Denn Ihr neuer Chef würde die vorgegaukelten Eigenschaften und Verhaltensweisen dauerhaft bei Ihrer Arbeit erwarten. Da man aber im Regelfall die Verstellung langfristig nicht durchhält, riskiert man das Scheitern nach kurzer Zeit.

Es wurde in Regel 3 bereits betont: Eine Vertragsauflösung nach kurzer Betriebszugehörigkeit ist für Ihren Lebenslauf sehr problematisch. Das ist für Ihre Karriere deutlich negativer, als den Job nicht zu bekommen. Sehen Sie eine Ablehnung deshalb nicht als Niederlage.

Zeigen Sie immer uneingeschränktes Interesse

Zeigen Sie, soweit möglich, im Gespräch Begeisterung für die Aufgabe. Sie sollten Ihr aktives Interesse an der Firma und der Position deutlich werden lassen. Stellen Sie beispielsweise gezielte Fragen. Sollten Sie hinsichtlich bestimmter Aspekte des Jobs Vorbehalte haben, dürfen Sie diese auf keinen Fall erkennen lassen. Unternehmen suchen Kandidaten, die die angebotene Position uneingeschränkt haben wollen. Bewerber, die im Gespräch Zweifel durchblicken lassen, wird man nicht einstellen.

Machen Sie immer deutlich, dass Sie stark an der Stelle interessiert sind – auch wenn Sie sich parallel weiter bewerben und eigentlich eine andere Position bevorzugen. Wenn man Ihnen die idealere Stelle anbietet, können Sie hier immer noch absagen. Aber man weiß nie, wie es kommt. Vielleicht erhalten Sie die bessere Stelle nicht; dann werden Sie froh sein, wenigstens Ihre zweite Wahl ergreifen zu können.

Die Gegenseite verhält sich übrigens genauso. Solange nicht alle Kandidatengespräche stattgefunden haben und Ihre Gesprächspartner sich nicht entschieden haben, werden sie sich gegenüber allen interessanten Bewerbern im Gespräch so verhalten, als seien dies die Wunschbewerber. Begehen Sie nicht den Fehler, aus einer zuvorkommenden Behandlung und einem guten Gesprächsverlauf automatisch zu schließen, Sie hätten bereits die Zusage.

So bereiten Sie sich optimal vor

Auch für Vorstellungsgespräche gilt: Je besser Sie vorbereitet sind, desto größer sind Ihre Erfolgschancen. Die Vorbereitung umfasst folgende Einzelschritte:

- *Informieren Sie sich gründlich über das Unternehmen*: Je mehr Sie im Gespräch darlegen können, dass Sie sehr gut über die Firma Bescheid wissen, desto stärker werden Sie Ihre Gesprächspartner beeindrucken. Es kann auch vorkommen, dass man Sie direkt fragt: »Was wissen Sie über unser Unternehmen?« Darüber hinaus hilft Ihnen dieses Wissen, in Ihrer Selbstpräsentation optimal darzustellen, wie gut Sie zur ausgeschriebenen Position passen. Informieren Sie sich im Internet, lesen Sie Geschäftsberichte, Produktkataloge oder Imagebroschüren.
- *Üben Sie Ihre Selbstpräsentation*: Lesen Sie dazu nochmals intensiv die Stellenanzeige. Berücksichtigen Sie auch sonstige Informationen, die Sie über die Aufgabe und die Anforderungen in Erfahrung bringen konnten. Achten Sie darauf, dass Ihre Selbstdarstellung nicht auswendig gelernt klingt.
- *Überlegen Sie sich Antworten auf Standardfragen*: Es gibt eine ganze Reihe von Fragen, die immer wieder in Vorstellungsgesprächen gestellt werden. Manche davon sind sachlicher Natur, mit anderen will man Ihr Verhalten in Stresssituationen testen. Die wichtigsten sind weiter unten aufgeführt. Wenn Sie wissen, wie Sie antworten wollen, gehen Sie ruhiger und gefasster in das Gespräch.
- *Bedenken Sie Antworten auf Fragen zu Ihrem Lebenslauf:* Wenn Ihr Lebenslauf Brüche, problematische Phasen oder kritische Punkte aufweist, wird man Sie mit Sicherheit danach fragen. Begründen Sie Ihre früheren Entscheidungen in nachvollziehbarer Weise. Geben Sie ruhig auch einmal zu, einen Fehler begangen zu haben. Eigene Fehler einzugestehen heißt, sie nicht bei anderen zu suchen. Damit demonstrieren Sie Selbst-

vertrauen und Souveränität. Wenn Sie dabei noch aufzeigen, was Sie daraus gelernt haben, um so besser.

- *Schreiben Sie Ihre Fragen auf*: Welche Fragen wollen *Sie* Ihren Gesprächspartnern stellen? Schreiben Sie diese auf, damit Sie im Gespräch keine vergessen.

Tipps für Ihren Erfolg

- Verstellen Sie sich nicht im Vorstellungsgespräch.
- Zeigen Sie immer starkes Interesse an der Position.
- Informieren Sie sich gründlich über das Unternehmen.
- Üben Sie Ihre Selbstpräsentation.
- Üben Sie Antworten auf Standardfragen.
- Überlegen Sie, welche Fragen Ihr Lebenslauf aufwirft und halten Sie Antworten parat.
- Zeigen Sie Ihr Interesse an der ausgeschriebenen Stelle, indem Sie selbst Fragen stellen. Schreiben Sie diese auf.

So meistern Sie alle Gesprächsklippen

Vorstellungsgespräche laufen in vielen Fällen nach einem ähnlichen Schema ab, besonders wenn sie von Personalprofis in größeren Firmen durchgeführt werden. Die einzelnen Bestandteile werden meist auch in der folgenden Reihenfolge durchgeführt:

- Begrüßung und ein wenig Small Talk zur Auflockerung der Atmosphäre (»Wie war Ihre Anreise?«). Auch Ihren Gesprächspartnern liegt daran, dass Sie möglichst schnell Ihre anfängliche Nervosität ablegen können.
- Kurze Selbstdarstellung der Firma. Meist endet sie mit einer Begründung, warum jetzt die Position zu besetzen ist.
- Beschreibung der Position und Darstellung des Anforderungsprofils. Letzteres ist im Wesentlichen eine Wiederholung des Anzeigentextes. Hingegen enthält die Beschreibung der Aufgaben, des Verantwortungsbereichs und der organisatorischen Eingliederung oft eine Reihe neuer Informationen für Sie.
- Selbstdarstellung des Bewerbers. Hier kommt Ihre Selbstpräsentation zum Einsatz.

- Fragen an den Bewerber zu seinem Lebenslauf und seinen Kompetenzen.
- Fragen des Bewerbers. Zuletzt ist die Reihe an Ihnen, Fragen zu stellen, soweit sich die Antworten nicht bereits aus dem Gespräch ergeben haben.

Wenn Sie mit Personal- und Fachabteilung getrennt Gespräche führen, werden Sie immer wieder feststellen, dass die Führungskräfte der Fachabteilung das Gespräch weniger strukturiert führen. Auch sind sie oft mehr an Fachfragen interessiert. Gerade wenn Sie aus der gleichen Branche kommen, haben Sie hier die Gelegenheit, Ihren Gesprächspartner durch Fachsimpeln zu beeindrucken.

Machen Sie einen guten ersten Eindruck

Die ersten Sekunden und Minuten des Kennenlernens sind von großer Wichtigkeit für den Verlauf eines Gesprächs zwischen zwei Personen. In dieser kurzen Zeit entscheidet sich, wie sympathisch Sie sich gegenseitig finden. Sie selbst können zwar nicht beeinflussen, wie sympathisch der andere Ihnen ist. Aber Sie können sehr viel dafür tun, dass Ihr Gesprächspartner einen guten Eindruck von Ihnen hat.

Das fängt mit Ihrem Erscheinungsbild an, also Ihrer Kleidung und Ihrem gepflegten Äußeren. Tragen Sie hochwertige Kleidung, denn Sie drücken damit aus, wie sehr Sie Ihre Gesprächspartner respektieren und wie wichtig Ihnen der Anlass ist.

Treten Sie freundlich und selbstbewusst auf, das heißt weder unterwürfig oder anbiedernd noch überheblich. Ihre Körperhaltung sollte aufrecht und dem anderen zugewandt sein. Suchen Sie den Blickkontakt und vor allem: *Lächeln Sie!* Es gibt nichts, womit Sie einen Fremden besser spontan für sich einnehmen können, als ihn freundlich anzulächeln.

Noch etwas: Zum guten ersten Eindruck gehört auch, dass Sie pünktlich erscheinen. Ein Stau ist keine Entschuldigung. Planen Sie also bei Ihrer Anreise großzügig Reservezeit ein.

Der Einsatz Ihrer Selbstpräsentation

»Erzählen Sie uns bitte etwas über sich.« Diese Aufforderung gehört praktisch zu jedem Vorstellungsgespräch. Sie haben jetzt ungefähr 5 bis 7 Minuten Zeit, Ihren beruflichen Werdegang darzustellen. Sie können etwas ausführlicher werden als in Ihren schriftlichen Unterlagen, aber die Grundregel ist die Gleiche: Zeigen Sie knapp und präzise auf, dass Ihre Erfahrungen und erworbenen Kompetenzen optimal zur Stelle passen. Stellen Sie Ihre berufliche Entwicklung so dar, dass sie genau zu der zu besetzenden Stelle hinführt. Nennen Sie konkrete Fakten als Belege und bringen Sie Beispiele für Ihre Stärken. Werden Sie nicht ausufernd, sondern kommen Sie auf den Punkt.

Bereiten Sie sich gründlich vor. Denn die erfolgreiche Selbstdarstellung im Gespräch, das »sich Verkaufen«, ist nicht so sehr eine Frage der Eloquenz, sondern beruht zuallererst auf der vollständigen gedanklichen Durchdringung der Fragestellung »Warum bin ich der optimale Kandidat für diese Position?«

Typische Fragen von Unternehmen

Der Umgang mit Standard- und Stressfragen lässt sich vorher einüben, das wurde oben erwähnt. Die ganze Fülle derartiger Fragen darzustellen, würde den Rahmen dieses Buches sprengen.[5] Die wichtigsten und am häufigsten gestellten Fragen sind jedoch nachfolgend aufgeführt. Sie betreffen:

1. Ihre Gründe für den Stellenwechsel,
2. Ihre Eignung für die Position,
3. Ihre Stärken und Schwächen.

Ihre Gründe für den Stellenwechsel: »Warum haben Sie sich auf diese Stelle beworben?« oder »Warum wollen Sie Ihre jetzige Position aufgeben?« sind typische Formulierungen, um nach Ihren Motiven zu fragen. Argumentieren Sie hier immer zukunftsorientiert, nie mit Blick auf die Vergangenheit. Erwähnen Sie also nicht die Probleme mit Ihrem Chef, Ihre Unzufriedenheit mit den Arbeitsbedingungen, das schlechte Betriebsklima oder die Tatsache, dass man Sie bei einer Beförderung übergangen hat. So wahr diese Gründe sein mögen, sie haben in einem Bewerbungsgespräch aus mehreren Gründen nichts zu suchen. Erstens würden sich Ihre Gesprächspartner zwangsläufig fragen, inwieweit Sie (mit-)verantwortlich für die negativen Tatsachen sind. Zweitens interessiert es sie eigentlich gar nicht, was für Probleme es in anderen Firmen gibt. Sie haben genug eigene und suchen jemanden, der ihnen hilft, sie zu lösen. Drittens müssten Ihre Gesprächspartner befürchten, dass Sie in der Zukunft auch schlecht über sie reden könnten. Und viertens würde die Atmosphäre unter Ihrem Gemecker über Ihren bisherigen Arbeitgeber leiden.

Reden Sie im Vorstellungsgespräch nie schlecht über Ihre bisherigen Arbeitgeber.

Das gilt auch, wenn man Ihnen mit Stressfragen negative Äußerungen über Ihre jetzige Firma entlocken will; beispielsweise: »Was stört Sie an Ihrer derzeitigen Firma/an Ihrem jetzigen Chef?« Begründen Sie Ihre Bewerbung immer damit, das Sie ehrgeizig sind und beruflich weiterkommen wollen. Argumentieren Sie also mit Blick auf die Zukunft. Stellt die ausgeschriebene Position eine Beförderung für Sie dar, leuchtet dieses Argument jedem ein. Bewerben Sie sich hingegen um eine Stelle auf gleicher Ebene, fällt die Begründung etwas schwerer. Argumentieren Sie zum Beispiel damit, dass

- Sie neue Erfahrungen sammeln möchten, um Ihre berufliche Kompetenz zu steigern,
- Sie Ihre bisher erworbenen Fachkenntnisse oder nicht-fachliche Kompetenzen noch wirkungsvoller einsetzen möchten, um noch erfolgreicher zu werden,
- Ihnen der neue Arbeitgeber Aufstiegsmöglichkeiten in Aussicht stellt, die Sie bei Ihrer jetzigen Firma objektiv nicht haben (zum Beispiel, weil Ihr Vorgesetzter der Eigentümer ist).

Ihre Eignung für die Position: »Was qualifiziert Sie für diese Stelle?« »Warum sollten wir gerade Sie einstellen?« Mit diesen Fragen versucht man herauszufinden, wie intensiv Sie sich einerseits mit Ihren Erfahrungen und Kompetenzen sowie andererseits mit den Aufgaben und Anforderungen der zu besetzenden Position auseinander gesetzt haben. Wenn Sie Ihre Selbstpräsentation gut vorbereitet haben, sollte Ihnen die Beantwortung dieser Fragen leicht fallen.

Ihre Stärken und Schwächen: »Nennen Sie uns bitte drei Ihrer Stärken und Schwächen.« Bei den Stärken sollten Sie solche aufführen, die für den Erfolg in der angestrebten Position ausschlaggebend sind. Belegen Sie Ihre Behauptungen durch Beispiele aus Ihrer Berufspraxis.

Die Aufforderung, Schwächen anzugeben, hat schon ein wenig den Charakter einer Stressfrage. Niemand spricht gern über seine Mankos. Mit dieser Frage will man aber unter anderem Ihre Fähigkeit zur Selbstreflexion und Selbstkritik prüfen. Wenn Sie nach mehreren Schwächen gefragt werden, nennen Sie zunächst nur eine. Wählen Sie eine, die beruflich relevant, aber nicht von entscheidender Bedeutung ist. Relativieren Sie sie mit Ausdrücken wie »gelegentlich« oder »ab und zu« und geben Sie ein Beispiel. Zeigen Sie abschließend auf, was Sie bereits gegen diese Schwäche unternommen haben. Meist reicht die Darstellung einer Schwäche; nennen Sie eine zweite nur, wenn man Sie ausdrücklich dazu auffordert.

Die Sache mit der Wahrheit: Alle nachprüfbaren Fakten Ihres Werdegangs müssen Sie in Ihrer Bewerbung wahrheitsgemäß darstellen. Dies gilt nicht unbedingt für Ihre Motive. Bei den Fragen zu Ihrem Lebenslauf stehen diese häufig im Mittelpunkt. Allerdings kann niemand objektiv feststellen, warum Sie in der Vergangenheit diese oder jene berufliche Entscheidung getroffen haben. Genauso wenig lässt sich zum Beispiel nachprüfen, warum Sie jetzt die Firma wechseln wollen. Nur Sie können über Ihre Motive etwas sagen.

Wenn es Ihnen Nachteile bringen würde, die wahren Motive für Ihr jetziges oder früheres Verhalten zu nennen, sollten Sie lieber auf allgemein akzeptierte Standardbegründungen zurückgreifen. Die oben beschriebene Begründung für Ihren Wunsch, die Firma zu wechseln, verdeutlicht, was gemeint ist. Ein anderes Beispiel: Vielleicht waren Sie früher einmal eine Zeit lang selbstständig. Man wird Sie fragen, warum Sie sich erst selbstständig gemacht und später wieder eine Anstellung gesucht haben. Auch wenn die wahren Gründe »Ich wollte mein eigener Herr sein und keinen Chef mehr über mir haben« und »Es war mir auf die Dauer zu stressig« lauten, ersetzen Sie diese besser durch solche, mit denen Sie eine Chance auf den Job behalten.

Ihre Gesprächspartner sind übrigens selbst nicht immer an der »reinen Wahrheit« (Heiko Mell) interessiert. Gesetzt den Fall, Sie erfüllen objektiv die Anforderungen, machen im Gespräch einen guten Eindruck und man würde Sie gern einstellen. In dieser Situation wollen Ihre Gesprächspartner nichts erfahren, was das gute Gesamtbild beeinträchtigt. Sie könnten nicht einfach darüber hinwegsehen, sondern müssten es zur Kenntnis nehmen und dokumentieren – und sei es, um später gegen Vorwürfe gewappnet zu sein, falls es einmal Probleme zwischen Ihnen und der Firma gäbe. Bei der Frage nach Ihren Motiven können deshalb auch Ihre Gesprächspartner gut mit Standarderläuterungen leben.

Ihre Fragen: Sie sollten das Vorstellungsgespräch nutzen, um Ihrerseits möglichst viele Informationen über die Position und die Firma zu erhalten. Ist diese Aufgabe wirklich die richtige für Sie? Passt der Job zu Ihnen, und passen Sie zum Job? Lohnt es sich, dafür Ihre bisherige Stelle aufzugeben? Entspricht das, was Sie an zusätzlichen Informationen im Gespräch erhalten, den Vorstellungen, die Sie sich aufgrund der Anzeige gemacht hatten? Wie sympathisch ist Ihnen Ihr potenzieller neuer Chef? Können Sie sich vorstellen, mit ihm gut zusammenzuarbeiten?

Intelligente, zielgerichtete Fragen erzeugen einen guten, überflüssige einen schlechten Eindruck. Vermeiden Sie es beispielsweise, Informationen über das Unternehmen zu erfragen, die öffentlich zugänglich sind (zum Beispiel auf der Homepage der Firma). Damit zeigen Sie nur schlechte Vorbereitung, was wiederum als mangelndes Interesse und Engagement interpretiert wird.

Tipps für Ihren Erfolg

- Achten Sie auf einen guten ersten Eindruck.
- Begründen Sie Ihre Wechselabsicht immer positiv.
- Bei allen Fakten Ihres Werdegangs müssen Sie die Wahrheit sagen, bei der Darstellung Ihrer Handlungsmotive können Sie sich Freiheiten nehmen. Wählen Sie im Zweifel Standardbegründungen.

Das Wichtigste in Kürze

- Anschreiben *und* Lebenslauf müssen auf die Anforderungen hin formuliert werden.
- Beachten Sie die hohen formalen Anforderungen an beides.
- Lassen Sie Ihr Bewerbungsfoto von einem Profi machen.
- Bereiten Sie sich gründlich auf das Vorstellungsgespräch vor, üben Sie vor allem Ihre Selbstdarstellung und die Antworten auf zu erwartende Fragen.

Regel 10
Konzentrieren Sie sich auf Ihre Prioritäten

Leiden auch Sie unter Zeitmangel und Überlastung? Wenn ja, ist das kein Wunder, denn in vielen Sachbearbeiterjobs und in fast allen Managementpositionen ist es selbst mit Überstunden nicht möglich, alle anfallenden Aufgaben zu bewältigen. Dies hat verschiedene Gründe. Zu einen hat es in den letzten 20 Jahren revolutionäre Innovationen in der Bürokommunikation wie Telefax, PC, Laptop, Handy und E-Mail gegeben. Sie haben in den meisten Branchen dazu geführt, dass sich die Geschäftsprozesse rasant beschleunigt haben und die von jedem Mitarbeiter täglich zu bewältigende Informationsflut drastisch angestiegen ist. Zusätzlich führt die fast überall zu beobachtende Intensivierung des Wettbewerbs (Stichwort: Globalisierung) zu Kostendruck, auf den die Firmen häufig mit Personalabbau reagieren. Die Folge: Weniger Personen müssen mehr leisten.

Wenn man trotz Überstunden nicht schafft, was man sich vorgenommen hat, dann besteht Handlungsbedarf. Was tun? Der richtige Umgang mit der knappen Zeit beginnt damit, dass Sie sich bewusst machen, dass Sie nur ein begrenztes Zeitbudget haben und dass es deshalb ganz normal ist, dass Sie *gar nicht alles schaffen können*. Sehen Sie die Zeit als eine knappe Ressource an. Knappe Güter, das sagt das Grundprinzip der Wirtschaftlichkeit, sollte man immer so einsetzen, dass sie maximalen Ertrag bringen. In unserem Fall bedeutet dies: Sie nutzen die Ihnen zur Verfügung stehende Zeit nur dann optimal, wenn Sie sie für solche Tätigkeiten einsetzen, die Ihren beruflichen Zielen und Ihrer Karriere dienen. *Diese* Aufgaben sind für Sie wichtig, diese sollten Sie als Ihre Prioritäten ansehen.

Für Sie als karrierebewussten Menschen lassen sich Prioritäten folglich als solche Aufgaben definieren, die Sie Ihrer nächsten Beförderung näher bringen. Wie Sie sehen werden, trifft das längst nicht auf alle Ihre Tätigkeiten zu. Es ist also nicht schlimm, wenn Sie nicht alle Ihre Aufgaben erfüllen können, solange Sie sich genügend Zeit für Ihre prioritären Aufgaben geben.

Zeit hat man nicht, man nimmt sie sich. Denken Sie an Ihr Privatleben und seien Sie ehrlich: Wenn Sie für etwas keine Zeit haben, dann deshalb, weil Sie es nicht wirklich wollen. Umgekehrt gilt: Für alles, was Ihnen wirklich wichtig ist, finden Sie auch Zeit.

Genauso ist es im Berufsleben: Wenn Sie es wollen, haben Sie genug Zeit für Ihre wichtigen Aufgaben. Was erfolgreiche von weniger erfolgreichen Managern unterscheidet ist die Fähigkeit, sich bei ihrer Arbeit auf das Wesentliche zu konzentrieren, also auf Tätigkeiten, die für die Erreichung ihrer berufliche Ziele wichtig sind.

Die konsequente Konzentration des beruflichen Handelns auf Prioritäten unterscheidet erfolgreiche von erfolglosen Managern.

Erfolgreiche Menschen füllen ihre Zeit hauptsächlich damit, die Aufgaben in Angriff zu nehmen, die für ihr berufliches Weiterkommen wichtig sind, *und möglichst wenig andere.* Machen Sie sich klar: Es spielt für Ihren Erfolg überhaupt keine Rolle, wie viele Stunden pro Woche Sie arbeiten, es kommt darauf an, das Richtige zu tun.

Allerdings fällt es oft schwer, sich auf seine Prioritäten zu konzentrieren. Vor allem gilt es, zwei Schwierigkeiten zu überwinden, die in den nächsten Abschnitten behandelt werden. Erstens müssen Sie lernen, unter Ihren vielen Aufgaben die prioritären herauszuarbeiten. Zweitens müssen Sie Wege finden, sich »frei zu schaufeln«, also die Arbeit an nicht-prioritären Aufgaben zu reduzieren.

Tipps für Ihren Erfolg

- Es ist nie genug Zeit vorhanden. Deshalb können Sie nicht alle Ihre Aufgaben erledigen.
- Es gibt wichtige und unwichtige Aufgaben. Wichtig sind solche, die Sie Ihrer Beförderung näher bringen.
- Konzentrieren Sie sich immer auf die Erledigung Ihrer wichtigen Aufgaben; dann ist es ohne Bedeutung, wenn Sie für die unwichtigen keine Zeit finden.

So bestimmen Sie Ihre Prioritäten

In erster Linie müssen Sie zwischen *Dringlichkeit* und *Wichtigkeit* unterscheiden. Das große Problem im Tagesgeschäft besteht oft darin, dass sehr vieles *dringend* ist. Eine Aufgabe, die Sie schnell erledigen müssen, ist für Sie zwar kurzfristig prioritär, aber längst nicht alles, was dringlich erscheint, ist für Sie gleichzeitig *wichtig* hinsichtlich Ihrer langfristigen, persönlichen Ziele. In *diesem* Sinne ist eine Aufgabe nur dann für Sie wichtig und prioritär, wenn ihre Erfüllung Sie Ihren beruflichen Zielen näher bringt. Bei jeder Aufgabe müssen Sie also zwischen dem Ausmaß ihrer Dringlichkeit und Wichtigkeit unterscheiden.

Je nachdem, ob eine Aufgabe sehr oder wenig dringlich, sehr oder wenig wichtig ist, kann man vier Kategorien von Aufgaben unterscheiden. Diese Unterteilung wird dem amerikanischen General und späteren Präsidenten Eisenhower zugeschrieben. Die untenstehende Abbildung verdeutlicht den Zusammenhang. Zunächst wird im Überblick beschrieben, auf welche Weise Sie an die verschiedenen Aufgaben in den einzelnen Quadranten herangehen sollten. Weiter unten folgen konkrete Handlungsempfehlungen.

Der Quadrant rechts oben beinhaltet Aufgaben, die sehr wichtig *und* dringend sind. Oft handelt es sich um kritische Situationen, unvorhergesehene Probleme oder gar Krisen, oder Ihr Chef ist schlecht organisiert und

Aufgabenmatrix

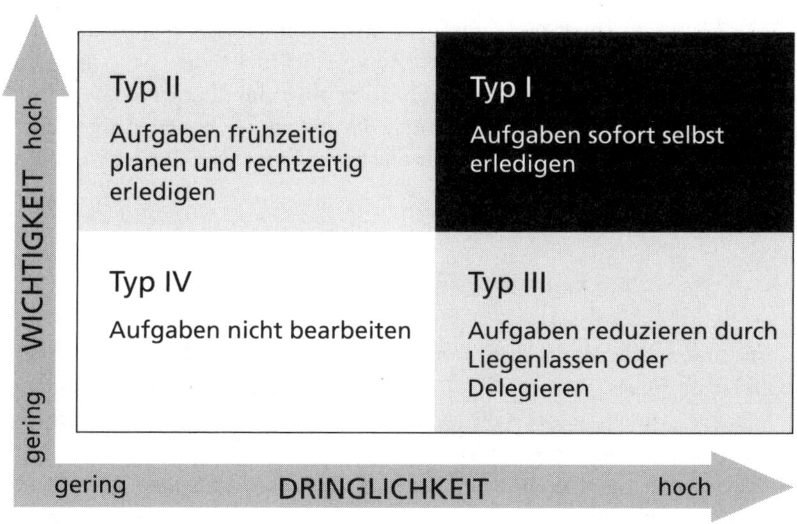

beauftragt Sie auf den letzten Drücker mit einer Sache. Um Aufgaben des Typs I müssen Sie sich selbst sofort kümmern.

Der Quadrant oben links umfasst alle Aktivitäten, die sehr wichtig für die Erreichung Ihrer Ziele sind, aber nicht kurzfristig fertig gestellt werden müssen. Typische Aufgaben des Typs II sind die Erstellung von Plänen aller Art, die Ausarbeitung größerer Konzepte, die Formulierung von schriftlichen Entscheidungsvorlagen oder die Erstellung von Präsentationen. Häufig schiebt man sie auf die lange Bank, bis sie schließlich dringend werden und dann in letzter Minute erledigt werden müssen. Typ II-Aufgaben sollten Sie frühzeitig planen und rechtzeitig durchführen. Damit vermeiden Sie, dass sie sich in Typ I-Aufgaben verwandeln, von denen Sie schon so genug haben.

Im Quadranten unten rechts finden Sie Aktivitäten des Typs III, also solche, die dringend, aber unwichtig sind. Bei vielen Menschen verschlingen sie den größten Teil des Zeitbudgets. Von Typ III-Aufgaben sollten Sie sich, soweit es geht, fernhalten, denn ihre Erledigung ist für Sie Zeitverschwendung. Prüfen Sie deshalb, wie Sie den Umfang Ihrer Typ III-Aufgaben reduzieren können, zum Beispiel durch Delegation an andere oder durch einfaches Liegenlassen. Tipps dazu erhalten Sie weiter unten.

Aufgaben des Typs IV gehören in den wirklichen oder virtuellen Papierkorb. Sie sollten sie *nicht* bearbeiten, da sie für Sie weder wichtig noch dringlich sind. Sollten Sie sich in Ihrer Einschätzung einmal geirrt haben, seien Sie unbesorgt. Man wird Sie schon noch mahnen oder bei Ihnen nachfragen.

Die Unterscheidung zwischen Wichtigkeit und Dringlichkeit mithilfe der Quadranten-Analyse macht deutlich, dass eben nicht alles, was dringend erledigt werden muss, auch wichtig ist, obwohl es im Tagesgeschäft oft den Anschein hat. Das wird Ihnen helfen, die für Sie wichtigen Aufgaben zu identifizieren. Allerdings müssen Sie hierfür noch weitere Überlegungen anstellen.

Ihre Kernaufgaben, so wie Ihr Chef sie sieht

Kern- und Schlüsselaufgaben bezeichnen das, was ein Inhaber einer Stelle konkret tun muss, um seinen Job in sachlicher Hinsicht erfolgreich auszufüllen. Es handelt sich um die wenigen wirklich wichtigen Aufgaben, die aus der Menge aller herausragen.

Auch wenn zwei Positionen die gleiche Bezeichnung tragen, können die mit ihnen verbundenen Kernaufgaben völlig unterschiedlich sein. Vieles spielt bei ihrer Definition eine Rolle, beispielsweise die Branche. So hat ein Marketingleiter in der Konsumgüterindustrie andere Schlüsselaufgaben als einer in der Investitionsgüterindustrie. Auch die konkrete Situation des Unternehmens beeinflusst natürlich, welche Probleme vordringlich gelöst werden müssen und damit zu Kernaufgaben werden. Ein Personalleiter muss etwa eine Massenentlassung organisatorisch bewältigen, während der andere das gesamte Personal für ein neues Werk zu rekrutieren hat.

Von entscheidender Wichtigkeit ist es allerdings, was Ihr Chef als Ihre Kernaufgaben ansieht. *Er* muss sie definieren – und er wird es nach seinen eigenen Zielen und Prioritäten tun. Wie in Regel 13 näher erläutert wird, ist Ihr Chef die wichtigste Person im Hinblick auf Ihre Karriere. Deshalb sollten Sie alle Aufgaben, die Sie von ihm erhalten und die für Ihren Chef Vorrang haben, mit höchster Priorität bearbeiten.

Konzentrieren Sie sich auf die Aufgaben, die für Ihren Chef die höchste Priorität haben. Ihre grundsätzliche Einstellung zur Zusammenarbeit mit Ihrem Vorgesetzten sollte von dem Wunsch geprägt sein, ihn in jeder Hinsicht bei der Verwirklichung seiner Ziele wirksam zu unterstützen.

Bei der Analyse der beruflichen Ziele und Prioritäten Ihres Chefs müssen Sie unterscheiden zwischen vordergründigen sachlichen Abteilungszielen (beispielweise »Umsatz steigern«, »Kosten senken« oder »reibungsloses Funktionieren der Abteilung«) und den persönlichen Zielen Ihres Chefs, die häufig nicht so offensichtlich sind.

Möglicherweise ist auch er – so wie Sie – ehrgeizig und möchte befördert werden. Vielleicht will er sich zu diesem Zweck im Unternehmen profilieren, zum Beispiel indem er neue Aufgaben an sich beziehungsweise an seine Abteilung zieht? Oder führt er eine ineffiziente Abteilung und »mauert« gegen alle Veränderungen, weil er Statuseinbußen befürchtet, wenn die Abteilung verkleinert wird? Es ist für Sie in jedem Fall wichtig herauszufinden, welche persönlichen Ziele und Interessen Ihr Chef wirklich verfolgt. Nur so können Sie sicherstellen, ihn mit Ihrer Arbeit bei der Erreichung dieser Ziele zu unterstützen.

Der Chef vertritt bei der Bestimmung Ihrer Kernaufgaben die Interessen und Prioritäten des Unternehmens. Selbst wenn Sie als Mitarbeiter andere Vorstellungen haben sollten als er, werden Sie sich trotzdem anpassen müssen. Eine Auseinandersetzung mit Ihrem Chef über die Ziele seiner Abteilung oder des Unternehmens können Sie nicht gewinnen, da im Regelfall seine Vorgesetzten hinter ihm stehen.

Versuchen Sie also nicht, Ihre Schlüsselaufgaben selbst bestimmen zu wollen. Sie riskieren, sich mit der Erfüllung von Aufgaben zu profilieren, die Ihrem Chef unwichtig sind, und die Arbeiten zu vernachlässigen, deren Erfüllung ihm am Herzen liegt.

Was steht in Ihrer Zielvereinbarung?

Zielvereinbarungen verbunden mit Incentives bei der Erreichung von Zielen gab es früher nur im Vertrieb und bei Topmanagern. Heute hingegen vergeben viele Firmen auch Belohnungen für Mitarbeiter in anderen Bereichen, beispielsweise in Verwaltungsfunktionen. Wenn die Erfüllung Ihrer vereinbarten Ziele für Sie mit materiellen Vorteilen verbunden ist, werden Sie sie höchstwahrscheinlich als prioritär ansehen. In der Regel wird die Zielerreichung Sie auch der Beförderung näher bringen.

Aber prüfen Sie, wie ernst Ihr Chef das System der Zielvereinbarung nimmt. In manchen Unternehmen ist es ein ungeliebtes Instrument, das nur pro forma angewendet wird. Nur wenn Ihre Kernaufgaben in der Zielvereinbarung enthalten sind und wenn Ihr Chef die Erfüllung der Vereinbarung regelmäßig prüft und mit Ihnen bespricht, bedeutet sie ihm etwas. Nur dann misst er Ihre Leistung wirklich an dem, was in der Zielvereinbarung steht.

Andere Aufgaben, die Sie von Ihrem Chef erhalten

Selbst wenn Ihr Chef Ihre Kernaufgaben definiert hat, wird ihn dies nicht davon abhalten, Ihnen im Tagesgeschäft immer neue zusätzliche Aufgaben zu übertragen. Sollte Ihr Eingangskorb auch überquellen, Sie müssen alles beachten, was Ihr Vorgesetzter Ihnen anträgt. Glücklicherweise ist Ihrem Chef aber nicht alles gleich wichtig. Manches davon wurde ihm selbst von seinem Vorgesetzten als Aufgabe gestellt, und er hat es lediglich an Sie weiter delegiert. Das heißt aber nicht, dass es für ihn wirklich Priorität hat. Die Analyse der Ziele und Erwartungen Ihres Chefs wird Ihnen helfen, die substanziellen Prioritäten zu erkennen.

Manchmal wird Ihr Vorgesetzter von sich aus Aufgaben als »nicht so wichtig« oder »nicht so eilig« bezeichnen. Diese sollten Sie nur bearbeiten, wenn Sie wirklich Zeit dafür finden. Das bedeutet häufig: gar nicht. Ein immer wieder zu beobachtendes Phänomen besteht darin, dass sich manche Vorgänge von selbst erledigen – einfach dadurch, dass man sie liegen lässt. Das kann verschiedene Gründe haben. Zum einen gibt es in jeder Abteilung Projekte, »die eigentlich mal gemacht werden müssten«. Leider findet man vor lauter Stress nie die Zeit dazu. Deshalb werden diese Aufgaben nie erledigt. In anderen Fällen ändern sich die Prioritäten Ihres Auftraggebers: Was heute noch wichtig ist, kann morgen schon so nebensächlich sein, dass Ihr Chef sogar selbst vergisst, dass er Sie beauftragt hat.

Meistens wird Ihr Chef sich allerdings nicht direkt zur Wichtigkeit einer Aufgabe äußern. Sie müssen Fingerspitzengefühl entwickeln, indem Sie auf Signale achten. Ein enger Fertigstellungstermin deutet oft – aber durchaus nicht immer – auf hohe Priorität hin. Liegt der Termin weiter in der Zukunft, wird Ihr Chef sich gelegentlich bei Ihnen nach dem Stand der Bearbeitung erkundigen oder von Ihnen regelmäßige Zwischenberichte verlangen. Je häufiger er das tut, desto wichtiger ist das Projekt für ihn. Falls er nicht von sich aus nach Zwischenergebnissen fragt, ergreifen Sie die Initiative und präsentieren ihm welche. Aus seiner Reaktion können Sie ableiten, wie wichtig das Projekt (noch) für ihn ist.

Gleichgültig, in welcher Organisation und Position Sie arbeiten, es gibt neben Ihren »normalen« Aufgaben unter Karrieregesichtspunkten einige weitere wichtige Aktivitäten, denen Sie Priorität einräumen sollten und für die Sie folglich Zeit benötigen:

- *Aufbau und Pflege Ihres innerbetrieblichen Netzwerks:* In Regel 12 wird erläutert, warum gute persönlichen Beziehungen zu Vorgesetzten und Kollegen für Ihre Karriere so wichtig sind. Innerbetriebliches Networking, also diese guten Beziehungen aufzubauen und zu pflegen, kostet Zeit. So müssen Sie regelmäßig mit Ihren Netzwerkpartnern über dienstliche und private Dinge persönlich oder telefonisch reden, ihnen gelegentlich aushelfen oder mit ihnen Mittagessen gehen.
- *Übernahme von Zusatzaufgaben:* Eine gute Möglichkeit, Ihre innerbetriebliche Machtposition auszubauen, besteht in der Übernahme zusätzlicher Verantwortung. Dies heißt aber immer auch zusätzliche Arbeit, und dafür brauchen Sie Zeit.
- *Übernahme von Sonderaufgaben:* Im Hinblick auf Ihre Karriere ist es sehr wichtig, einen guten Eindruck auf das Topmanagement zu machen, also auf die Vorgesetzten, die in der Hierarchie über Ihrem Chef stehen. Wie in Regel 14 ausführlicher dargestellt wird, eignet sich dazu unter anderem die Übernahme von Sonderaufgaben, zum Beispiel die Mitwir-

kung in einer bereichsübergreifenden Projektgruppe. Dies rückt Sie in den Fokus des Topmanagements, aber es kostet Zeit.

Wer überträgt Ihnen Aufgaben?

Theoretisch sollten Sie in einer hierarchisch gegliederten Organisation Aufträge nur von Ihrem Chef bekommen. Wenn andere Personen Ihre Mitarbeit benötigen, müssten sie eigentlich den »Dienstweg« einhalten, das heißt, Ihren Chef bitten, dass *er* Sie entsprechend beauftragt. Die heutige Praxis arbeitsteiliger und flexibler Unternehmensorganisation sieht allerdings anders aus. Häufig erhalten Sie auch von Personen anderer Abteilungen auf direktem Wege Anfragen oder Aufträge. Je nach Einzelfall ist Ihr Chef über diese Vorgänge mehr oder weniger gut informiert; sie geschehen mit seinem ausdrücklichen Einverständnis oder seiner stillschweigenden Duldung.

Es wurde bereits erwähnt, dass Sie herausfinden müssen, ob ein Auftrag Ihres Chefs für ihn selbst wichtig ist oder nicht. Dies gilt sowohl für dringliche als auch für nicht dringliche Aufträge. Es kann durchaus vorkommen, das Ihr Chef Sie mit etwas Dringendem beauftragt, Sie aber bemerken, dass die Erledigung für ihn in Wirklichkeit keine Priorität besitzt. Eine solche Aufgabe sollten Sie folglich als Typ III-Aufgabe (hohe Dringlichkeit und geringe Wichtigkeit) einstufen. Er bittet Sie beispielsweise, bis morgen einen schriftlichen Reisebericht fertig zu stellen. Sie haben ihn aber schon mündlich ausführlich informiert. Den Bericht sollen Sie nur anfertigen, weil es den Firmengepflogenheiten entspricht.

Wenn Sie von Personen aus anderen Abteilungen gebeten werden, etwas für sie zu erledigen, sollten Sie sich zunächst fragen, über wie viel innerbetriebliche Macht die entsprechende Person verfügt, egal ob der Auftrag dringend ist oder nicht. Was könnten die Konsequenzen für Sie sein, wenn Sie den Auftrag verspätet oder gar nicht erledigen? Wie wichtig für Ihre Karriere ist der andere schon heute oder könnte er in der Zukunft werden? Bedenken Sie dabei, dass auch jemand auf einer niedrigen hierarchischen Ebene über Macht verfügen kann, zum Beispiel, wenn Sie für die Erfüllung Ihrer Aufgaben auf seine Mitarbeit angewiesen sind. Dringende Aufträge von mächtigen Personen sollten Sie als Typ I-Aktivitäten betrachten, solche von weniger mächtigen fallen in die Kategorie Typ III.

Zusammenfassend kann man sagen: Ob eine Aufgabe für Sie prioritär sein sollte, hängt davon ab, ob sie für Ihren Chef wirklich wichtig ist; die

Zuordnung Ihrer Aufgaben zu den verschiedenen Kategorien

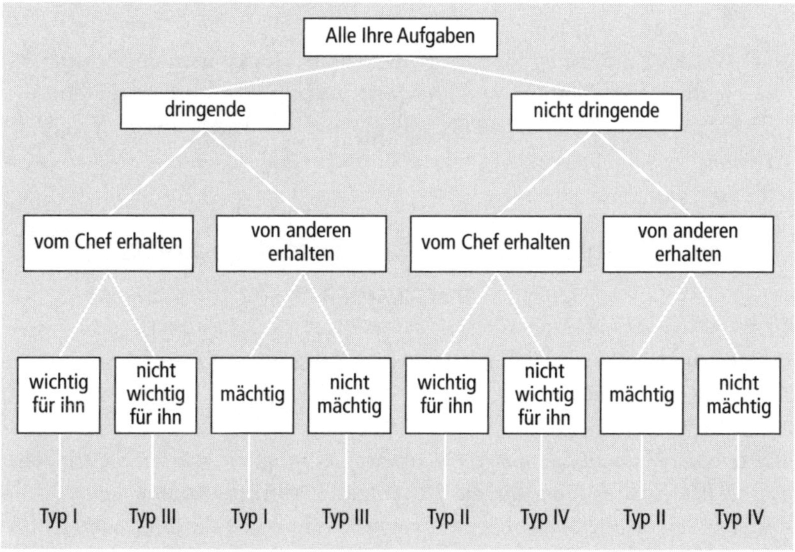

Priorität der Aufgaben von Personen aus anderen Abteilungen ist dadurch bestimmt, über wie viel Macht sie verfügen. Diesen Zusammenhang verdeutlicht die oben stehende Abbildung.

Tipps für Ihren Erfolg

- Unterscheiden Sie immer zwischen Dringlichkeit und Wichtigkeit einer Aufgabe.
- Nur Ihr Chef definiert, welches Ihre Kernaufgaben und Prioritäten sind. Dabei sind seine eigenen Ziele ausschlaggebend. Nur was für ihn Priorität hat, sollte auch für Sie Priorität haben.
- Bemühen Sie sich, die Ziele Ihres Chefs herauszufinden.
- Achten Sie darauf, ob Ihr Chef die Ziele, die in Ihrer Zielvereinbarung stehen, wirklich ernst nimmt.
- Nicht jede Aufgabe, die Sie von Ihrem Chef erhalten, hat für ihn Priorität.
- Der Aufbau und die Pflege Ihres innerbetrieblichen Netzwerks sollte immer zu Ihren Prioritäten gehören.

- Auch Zusatzaufgaben und Sonderaufgaben können für Sie zu Prioritäten werden.
- Bei der Zuordnung Ihrer Aufgaben zu den Kategorien der Prioritätenmatrix sollten Sie beachten, wie wichtig die Aufgabe für Ihren Chef ist und über wie viel Macht ein anderer Auftraggeber verfügt.

Wie Sie Ihren Einsatz für unwichtige Aufgaben verringern

Es gibt verschiedene Möglichkeiten, den Zeitaufwand für nicht-prioritäre Aufgaben zu reduzieren.

Warten Sie, bis man Sie mahnt: Wann immer möglich, warten Sie zunächst ab, ob der Auftraggeber Sie an die Aufgabe erinnert. Kommt keine Mahnung, lassen Sie die Sache liegen. Es wurde schon erwähnt: Manche Anfragen und Aufträge erledigen sich von selbst. Kommt doch eine Nachfrage, müssen Sie entscheiden, wie gewichtig sie ist. Natürlich hat eine Anmahnung von Ihrem Chef für Sie größeres Gewicht als eine von anderen Personen. Je nach Situation kann es sinnvoll sein abzuwarten, ob es eine zweite Erinnerung gibt. Fragen Sie sich immer: »Was würde passieren, wenn ich die Aufgabe nicht sofort, sondern erst in einer Woche, einem Monat oder überhaupt nicht erledige?«

Delegieren Sie die Aufgabe: Fragen Sie sich bei jeder Aufgabe zunächst, ob Sie überhaupt zuständig sind. Es gibt immer wieder Grauzonen in der Zuständigkeit zwischen Personen oder Abteilungen, besonders bei schlecht organisierten Unternehmen. Versuchen Sie, in solchen Fällen die Aufgabe an jemanden anderes weiterzureichen, indem Sie nach guten Gründen dafür suchen, zum Beispiel Präzedenzfälle.

Wenn Sie Mitarbeiter haben, die Ihnen direkt unterstellt sind, liegt es an Ihnen, welche Aufgaben Sie delegieren. (Beachten Sie hierzu Regel 7.) Falls Sie noch kein eigenes Team haben, sind Ihre Möglichkeiten der Delegation natürlich eingeschränkt. Aber vielleicht gibt es für mehrere Kollegen in Ihrer Abteilung eine gemeinsame Sekretärin, einen Assistenten oder einen Auszubildenden, an den Sie Aufgaben weiterleiten können.

Lernen Sie, »Nein« zu sagen: In manchen Fällen haben Sie die Wahl, ob Sie eine Aufgabe übernehmen möchten oder nicht, zum Beispiel, wenn jemand Sie um einen Gefallen oder um die Erledigung einer Aufgabe bittet, die eigentlich nicht zu Ihrem Gebiet gehört. Zwar sollten Sie sich gegenüber den Mitgliedern Ihres Netzwerks immer hilfsbereit zeigen, aber für andere Personen gilt dies nicht im gleichen Maße. Für diese übernehmen Sie nur dann zusätzliche Aufgaben, wenn es für Sie in irgendeiner Weise vorteilhaft ist – zum Beispiel, weil der andere Ihnen dadurch verpflichtet ist – *und* wenn Ihre Prioritäten darunter nicht leiden. Ansonsten lehnen Sie ab. Lernen Sie »Nein« zu sagen, auch wenn es manchmal schwer fällt. Denken Sie in solchen Situationen immer an Ihre Prioritäten und daran, dass Ihre Hauptaufgabe darin liegt, diese zu erfüllen.

Steigern Sie Ihre Arbeitsproduktivität durch Zeitmanagement

Nur wenn Sie sich konsequent auf Ihre Prioritäten konzentrieren, können Sie die Zeit effektiv nutzen. Die Konzentration auf wichtige Aufgaben erhöht automatisch den Wirkungsgrad Ihrer Arbeit.

Zusätzlich können Sie Ihre Arbeitsproduktivität mit den Methoden des Zeitmanagements steigern, und zwar in zwei alternative Richtungen: Entweder sparen Sie bei dem gegebenen Arbeitsaufwand Zeit ein. Sie erledigen also Ihre wichtigen Aufgaben in weniger Zeit und können so die Anzahl Ihrer Überstunden reduzieren. Oder – falls Sie die Zahl Ihrer Arbeitsstunden nicht reduzieren können oder wollen – Sie schaffen es, eine größere Arbeitsmenge, das heißt noch mehr wichtige Aufgaben, in der gegebenen Zeit zu bewältigen.

Zeitmanagement umfasst eine Reihe von Methoden, die hier kurz im Überblick dargestellt werden[6]:

- Erstellen Sie einen schriftlichen Wochenplan, in welchem Sie ausreichend Zeit für Ihre Typ II-Aufgaben einplanen. Legen Sie dafür »Termine mit sich selbst« fest, also Zeiträume, in denen Sie allein und ungestört die Aufgaben erledigen werden, für die Sie Ruhe und Konzentration benötigen.
- Erstellen Sie jeden Abend, bevor Sie nach Hause gehen, einen schriftlichen Tagesplan für den Folgetag. Legen Sie für jede Aktivität eine Zeitdauer fest. Verplanen Sie nur etwa 60 Prozent der Tageszeit; den Rest brauchen Sie als Puffer.

- Halten Sie abends bei Ihrer Planung für den nächsten Tag Rückschau auf den abgelaufenen Tag.
- Versuchen Sie, die wichtigen Aufgaben zuerst zu erledigen, also möglichst viele am Morgen. Das gilt auch für den Termin mit sich selbst.
- Beachten Sie Ihren Biorhythmus bei Ihrer Tagesplanung. Legen Sie Ihre wichtigen Aufgaben auf die Zeiten Ihrer höchsten Leistungsfähigkeit.
- Fassen Sie gleichartige kleinere Aufgaben, beispielsweise Telefonate, zu Blöcken zusammen.
- Führen Sie Angefangenes zu Ende. Lenken Sie sich nicht selbst ab, auch wenn die Aufgabe gerade schwierig ist. Konzentrieren Sie sich immer nur auf eine Aufgabe zur gleichen Zeit.
- Zerlegen Sie große Aufgaben in kleinere, überschaubare Einzelschritte und beginnen Sie gleich heute mit dem ersten Schritt.
- Reduzieren Sie Ihre Teilnahme an Besprechungen.
- Versuchen Sie, Unterbrechungen durch eingehende Anrufe und unangemeldete Besucher zu reduzieren.

Durch konsequentes Zeitmanagement können Sie Ihre Effizienz, das heißt Ihre Arbeitsleistung pro Zeiteinheit (Stunde, Tag oder Woche), deutlich steigern. Allerdings nützt Ihnen Zeitmanagement nur dann wirklich etwas, wenn Sie vorher Ihre Prioritäten definiert haben. Es ist müßig, Ihren Zeiteinsatz für unwichtige Tätigkeiten zu optimieren.

Das Wichtigste in Kürze

- Konzentrieren Sie sich bei Ihrer Arbeit immer auf Ihre Prioritäten, also auf die wichtigen Aufgaben, die Sie Ihrer Beförderung näher bringen.
- Ihr Chef definiert, was für Sie prioritär ist. Dabei sind seine eigenen Ziele ausschlaggebend. Diese müssen Sie herausfinden.
- Reduzieren Sie Ihren Einsatz für nicht-prioritäre Aufgaben.
- Steigern Sie Ihre Arbeitsproduktivität zusätzlich durch die Methoden des Zeitmanagements.

Regel 11
Werden Sie ein guter Büropolitiker

Ist Ihnen das auch schon passiert? Da wird jemand in Ihrer Firma befördert, und Sie schütteln nur den Kopf und fragen sich: »Wie konnten sie *den* nur befördern? So einen Inkompetenten!« Aber gemach: Diejenigen, die Ihrem Kollegen diesen Karriereschritt ermöglichten, sind nicht dumm. Irgendetwas muss er wohl richtig gemacht haben. Da er nicht durch überdurchschnittliche Fachkompetenz aufgefallen ist, muss es noch etwas anderes geben, das man für den beruflichen Aufstieg braucht.

Die Chancen stehen 100:1, dass Ihr Kollege ein guter Büropolitiker ist – jemand, der die Spielregeln der Politik im Büro beherrscht.[7] Sie gelten für jede hierarchisch strukturierte Organisation, in der viele Menschen an gemeinsamen Aufgaben und Zielvorgaben arbeiten. Offiziell gibt es Büropolitik natürlich nicht und schon gar keine Regeln dafür. Über dieses Phänomen wird in Unternehmen nur hinter vorgehaltener Hand gesprochen; aber viele, die schon einige Jahre Berufserfahrung haben, ahnen zumindest, wie wichtig es für die Karriere ist.

Die Abhängigkeit von anderen

Erfolg im Management heißt Ziele durchsetzen: Um in einer Organisation aufzusteigen, müssen Sie auf jeder hierarchischen Ebene erfolgreich arbeiten, also Ihre *sachlichen* Ziele erreichen. Diese haben Sie sich entweder selbst gesetzt, oder sie wurden Ihnen von Ihrem Chef vorgegeben. Wenn Sie zum Beispiel Ihrem Vorgesetzten eine Umstrukturierung der Arbeitsabläufe in Ihrer Abteilung vorschlagen, dann ist die Durchführung dieser Umstrukturierung ein Ziel, dass Sie sich selbst gesetzt haben. Wenn andererseits der Chef Ihnen einen Auftrag gibt, so wird die Durchführung dieses Auftrages zu Ihrem sachlichen Ziel – egal ob es sich um eine Nebensache oder ein größeres Projekt handelt.

Neben Ihren sachlichen Zielen verfolgen Sie auch *persönliche* Ziele. So wollen Sie vielleicht befördert werden, eine Gehaltserhöhung durchsetzen oder eine besondere Anerkennung für eine spezielle Leistung bekommen.

Für seinen Erfolg ist der Manager extrem abhängig von anderen: Wer in einer Organisation seine sachlichen und persönlichen Ziele durchsetzen will, ist in hohem Maße auf die Unterstützung anderer Menschen angewiesen. Genauer gesagt: Ohne die Mitwirkung anderer können Sie gar nichts erreichen. Diese »anderen« sind Ihre Vorgesetzten, Kollegen aus Ihrer und aus anderen Abteilungen und Ihre Mitarbeiter.

Die Mitwirkung der anderen heißt konkret: Als Manager müssen Sie erstens Ihren Chef – und bei wichtigen Fragen auch das Topmanagement – dazu bewegen, Sie zu unterstützen und in Ihrem Sinne zu entscheiden, also Ihren Vorschlägen zuzustimmen oder sie zumindest nicht abzulehnen. Zweitens müssen Sie Kollegen aus anderen Abteilungen und Ihre eigenen Mitarbeiter dazu bringen, Entscheidungen umzusetzen, also die damit verbundenen Arbeiten durchzuführen.

Macht und Machtkämpfe

Macht ist eine entscheidende Grundlage des beruflichen Erfolgs: Um diese Abhängigkeit zu überwinden, um also die anderen zur Mitwirkung in Ihrem Sinne zu bewegen, brauchen Sie Macht. Was ist Macht? Der große Soziologe Max Weber hat den Begriff so definiert: »Macht bedeutet jede Chance, innerhalb einer sozialen Beziehung den eigenen Willen auch gegen Widerstreben durchzusetzen, gleichviel, worauf diese Chance beruht.« Die Bedeutung des Wortes Macht ist also sehr weit auszulegen: Jedesmal wenn Sie das Verhalten eines anderen nach Ihrer Absicht beeinflussen, wenn der andere dem folgt, was Sie sagen, üben Sie Macht aus. »Verhalten« bedeutet im betrieblichen Zusammenhang: konkretes Handeln, aber auch Zustimmung oder Ablehnung.

Macht ist also einerseits etwas, was Sie *haben* müssen. Sie beruht im betrieblichen Alltag auf einer Vielzahl von Grundlagen, auf die unten näher eingegangen wird. Im Regelfall reicht aber der Besitz allein nicht aus. Um andere zu etwas zu bewegen, müssen Sie Ihre Macht auch *ausüben*, das heißt, im konkreten Einzelfall einsetzen. Hierfür gibt es eine Vielzahl von Methoden, beispielsweise ein Verhalten belohnen, Bestrafung für eine Handlungsweise androhen oder Schmeichelei, um den anderen zu etwas zu bewegen. Wie die Beispiele zeigen, ist Machtausübung nicht grundsätzlich mit Zwang gleichzusetzen, obwohl diese Assoziation nahe liegt. Sie *kann* durch Zwang erfolgen, aber auch durch »sanftere« Methoden.

Wie auch immer Macht eingesetzt wird: Es kommt nur auf das Ergebnis an, nämlich dass der andere etwas tut (oder unterlässt), von dem Sie wollen, dass er es tut (oder unterlässt). So verstanden bedeutet Machtausübung das Gleiche wie Einflussnahme. Denn wenn Sie auf eine Sache oder Person Einfluss nehmen, dann heißt das, dass Sie andere dazu bringen, nach Ihren Vorstellungen zu handeln.

Machtkämpfe

Die Abhängigkeit von anderen führt immer wieder zur gleichen Ausgangssituation: Sie wollen ein bestimmtes eigenes persönliches oder sachliches Ziel erreichen und benötigen dafür die Unterstützung eines anderen. Dieser verfolgt andere Interessen als Sie und will Ihnen nicht folgen. Es kommt es zum Konflikt. Er stemmt sich gegen Ihren Versuch, sein Verhalten zu beeinflussen, egal, ob er es Ihnen deutlich sagt oder verheimlicht. In seinem Widerstreben setzt auch er seine Macht ein, um zu verhindern, dass Sie sich ihm gegenüber durchsetzen.

Ein entstandener Konflikt kann grundsätzlich nur auf zwei Arten beigelegt werden, entweder durch einen Kompromiss oder durch einen Machtkampf, an dessen Ende sich einer durchsetzt. Der Machtkampf wird letztendlich allein danach entschieden, wer von den Kontrahenten über mehr Macht verfügt.

Das Machtverhältnis zwischen den Konfliktparteien spielt jedoch auch bei der konkreten Ausgestaltung eines Kompromisses eine große Rolle. Denn der Mächtigere wird eher in der Lage sein, im Kompromiss seine Interessen und Ziele durchzusetzen.

Auch sachliche Auseinandersetzungen sind Machtkämpfe: Egal also, ob der Konflikt durch Machtkampf oder Kompromiss gelöst wird: Sie brauchen Macht, um Ihre eigenen Ziele gegen die Ziele anderer durchzusetzen, um andere trotz unterschiedlicher Interessen zur Mitwirkung an der Erreichung Ihrer Ziele zu bewegen. In diesem Sinne kann man *jede* Auseinandersetzung in der Organisation – ob klein oder groß, ob zwischen zwei oder mehr Personen – als Machtkampf ansehen.

Dies gilt insbesondere dann, wenn es vordergründig um sachliche Themen geht, was fast immer der Fall ist. Wer eine Sache beziehungsweise Entscheidung gegen Widerstände durchdrückt, setzt sich stets auch als Person gegen andere Personen durch. Anders ausgedrückt: Alle Entscheidungsprozesse in Organisationen, bei denen um die Sache gestritten wird, spiegeln Machtkämpfe zwischen den Beteiligten wider.

Macht hat viele Grundlagen: Innerbetriebliche Macht hat viele Grundlagen. Eine davon ist der Rang in der Hierarchie. Daneben gibt es eine ganze Reihe anderer, teilweise schwer erkennbarer Grundlagen. Die wichtigste besteht in guten persönlichen Beziehungen zu Vorgesetzten und Gleichgestellten. Wie Sie diese aufbauen, erfahren Sie in den Regeln 12 und 13.

Die wichtigste Machtgrundlage besteht in guten persönlichen Beziehungen zu Vorgesetzten und Gleichgestellten.

Macht gewinnt man aber zum Beispiel auch durch:

- den Besitz vertraulicher Informationen,
- einen guten Ruf beim Topmanagement, der zum Beispiel auf sichtbaren Erfolgen beruht, die Sie in der Vergangenheit erreicht haben (etwa ein Projekt gut koordiniert oder einen Großkunden akquiriert),
- Expertenwissen auf der Grundlage einer besonderen fachlichen Qualifikation (beispielsweise Hochschulabschluss).

Die Machtfülle einer Person setzt sich jeweils zusammen aus den Machtanteilen, die auf den verschiedenen Grundlagen beruhen. Wer neu in ein Unternehmen eintritt, verfügt anfangs nur über die mit seinem Rang und seiner Fachkompetenz verbundene Macht. Er muss sich seinen Einfluss erst schrittweise aufbauen.

Das Fachwissen ist nur eine von vielen Machtgrundlagen. Deswegen kann ein fachlich geringer qualifizierter Angestellter durchaus machtvoller und damit erfolgreicher werden als sein besser qualifizierter Kollege.

Persönliche Interessen und zwischenmenschliche Beziehungen

Neben der entscheidenden Bedeutung der Macht für den Erfolg in der Büropolitik spielen zwei Dinge für die politische Konstellation in jeder Organisation eine große Rolle: die Interessen der Mitglieder der Organisation und ihre persönlichen Beziehungen.

Persönliche Interessen: Persönliche Interessen, Bedürfnisse und Wünsche sind die Triebfeder menschlichen Handelns, nicht nur im Privatleben, sondern auch im Büro. Einige Beispiele für persönliche Interessen:

- materielle Vorteile, wie eine Gehaltserhöhung oder ein Dienstwagen,
- das Bedürfnis nach Anerkennung für geleistete Anstrengungen,
- Geltungsdrang, also der Wunsch, andere durch Rang, Titel oder Statussymbole zu beeindrucken,
- der Wunsch nach Rache für eine frühere Niederlage,
- das Interesse an einer interessanten und abwechslungsreichen Tätigkeit.

Diese Liste könnte man selbstverständlich verlängern. Die meisten Menschen verfolgen mehrere persönliche Ziele gleichzeitig, wenn auch mit unterschiedlicher Intensität. Ihre persönlichen Interessen können den offiziellen Zielen der Organisation entsprechen, müssen es aber nicht. Letzteres wird sie jedoch nicht daran hindern, ihren persönlichen Zielen Vorrang zu geben.

Alle innerbetrieblichen Entscheidungen und Ereignisse können einen positiven oder negativen Einfluss auf die persönlichen Interessen der Beteiligten haben, ihnen also nützen oder schaden – in kleinerem oder größerem Ausmaß. Das gilt für Sie genauso wie für Ihr Umfeld. Fragen Sie sich deshalb bei allen Entwicklungen in der Organisation immer nach den Auswirkungen auf die persönlichen Interessen innerhalb Ihrer Umgebung.

Es ist für Sie aus zweierlei Gründen wichtig, die persönlichen Interessen aller relevanten Personen zu kennen. Erstens hilft es Ihnen, das zukünftige Verhalten der anderen vorauszusehen. Jeder Mensch verhält sich normalerweise so, dass seine persönlichen Interessen gefördert oder zumindest nicht gefährdet werden. Wenn Sie einschätzen können, wie jemand handeln wird, können Sie sich vorher darauf einstellen.

Zweitens müssen Sie die Interessen der anderen kennen, um festzustellen, wo Übereinstimmungen und wo Gegensätze zu Ihren eigenen Zielen bestehen. Zumindest teilweise übereinstimmende Interessen sind für die Bildung eines Bündnisses erforderlich. Zudem entsteht aus Interessengegensätzen zwischen Organisationsmitgliedern normalerweise Rivalität oder Gegnerschaft.

Zwischenmenschliche Beziehungen, Sympathie und Antipathie: Neben Interessen prägen auch Zuneigung und Abneigung unser Verhalten und unsere

Beziehungen zu anderen. Es ist nur natürlich, dass wir gern mit Menschen zusammen sind, die wir mögen, ihnen helfen und sie vor Schaden bewahren möchten. Das Gegenteil gilt für Personen, gegen die wir eine Abneigung hegen.

Sympathien und Antipathien prägen unser berufliches Handeln in *erheblichem* Ausmaß. Unter gleichrangigen Kollegen entsteht aus gegenseitiger Sympathie nicht selten Freundschaft, so wie in der Privatsphäre auch. Ebenso oft führt Antipathie zu Gegnerschaft.

Zuneigung entwickelt sich meist spontan, ohne dass man es gewollt hätte, nicht nur bei Ihnen, sondern auch bei den anderen. Allerdings können Sie durchaus beeinflussen, wie sehr andere Sie mögen (siehe hierzu Regel 12).

Eine weitere wichtige Komponente zwischenmenschlicher Beziehungen sind Bündnisse und Rivalitäten zwischen Personen oder ganzen Abteilungen. Diese muss man als solche erkennen und analysieren, worauf sie zurückgehen. Bündnisse bedeuten, dass man ein Ziel gemeinsam verfolgt. Sie entstehen auf der Grundlage gemeinsamer Interessen. Je stärker die gegenseitige Sympathie, desto enger wird das Bündnis.

Die Beziehungen zwischen Menschen sind also von entscheidender Bedeutung für alles, was im Management einer Organisation passiert.

Erfolgreich durch Politik im Büro

Um mithilfe von Büropolitik Karriere zu machen, müssen Sie lernen, einerseits politisch zu denken und andererseits politisch zu handeln.

Politisch denken

Zunächst müssen Sie politisches Gespür entwickeln, das heißt, in politischen Kategorien denken. Dies bedeutet erstens, die Existenz der Büropolitik überhaupt wahrzunehmen. Das ist nicht ganz einfach, weil sie gewissermaßen als unsichtbare zweite Dimension hinter der sichtbaren Welt der Fakten und Ereignisse steht und deshalb schwer zu durchschauen ist. Zweitens bedeutet politisches Verständnis die Kenntnis der Regeln und Gesetzmäßigkeiten, nach denen Politik im Büro abläuft. Drittens heißt politisch denken auch, die politische Situation ständig zu beobachten, da sie sich in den meisten Organisationen stets ändert.

Instabilität der politischen Situation: Weil es in Organisationen ein permanentes Ringen um Einfluss gibt, können sich die Machtverhältnisse jederzeit ändern. Jede Umstrukturierung, ja eigentlich jede umstrittene betriebliche Entscheidung verursacht bei den Beteiligten Gewinne und Verluste an Macht. Außerdem treten laufend neue Mitarbeiter in das Unternehmen ein, während andere versetzt werden oder ganz ausscheiden.

Veränderungen des Machtgefüges können aber auch darauf zurückzuführen sein, dass sich die Interessen und Ziele einzelner Personen ändern. Ebenso sind zwischenmenschlichen Beziehungen nicht frei von Schwankungen. Beides kann dazu führen, dass Allianzen zerbrechen oder neu entstehen, Rivalitäten aufflammen oder abebben.

Auf die Instabilität der politischen Situation gibt es nur eine richtige Reaktion: Beobachten und analysieren Sie ständig alle für Sie relevanten Personen hinsichtlich Machtfülle, Interessen und Zielen sowie wechselseitiger Beziehungen.

Intransparenz der politischen Situation: Die politische Lage im Allgemeinen und die Machtverhältnisse im Besonderen sind aus verschiedenen Gründen in der Regel nicht klar und eindeutig erkennbar:

- Der Umfang der Macht einer Person ist nicht offensichtlich, da es viele verdeckte Machtgrundlagen gibt.
- Persönliche Interessen verstecken sich hinter sachlichen Argumenten.
- Die Beziehungen zwischen den Akteuren sind nicht immer klar: Sympathien, Antipathien, Allianzen und Rivalitäten treten nicht immer offen zutage.
- Die bestehenden Abhängigkeiten sind häufig schwer zu durchschauen, vor allem für Berufsanfänger und Personen, die in einer Organisation neu anfangen. Das gilt besonders für große komplexe Organisationen, die stark arbeitsteilig sind. Darüber hinaus kann jede neue Aufgabenstellung auch zu neuen Abhängigkeiten führen, wenn man mit anderen Personen als vorher zusammenarbeiten muss.

Politisch handeln

Allein das Denken in politischen Kategorien bringt Sie in Ihrer Karriere noch nicht weiter. Sie würden sich wie ein Journalist in der Rolle des politischen Beobachters befinden, der alles analysiert und versteht, aber selbst nicht am Geschehen teilnimmt. Um in Ihrer Organisation erfolgreich zu werden, müssen Sie auch politisch handeln, das heißt, Ihre politischen Erkenntnisse in entsprechende Taten umsetzen. Politisches Handeln umfasst drei Ebenen:

- Jedes Verhalten, dass auf *Machterwerb*, also auf Schaffung und Vergrößerung der eigenen Machtbasis ausgerichtet ist, kann als politisches Handeln angesehen werden.
- Macht zu besitzen ist kein Selbstzweck. Insofern bedeutet offensives politisches Handeln auch den *Einsatz der eigenen Macht*, um sachliche Ziele und persönliche Interessen durchzusetzen. Dies schließt – wenn notwendig – auch die Konfrontation mit anderen ein.
- Zum defensiven politischen Verhalten gehören alle Maßnahmen zur *Erhaltung der eigenen Macht*, wenn diese von anderen mit unfairen Methoden angegriffen wird. Hierbei geht es in erster Linie um die Abwehr von Intrigen.

Das Wichtigste in Kürze

- Um Ihre persönlichen und sachlichen Ziele durchzusetzen, benötigen Sie die Mitwirkung Ihrer Vorgesetzten, von Kollegen und Mitarbeitern.
- Sie brauchen Macht, um Ihre Mitmenschen dazu zu bewegen, in Ihrem Sinne zu handeln.
- Macht hat viele verschiedene Grundlagen, die wichtigste besteht in guten persönlichen Beziehungen zu Vorgesetzten und Gleichgestellten. Bauen Sie Ihre Machtbasis Schritt für Schritt auf.
- Um sich gegen andere durchzusetzen, müssen Sie bereit sein, Ihre Macht auszuüben – wenn es sein muss, auch in Machtkämpfen.
- Beachten Sie die persönlichen Interessen aller Personen, mit denen sie zu tun haben.
- Beachten Sie die Bedeutung der persönlichen Beziehungen zwischen Mitgliedern Ihrer Firma.
- Lernen Sie nicht nur, politisch zu denken, sondern auch zu handeln. So nutzen Sie die Gesetzmäßigkeiten der Büropolitik für Ihren Erfolg.

Regel 12
Schaffen Sie sich ein großes Netzwerk

Networking bedeutet Aufbau und Pflege von guten, beruflich bedingten Beziehungen zu anderen Menschen. Ihr Netzwerk, also die Summe Ihrer persönlichen Beziehungen, besteht aus mehreren Teilen:

- innerbetriebliche Kontakte, das heißt alle Personen in Ihrer Firma, zu denen Sie mehr als nur eine einfache, unpersönliche Arbeitsbeziehung haben,
- Personen außerhalb Ihres Unternehmens, die Sie durch Ihre Berufstätigkeit kennen gelernt haben, beispielsweise Kunden, Lieferanten oder Mitarbeiter von Wettbewerbsfirmen,
- alle Personen, die Sie privat kennen, also ehemalige Studienkollegen, Freunde, Bekannte, Verwandte.

Ihr betriebliches Netzwerk kann aus Personen der unterschiedlichsten Hierarchiestufen Ihrer Firma bestehen. Auch im privaten Umfeld können Menschen mit ganz verschiedener sozialer Stellung dazu gehören. Trotzdem ist jede einzelne Beziehung prinzipiell als eine Beziehung unter Gleichgestellten anzusehen. »Gleichgestellt« bedeutet in diesem Zusammenhang, dass Sie und Ihr Netzwerkpartner die Beziehung freiwillig aufrechterhalten und dass keiner dem anderen etwas vorschreiben kann. Diese Gleichstellung unterscheidet die Beziehungen innerhalb Ihres Netzwerks grundsätzlich von Ihren hierarchisch definierten Beziehungen zu Ihren Vorgesetzten und Mitarbeitern.

Die Personen, die Ihr *betriebliches Netzwerk* bilden, lassen sich in drei Gruppen aufteilen:

- *Abteilungskollegen mit gleichem Rang:* Vieles verbindet Sie mit ihnen: gleiche Vorgesetzte, gemeinsame oder doch ähnliche Aufgaben, meist eine vergleichbare Ausbildung, oft auch das Alter. Der Aufbau guter persönlicher Beziehungen zu Abteilungskollegen ist in der Regel am leichtesten.

- *Firmenmitglieder aus anderen Abteilungen, zu denen Arbeitsbeziehungen bestehen:* Dies sind alle Personen, auf deren gute Zusammenarbeit Sie für die optimale Erfüllung Ihrer beruflichen Ziele angewiesen sind.
- *Sonstige Firmenmitglieder:* Zu ihnen bestehen zum aktuellen Zeitpunkt keine Arbeitsbeziehungen (was sich natürlich irgendwann ändern kann), aber die gemeinsame Firmenzugehörigkeit verbindet trotzdem.

Die vielen Vorteile eines Beziehungsnetzes

Ein Netzwerk erleichtert Ihnen ganz entscheidend den Weg nach oben. Für manche Aspekte sind besonders Ihre innerbetrieblichen, für andere Ihre außerbetrieblichen Kontakte bedeutsam. Wieder andere Vorteile ergeben sich aus allen Arten von Beziehungen.

Die wichtigsten Beziehungen für Ihre Karriere sind natürlich die *innerhalb* Ihres Unternehmen. Wie in Regel 11 erwähnt, stellt ein tragfähiges Netzwerk innerhalb der Firma eine wichtige Machtgrundlage dar – zum einen, weil Sie so Zugang zu vertraulichen Informationen erhalten, zum anderen, weil Sie nur so Ihre sachlichen Aufgaben erfolgreich erfüllen können. Deshalb ist es für jeden, der neu in eine Firma eintritt, entscheidend, seine Machtbasis von Anfang an durch intensives Networking auszubauen.

Im Einzelnen lassen sich die wichtigsten Vorteile von guten innerbetrieblichen Beziehungen folgendermaßen beschreiben:

- *Besserer Zugang zu wichtigen Informationen:* Auch im betrieblichen Zusammenhang gilt: »Wissen ist Macht.« Je mehr Kollegen Sie in Ihrem Unternehmen persönlich gut kennen, desto mehr wichtige, vertrauliche Informationen über Vorgänge und Personen werden Sie erhalten.
- *Bessere Chancen für gute Arbeitsergebnisse:* Gute persönliche Beziehungen sind eine wichtige Voraussetzung für die erfolgreiche Zusammenarbeit mit gleichgestellten Firmenmitgliedern aus anderen Abteilungen. Je besser Ihre Beziehungen, desto schneller und leichter werden Sie Ihre Kollegen von Ihren Wünschen, Vorstellungen und Ideen überzeugen können. Dies gilt vor allem, wenn Sie auf ihre direkte Zuarbeit angewiesen sind.
- *Unterstützung bei der Abwehr von Intrigen:* Ein großes innerbetriebliches Netzwerk ist Voraussetzung für die erfolgreiche Abwehr von Intrigen. Ihre Freunde informieren Sie frühzeitig über alles, was gegen Sie unternommen wird. Sie beraten Sie bei Gegenmaßnahmen und helfen Ihnen, diese durchzuführen.

Auch gute Beziehungen zu Menschen *außerhalb* des eigenen Unternehmens können äußerst wertvoll für Ihre Karriere sein:

Chancen in anderen Unternehmen: Wenn Sie gute Beziehungen zu Angehörigen anderer Firmen haben, werden Sie durch sie frühzeitig von interessanten Stellen erfahren, die frei werden oder neu geschaffen werden. Zwischen dem Zeitpunkt der Entscheidung, dass eine Stelle neu oder wieder zu besetzen ist, und dem Beginn der aktiven Suche über Zeitungsanzeigen oder Headhunter vergeht oft Zeit, etwa für die Suche nach internen Kandidaten. Sie haben also die Chance, sich vor allen anderen Externen zu bewerben, unter Umständen sogar mit Empfehlung Ihres Netzwerkpartners. Darum werden viele vakante Stellen nie publik. Es wird geschätzt, dass mindestens ein Drittel, wenn nicht bis zu zwei Drittel aller Stellenbesetzungen über persönliche Beziehungen laufen. Diese Stellenangebote erscheinen folglich nie auf dem offenen Stellenmarkt, weder im Internet noch in den Zeitungen. Ein weiterer Vorteil externer Netzwerkpartner: Sie können Sie empfehlen, wenn sie von Headhuntern auf vakante Stellen angesprochen werden und selbst kein Interesse daran haben.

Hilfe bei schwierigen beruflichen Entscheidungen: Ihre Netzwerkpartner können Ihnen bei allen schwierigen Karrierefragen beratend zur Seite stehen – zum Beispiel, wenn Sie ein auf den ersten Blick attraktives Angebot innerhalb oder außerhalb Ihres Unternehmens erhalten haben. In der Regel sollten Sie alle Fragen, die mit einem Firmenwechsel zu tun haben, nur mit Personen außerhalb Ihrer Firma besprechen. Sie müssen einem Arbeitskollegen schon felsenfest vertrauen können, um ihn vorher in Ihre Überlegungen einzuweihen.

Ideen übernehmen: Im Erfahrungsaustausch mit anderen erfahren Sie, wie andere Unternehmen bestimmte Probleme lösen. Erscheint Ihnen deren Vorgehensweise als überlegen, können Sie sie Ihren Vorgesetzten vorschlagen und sich dadurch profilieren.

Bestimmte Vorteile ergeben sich *gleichermaßen aus guten inner- und außerbetrieblichen* Beziehungen:

Verbesserung eigener Ideen: Wenn Sie eine Idee entwickelt haben, können Sie diese mit Ihren Netzwerkpartnern besprechen. Sie werden es immer wieder erleben, dass man Sie auf Dinge hinweist, die Sie allein übersehen hätten. Im schlimmsten Fall wird Ihnen durch die Diskussion mit anderen klar, dass Ihre Idee undurchführbar ist – dies aber, *bevor* Sie sich damit im großen Kreis blamieren.

Rat von Partnern: Die gilt auch im umgekehrten Fall: Wenn Sie etwas nicht wissen, unsicher sind oder keine gute Idee haben, wie Sie ein bestimmtes Problem lösen können, holen Sie sich Rat bei Ihrem Netzwerk. Je mehr Leute Sie fragen, desto wahrscheinlicher ist es, dass Sie eine gute Lösung finden werden.

Konstruktive Kritik: Bitten Sie Ihre Netzwerkpartner um konstruktive Kritik an Ihrem Auftreten, vor allem an Ihrem Kommunikationsverhalten.

Die folgende Abbildung zeigt die beruflichen Vorteile von Beziehungen im Überblick.

Berufliche Vorteile von Beziehungen

Innerbetriebliche Beziehungen

- besserer Zugang zu wichtigen, vertraulichen Informationen – das bedeutet Machtzuwachs
- bessere Chancen für gute Arbeitsergebnisse – das führt zu Machtzuwachs
- Unterstützung bei der Abwehr von Intrigen

Außerbetriebliche Beziehungen

- Karrierechancen in anderen Unternehmen
- Hilfe bei schwierigen beruflichen Entscheidungen
- neue Lösungswege durch die Beispiele anderer Firmen

Alle Beziehungen

- Verbesserung eigener Ideen durch Diskussion mit Netzwerkpartnern
- Rat von Netzwerkpartnern bei Problemen
- konstruktive Kritik am eigenen Verhalten

So funktioniert Networking

Networking basiert auf sechs einfachen Grundregeln, die Sie kennen und beherzigen sollten:

- *Alles beruht auf Gegenseitigkeit.* Networking bedeutet Austausch von Informationen und Gefälligkeiten. Dabei müssen Sie zum Geben genauso bereit sein wie zum Nehmen. Ihre Netzwerkpartner wollen genauso von ihrer Beziehung zu Ihnen profitieren wie umgekehrt.
- *Quantität zählt.* Je größer Ihr Netzwerk, desto eher besteht die Chance, dass Sie bei speziellen Problemen genau die Hilfe finden, die Sie benötigen, und umso mehr Informationsquellen stehen Ihnen zur Verfügung.
- *Qualität ist ebenfalls wichtig.* Je persönlicher und intensiver Ihre Beziehung zu jemandem ist, desto mehr Informationen und Unterstützung werden Sie erwarten können. Einen guten Freund können Sie Tag und Nacht anrufen, wenn Sie ein gravierendes Problem haben, einen Arbeitskollegen in der Regel nicht. Eine wichtige Voraussetzung für eine intensive, persönliche Beziehung besteht darin, dass Sie es verstehen, andere für sich einzunehmen.
- *Nutzen Sie die Dynamik Ihres Netzwerks.* Da jeder Mensch ein anderes Netzwerk hat, eröffnet Ihnen jede einzelne Beziehung die Möglichkeit, weitere Kontakte zu knüpfen. Wenn Sie die Möglichkeiten intensiv nutzen, über Ihre Netzwerkpartner neue Leute kennen zu lernen, werden Sie Ihr Netzwerk in kurzer Zeit deutlich vergrößern.
- *Sie sind Ihres Netzwerks Schmied.* Wie groß Ihr Netzwerk ist und wie gut die einzelnen Beziehungen sind, das entscheiden Sie allein. *Sie* müssen aktiv werden. Warten Sie nicht darauf, dass andere auf Sie zugehen. Und erwarten Sie nicht, dass eine Beziehung von allein persönlicher wird.
- *Beziehungen wollen gepflegt werden.* Die Qualität einer Beziehung ist unter anderem davon abhängig, wie häufig Sie mit Ihrem Netzwerkpartner Kontakt haben. Sie wird sich verschlechtern, wenn Ihre Kontakte seltener werden.

Wenn Sie diese Regeln umsetzen wollen, müssen Sie eine Reihe von Fähigkeiten beziehungsweise Verhaltensweisen beherrschen, die gewissermaßen die Bausteine für erfolgreiches Networking darstellen. Sie müssen neue Kontakte knüpfen können, bestehende Kontakte aufrechterhalten und Ihre Beziehungen emotional vertiefen. Die folgenden Abschnitte enthalten hierzu Tipps.

Wie man Leute kennen lernt

Es fällt manchen Menschen schwer, neue Kontakte zu knüpfen, indem sie aktiv auf andere, fremde Menschen zugehen. Vor allem der Anfang des Gesprächs erscheint schwierig. Wie soll man das Gespräch eröffnen, wie bricht man das Eis? Wie wird der andere reagieren: freundlich, neutral oder vielleicht sogar zurückweisend? Ist er überhaupt an einem Gespräch interessiert?

Wenn Ihnen diese Fragen in solchen Situationen durch den Kopf gehen, dann helfen Ihnen vielleicht die folgenden Hinweise:

- Je mehr offenkundige Gemeinsamkeiten Sie mit einem anderen Menschen haben, desto leichter fällt normalerweise die Kontaktaufnahme. Für Mitglieder der gleichen Firma besteht darin eine wesentliche Gemeinsamkeit, dass sie dem gleichen Unternehmen angehören. Deshalb beginnt man ein Gespräch am besten damit, zu fragen, in welcher Abteilung der andere arbeitet und was genau seine Aufgaben sind. Dies sind ganz unverfängliche Fragen, die fast jeder gern beantwortet. Ähnliches gilt beispielsweise bei privaten Einladungen. Alle Eingeladenen haben eines gemeinsam: Sie stehen zum Gastgeber in irgendeiner Beziehung. Die nahe liegende erste Frage ist also: »Was verbindet Sie mit unserem Gastgeber?«
- Wenn Sie die Gelegenheit haben, vor dem ersten Zusammentreffen etwas über einen Menschen zu erfahren, sollten Sie dies nutzen. Suchen Sie nach Gemeinsamkeiten in Ihren Erfahrungen, Bedürfnissen und Interessen und schon haben Sie einen guten Einstieg in das Gespräch: »Ich habe gehört, Sie haben auch ...«
- Eine einfache Art, ein Gespräch anzufangen, besteht darin, eine Bemerkung zur aktuellen Situation zu machen, in der man sich gemeinsam befindet: »Eine interessante Veranstaltung ist das hier ...« oder: »Es war fast unmöglich, einen Parkplatz zu finden ...«

Nachdem das Eis gebrochen ist, gilt es, das Gespräch in Gang halten, um herauszufinden, ob weitere Gemeinsamkeiten bestehen. Hierfür eignet sich Small Talk sehr gut, wie Elisabeth Bonneau schreibt. Sie bezeichnet Small Talk als »sanften Türöffner« zum anderen.

Wenn Sie beim Small Talk Gemeinsamkeiten feststellen, dann wird sich das Gespräch von allein weiterentwickeln und daraus vielleicht eine Beziehung entstehen. Zeigt sich hingegen keine gemeinsame Basis, können Sie die »Tür wieder schließen« und sich vom anderen abwenden, ohne unhöflich zu sein, denn Small Talk ist seinem Wesen nach unverbindlich.

Small Talk ist eine Technik der Kontaktaufnahme, die hervorragend geeignet ist, Gemeinsamkeiten mit dem anderen zu entdecken.

Trotz der Unverbindlichkeit handelt es sich beim Small Talk keineswegs um banales Geschwätz. Vielmehr ist darunter eine Technik der Kontaktaufnahme zu verstehen, die Sie beherrschen sollten. Auch wenn Ihnen Small Talk nicht besonders liegt: Sie können es lernen. Für den Einstieg ins Gespräch können Sie Ihrem Gesprächspartner Fragen zu seiner Person stellen, ohne ihn deswegen auszufragen. Treffen Sie auf Gemeinsamkeiten, haben Sie die Chance zu reagieren; oder Sie erzählen etwas über sich selbst (aber halten Sie sich kurz), dann hat der andere die Möglichkeit, auf Gemeinsamkeiten zu reagieren.

Im weiteren Verlauf des Gesprächs können Sie andere Themen ansprechen, etwa indem Sie eine kurze Geschichte oder Anekdote erzählen. Sie sollten aber bei Unverfänglichem bleiben, wie zum Beispiel Freizeitaktivitäten, Urlaub, Essen und Trinken, Kino, Theater, Konzerte. Vermeiden Sie es auf jedem Fall, über Geld, Politik, Krankheiten, Katastrophen, Tod, Moral oder Religion zu sprechen. Diese Bereiche gehören zur Privatsphäre, und der andere wird sich meist nur ungern dazu äußern wollen. Wenn Sie solche Themen anschneiden, riskieren Sie es, die unbefangene Atmosphäre stören.

Wenn Sie bei einem bestimmten Thema keine Gemeinsamkeit entdecken, wird das Gespräch sehr schnell mühselig. Jetzt gilt es, elegant das Thema zu wechseln. Das Zauberwort hierfür heißt »apropos«. Sie greifen einfach ein beliebiges Wort Ihres Gesprächspartners auf und leiten mit »apropos« zu etwas ganz anderem über. Auch wenn ein solch abrupter Themenwechsel normalerweise als unhöflich gilt: *In dieser Situation* ist der andere Ihnen dankbar, denn er empfindet wie Sie die Fruchtlosigkeit Ihres bisherigen Gesprächs.

Beim Small Talk sollten Sie auf vier Dinge achten:

- *Sprechen Sie alle Themen nur kurz an.* Denken Sie immer daran, dass die Zielsetzung nur darin besteht, Gemeinsamkeiten zu entdecken. Wenn Sie die nicht finden, wechseln Sie schnell das Thema.
- *Seien Sie nicht belehrend oder besserwisserisch.* Es geht nicht darum, den anderen von etwas zu überzeugen, sondern nur darum, ihn kennen zu lernen.
- *Versuchen Sie die Stärken und besonderen Fähigkeiten des anderen zu erfahren.* Dies ist wichtig, um beurteilen zu können, in welcher Hinsicht

der andere Ihnen besonders nützlich sein könnte. Teilen auch Sie dem anderen mit, was Sie auszeichnet, aber schneiden Sie nicht auf.
- *Versuchen Sie, gute Laune auszustrahlen.* Lächeln Sie viel. Und halten Sie Blickkontakt. Auch wenn das Gespräch nicht tiefschürfend ist, so ist es doch eine ernstzunehmende Angelegenheit. Konzentrieren Sie sich also voll und ganz auf Ihren Gesprächspartner. Nichts irritiert mehr, als wenn jemand während des Gesprächs seinen Blick im Raum schweifen lässt, weil er nach anderen Personen Ausschau hält.

Wenn Sie am Ende des Gesprächs den Wunsch verspüren, den Kontakt aufrechtzuerhalten und den Eindruck haben, dem anderen geht es genauso, sollten Sie Visitenkarten austauschen. Deshalb empfiehlt es sich, immer eine ausreichende Anzahl von Karten mit sich zu führen – auch wenn man privat unterwegs ist.

Bleiben Sie in Kontakt

Nachdem Sie jemanden neu kennen gelernt haben, gilt es, den Kontakt möglichst schnell zu vertiefen, indem Sie anrufen, schreiben oder sich wieder treffen. Ansonsten kann die Beziehung leicht versanden, ehe sie recht begonnen hat.

Beziehungen wollen gepflegt sein, wenn Sie Ihnen dauerhaft zur Verfügung stehen sollen. Dies erfordert regelmäßige Kontakte, und das mehrmals pro Jahr. Wenn man nicht in derselben Firma arbeitet, bleibt man meist per Telefon im Gespräch. Jede wichtige Veränderung in Ihrem Leben ist ein guter Anlass, Ihre Netzwerkpartner zu informieren und so den Kontakt aufrechtzuerhalten, zum Beispiel eine Beförderung, ein neuer Job, ein Umzug. Auch das Versenden von Geburtstags- und Weihnachtsgrüßen ist empfehlenswert.

Darüber hinaus sollten Sie natürlich versuchen, sich gelegentlich zu treffen, um den Kontakt zu vertiefen. Gehen Sie gemeinsam ein Bier trinken, feiern Sie bei sich zu Hause ein großes Fest, besuchen Sie Ihre Netzwerkpartner, wenn Sie beruflich gerade in deren Stadt sind. Kurz: Schaffen Sie Gelegenheiten für ein persönliches Gespräch.

All dies mag für Sie banal klingen. Aber wie viele Ihrer Kontakte sind schon eingeschlafen, weil weder Sie noch der andere sich bemüht haben, die Beziehung aufrechtzuerhalten? Sie werden vielleicht antworten, dass Sie zu diesen Leuten sowieso keinen persönlichen Draht gefunden hatten. Das ist aber im Rahmen der beruflich orientierten Netzwerkpflege nicht unbedingt nötig. Entscheidend ist vielmehr ein Grundstock an gegenseitiger Sympathie sowie gemeinsamen Erfahrungen und Interessen.

Der Unterschied zwischen Menschen mit vielen und mit wenigen Beziehungen liegt nicht darin, dass die einen mehr Glück haben als die anderen. Er liegt einzig und allein darin, dass die einen ihre Kontakte intensiver pflegen als die anderen.

Nur wer sich aktiv um seine Beziehungen bemüht, wird über ein großes Netzwerk verfügen.

Beziehungen sind besonders gefährdet, wenn durch Umzug eine räumliche Trennung entsteht. »Aus den Augen, aus dem Sinn«, heißt es zutreffend. Gerade in einem stark dezentralisierten Land wie Deutschland ist eine örtliche Veränderung aus beruflichen Gründen an der Tagesordnung. Die Beziehungspflege bedarf in dieser Situation besonderer Bemühungen von beiden Seiten. Halten Sie also Kontakt, wenn zum Beispiel jemand aus Ihrem Firmennetzwerk das Unternehmen verlässt und umzieht, oder wenn aus Ihrem Freundeskreis jemand versetzt wird.

Tipps für Ihren Erfolg

- Kontaktieren Sie Ihren neuen Gesprächspartner nach dem Kennenlernen möglichst bald erneut.
- Kontaktieren Sie Ihre Netzwerkpartner regelmäßig (mehrmals pro Jahr), besonders bei räumlicher Trennung.
- Nutzen Sie alle Gelegenheiten für persönliche Gespräche.
- Ergreifen *Sie* immer die Initiative. Verlassen Sie sich nie auf den anderen.

Vertiefen Sie die Beziehung

Sich aktiv um Kontakte zu bemühen, ist eine Sache – eine andere ist es, eine Beziehung emotional zu vertiefen. Es gilt, den anderen für sich einzunehmen und sich jederzeit so verhalten, dass die Beziehung gestärkt wird. Dies gehört zum Networking untrennbar dazu. Je mehr Ihre Netzwerkpartner Sie mögen – und dafür können Sie eine Menge tun –, desto intensiver und potenziell ertragreicher wird die Beziehung zwischen Ihnen sein. So wenig Sie es einerseits beeinflussen können, ob *Sie* jemanden sympathisch finden, so sehr *hängt es andererseits von Ihnen ab, ob der andere Sie mag.*

Dale Carnegie ist als einer der ersten Autoren systematisch der Frage nachgegangen, »wie man Freunde gewinnt«. Seine Grundregel lautet: Behandeln Sie die anderen immer so, wie Sie selbst gerne behandelt werden möchten. Das bedeutet vor allem, sie durch Anerkennung in ihrem Selbstwertgefühl zu bestärken. Der psychologische Mechanismus ist ziemlich einfach: Jeder erhält gern Lob und Komplimente, darum schätzen die meisten Menschen jeden sehr, der ihnen seinen ehrlichen Beifall ausspricht. Deshalb werden sie versuchen, diesen Menschen auf die eine oder andere Weise an sich zu binden. Um den anderen für sich einzunehmen und die Beziehung zu ihm zu stärken, beachten Sie vor allem die folgenden Verhaltensempfehlungen.

Machen Sie Komplimente: Die einfachste Art, den Grundgedanken der ehrlichen Anerkennung in die berufliche Praxis umzusetzen, besteht darin, jemandem Komplimente zu machen. Sie können dabei Ihre Anerkennung für private wie für berufliche Erfolge ausdrücken. Sie sollten Ihr Lob aber möglichst konkret auf eine einzelne Leistung beziehen. Dies ist wirkungsvoller als die Talente oder Charaktereigenschaften des anderen auf allgemeine Art zu loben. Wenn Sie auf Anhieb nichts finden, was Sie ehrlich anerkennen können, suchen Sie aktiv danach. Manchmal mag es etwas Mühe kosten, aber bei jedem Menschen können Sie einen Anlass zum Lob finden – und sei er noch so klein. Ganz besonders wirkungsvoll ist Ihre Anerkennung übrigens, wenn Sie sie in Gegenwart anderer äußern. Sie werten ihn damit zusätzlich in den Augen der übrigen Anwesenden auf.

Interessieren Sie sich für den anderen: Eine indirekte Art, dem anderen Anerkennung zukommen zu lassen, besteht darin, sich für ihn zu interessieren. Für die meisten Menschen gibt es nichts Wichtigeres als sie selbst, ihre Familie, ihre Hobbys, ihre Wünsche, ihre Interessen, ihre Pläne und ihre Sorgen. Darüber reden sie am liebsten. Wenn Sie also Interesse am anderen zeigen und sich nach dem erkundigen, was ihn bewegt, – dann gewinnen Sie den anderen ganz leicht für sich. Sprechen Sie mit Ihrem Gesprächspartner über das, was *ihm* am Herzen liegt. Die Technik ist ganz einfach: Stellen Sie entsprechende Fragen, lassen Sie den anderen erzählen, hören Sie aufmerksam zu, haken Sie nach. Und merken Sie sich, was der andere erzählt – wenn es sein muss, indem Sie sich später die wichtigsten Dinge aufschreiben.

Seien Sie hilfsbereit: Alle Vorteile, die Sie von Ihren Netzwerkpartnern zu erhalten hoffen, müssen Sie den anderen im Gegenzug auch geben wollen. Das heißt im Einzelnen:

- Helfen Sie aktiv durch eigene Mitarbeit, zum Beispiel wenn jemand aus Ihrem Netzwerk momentan überlastet ist.
- Tun Sie Ihren Partnern auch sonst jeden Gefallen, der Ihnen möglich ist.
- Hören Sie sich die beruflichen und persönlichen Probleme der anderen an und stehen Sie ihnen mit Ermutigung und Rat (und eventuell Tat) zur Seite. Falls Sie selbst für ein Problem des anderen keine Lösung kennen, können Sie ihm vielleicht einen Experten aus Ihrem Netzwerk vermitteln.

Wenn Sie einem anderen einen Gefallen tun, fühlt er sich in der Regel in Ihrer Schuld und empfindet die Verpflichtung, sich bei Gelegenheit zu revanchieren. Auf dieses »Guthaben« können Sie zurückgreifen, wenn Sie selbst Hilfe benötigen. Hilfsbereit zu sein stärkt also nicht nur Ihre Beziehung zum anderen, sondern ist auch in Ihrem ureigenen Interesse.

Seien Sie zuverlässig: Nicht nur Ihrem Chef, sondern auch Ihren Netzwerkpartnern gegenüber sollten Sie sich jederzeit als absolut zuverlässig erweisen. Hiermit drücken Sie Ihre Wertschätzung des anderen aus. Zuverlässigkeit bedeutet vor allem, dass Sie Ihre Versprechen einhalten, und zwar sowohl was die Sache, als auch den Termin angeht. Versprechen Sie deshalb immer nur etwas, von dem Sie sicher sind, dass Sie es einhalten können. Und sollte es wirklich einmal unvorhergesehene Probleme geben, dann weisen Sie die anderen sofort darauf hin, wenn Sie davon erfahren – und nicht erst, wenn es zu spät ist.

Das Wichtigste in Kürze

- Ein großes Netzwerk guter Beziehungen zu Menschen innerhalb wie außerhalb Ihrer Firma ist eine wesentliche Voraussetzung für Ihren Erfolg im Beruf.
- Wie groß Ihr Netzwerk ist, hängt allein von Ihnen ab.
- Gemeinsamkeiten mit dem anderen sind die Basis jeder Beziehung. Diese entdecken Sie durch zielgerichteten Small Talk.

- Sie müssen Ihr Netzwerk durch regelmäßige Kontakte pflegen, sonst schlafen die Beziehungen wieder ein.
- Die Qualität Ihrer Beziehungen hängt davon ab, wie sehr Sie die anderen für sich einnehmen können und wie Sie sich ihnen gegenüber verhalten. Geben Sie den anderen vor allem Anerkennung, seien Sie hilfsbereit und zuverlässig.

Regel 13
Entwickeln Sie ein gutes Verhältnis zu Ihrem Chef

Ihr direkter Vorgesetzter ist für Sie in jeder Hinsicht – auch und vor allem im Hinblick auf Ihre Karriere – die wichtigste Person in der ganzen Organisation.

Die enorme Bedeutung Ihres Chefs hat zwei Gründe. Erstens: In Regel 11 wurde bereits erwähnt, dass eine gute Beziehung zu Ihrem Vorgesetzten eine wichtige Machtgrundlage für Sie darstellt. Ihr Chef beeinflusst maßgeblich Ihren Erfolg, indem er Ihnen bei der Durchsetzung Ihrer sachlichen Ziele hilft und Ihnen bei Auseinandersetzungen mit anderen Personen oder Abteilungen den Rücken stärkt. Jederzeit und für alle sichtbar die volle Unterstützung des Vorgesetzten zu haben, ist eine wichtige Voraussetzung für berufliche Erfolge. Und die brauchen Sie, um befördert zu werden.

Aber noch aus einem zweiten Grund kommt dieser Beziehung eine ganz besondere Bedeutung zu: In der Regel ist die ausdrückliche Empfehlung des Vorgesetzten Voraussetzung für jede Beförderung. (Hiervon gibt es nur wenige Ausnahmen, etwa wenn Sie Sohn oder Tochter des Inhabers sind.) Es ist Ihr direkter Chef, der durch seine positive oder negative Beurteilung Ihrer Fähigkeiten und Leistungen sowie deren entsprechender Kommunikation nach »oben« Ihre beruflichen Ziele maßgeblich fördern oder behindern kann. Der Karriereexperte Heiko Mell schätzt, dass 80 Prozent aller Karriereprobleme ihre Ursache in Schwierigkeiten mit dem Chef haben!

Darum ist ein gutes Verhältnis zu Ihrem Chef so wichtig

Wie bringen Sie Ihren Chef dazu, Sie in Sach- und Karrierefragen zu unterstützen? Zwei Dinge sind hierfür ausschlaggebend: ein gutes persönliches Verhältnis und seine gute Beurteilung Ihrer Leistungen.

Das gute persönliche Verhältnis: Bei der objektiv gleichen Leistung mehrerer Mitarbeiter wird der Vorgesetzte eher denjenigen zur Beförderung empfehlen, dem er sich persönlich verbunden fühlt. Je besser Ihr persönliches Verhältnis, umso stärker wird sich Ihr Chef für Ihre berufliche Entwicklung stark machen. Dies folgt aus der allgemeinen Regel, dass man Menschen, die man mag, helfen und nützen möchte.

Ihr Chef wird zudem hoffen, dass Sie ihm später helfen können, wenn Sie auf seine Ebene befördert worden sind oder gar an ihm vorbeiziehen. Wenn Ihr Verhältnis gut ist, sieht er in Ihnen einen Verbündeten. Je stärker Sie werden, desto besser ist das potenziell für ihn.

Je besser Ihre Beziehung zu Ihrem Chef, umso stärker wird er auch in sachlichen Fragen zu Ihnen halten und Sie bei Ihren Projekten unterstützen. Zwar hat ein Vorgesetzter normalerweise das Interesse, dass alle seine Mitarbeiter erfolgreich arbeiten, da deren Erfolg ja auf ihn zurückfällt. Aber er wird tendenziell denjenigen, die ihm näher stehen, mehr helfen als anderen, da er an deren Erfolg besonders interessiert ist.

An dieser Stelle noch eine kurze Bemerkung zur generellen Haltung Ihres Chefs Ihnen gegenüber: Wenn er Sie selbst eingestellt hat, können Sie zumindest in der Anfangszeit mit erheblichem Wohlwollen von seiner Seite rechnen. Er hat ein großes persönliches Interesse an Ihrem Erfolg, beweist er doch damit seinen eigenen Vorgesetzten, dass er fähig ist, die richtigen Mitarbeiter auszuwählen und einzustellen.

Die guten Leistungen: Ein gutes Verhältnis zu Ihrem Chef allein wird im Regelfall nicht ausreichen, damit er Ihre Beförderung vorschlägt. Sie müssen natürlich auch gute Leistungen zeigen, also positiv von Ihrem Chef beurteilt werden. Dies geschieht nur, wenn Sie seine Erwartungen erfüllen, und das heißt vor allem, dass Sie ihn in jeder Hinsicht bei der Verwirklichung seiner Ziele und Prioritäten unterstützen. Hierauf wurde bereits in Regel 10 hingewiesen.

Wie gut Ihr Chef Ihre Leistungen beurteilt, hängt ebenfalls davon ab, wie sympathisch Sie ihm sind und wie gut Ihr Verhältnis ist. Sympathien lassen oft schlechte Leistungen in einem milderen Licht erscheinen und machen mittelmäßige Ergebnisse zu Glanznummern. Unsere subjektive Wahrnehmung der Verdienste eines anderen wird nämlich stark davon beeinflusst, für wie schwierig wir die Begleitumstände erachten. Ist uns jemand sympathisch, tendieren wir dazu anzunehmen, dass er die Leistung unter schwierigen Umständen vollbracht hat. Selbst wenn das Ergebnis objektiv messbar ist (zum Beispiel ein Umsatzzuwachs von 3,6 Prozent), muss man es immer interpretieren, um die Qualität der Ausführung zu beurteilen. Ein gutes persönliches Verhältnis zu Ihrem Chef kann seine Beurteilung Ihrer Leistung in Ihrem Sinne beeinflussen.

Nur Ihr Chef definiert, was eine gute Leistung ist

Vorgesetzte sind prinzipiell frei in der Definition der Aufgaben und Prioritäten ihrer Mitarbeiter. Jeder Chef legt außerdem bei der Leistungsbeurteilung auf unterschiedliche Dinge besonderen Wert. Es ist extrem wichtig, sich klarzumachen, dass es für Verwaltungstätigkeiten und vor allem für Managementfunktionen keine allgemein gültigen, objektiven Maßstäbe dafür gibt, welche Leistungen überhaupt dazu gehören und was im Einzelnen als gute Leistung gelten soll. Mitarbeiter und Manager sind immer vom (natürlich subjektiven) Urteil anderer, insbesondere ihrer Vorgesetzten abhängig. Ob Sie also gute Leistungen erbringen, entscheidet in erster Linie Ihr Chef.

Der Karriereexperte Heiko Mell stellt fest: »Ein ›guter‹ Mitarbeiter ist jemand, den sein Chef dafür hält.«

Entscheidend ist, vom Vorgesetzten als guter Mitarbeiter *eingestuft* zu werden. Es genügt nicht, ein objektiv guter Mitarbeiter *sein* zu wollen. Widerstehen Sie der Versuchung, selbst zu definieren, wie in Ihrer jeweiligen Position eine gute Leistung auszusehen hat: Es gibt dafür keine objektiven Kriterien! Die Versuchung ist besonders groß, wenn Sie sich Ihrem Chef fachlich überlegen fühlen. Es kommt häufig vor, dass der Vorgesetzte eine andere Ausbildung hat als seine Mitarbeiter und folglich deren Arbeit fachlich nicht vollständig beurteilen kann. Aber auch dann bestimmt er, welche Mitarbeiter er für gut hält und welche nicht.

Betrachten Sie Ihren Chef einfach als den Kunden für Ihr Produkt »Arbeitsleistung«. Ein Unternehmen hat am Markt nur dann Erfolg, wenn es sein Produkt entsprechend den Wünschen seiner Kunden anbietet. Es sind die Kunden, die entscheiden, welches Produkt ihnen gefällt, und dies auch ohne das Wissen, wie es hergestellt wird. Das Gleiche gilt für Sie: Ihre Arbeitsleistung muss Ihrem Vorgesetzten gefallen, auch wenn er kein Fachmann in Ihrem Arbeitsbereich ist.

Finden Sie heraus, welche Erwartungen Ihr Chef an Sie hat

Oben wurde bereits erwähnt, dass Sie immer versuchen sollten, Ihren Chef bei der Verwirklichung seiner Ziele zu unterstützen. Da aber die Ziele sehr unterschiedlich sein können, sind es die Erwartungen an die Mitarbeiter im Einzelfall auch. Manche Chefs formulieren ihre Erwartungen nicht in jedem Fall eindeutig – meistens weil sie sich nicht offen über ihre eigenen Ziele äußern mögen. Um Ihren Chef wirksam unterstützen zu können, müssen Sie herausfinden, was er genau von Ihnen erwartet. Hierfür gibt es eine Reihe von Möglichkeiten:

- *Sprechen Sie mit Ihrem Chef:* Bitten Sie ihn, wann immer möglich, um Feedback, ob Sie einen einzelnen Auftrag so erledigt haben, wie er es erwartet hat. Fragen Sie ihn ab und zu ganz allgemein, ob Sie seine Erwartungen vollständig erfüllen und in welchen Bereichen Sie sich verbessern können.
- *Versetzen Sie sich in seine Lage:* Wenn Sie seine Ziele und Prioritäten hätten, was würden Sie von Ihren Mitarbeitern erwarten? Womit könnten Ihre Mitarbeiter Ihnen am meisten helfen?
- *Analysieren Sie sein Verhalten:* Wenn Sie Ihren Chef sorgfältig beobachten, werden Sie Rückschlüsse auf seine Erwartungen ziehen können. Achten Sie auf das, was er sagt. Welche Verhaltensweisen oder Leistungen von Kollegen lobt er besonders? Wen kritisiert er und aus welchen Gründen?
- *Fragen Sie Ihre Kollegen:* Ihre derzeitigen Kollegen oder ehemalige Mitarbeiter der Abteilung können häufig Auskunft über die Erwartungen des Chefs geben.

Entscheidend ist, dass Sie aktiv nach verlässlichen Informationen über die Ziele und Erwartungen des Chefs suchen. Stellen Sie nicht einfach nur Vermutungen an, wenn Sie keine genauen Informationen haben, sondern versuchen Sie immer, möglichst viele Quellen aufzuspüren, um zu möglichst sicheren Erkenntnissen zu kommen. Denken Sie daran:

Nur wenn Sie die Erwartungen Ihres Chefs erfüllen, sind Sie für ihn ein guter Mitarbeiter. Nur dann wird er Sie und Ihre Beförderungsambitionen fördern.

In den folgenden drei Abschnitten geht es darum, was Sie ganz konkret tun können, um ein gutes persönliches und Arbeits-Verhältnis zu Ihrem Chef aufzubauen. Der erste behandelt Ihre tägliche Zusammenarbeit, der zweite den persönlichen Kontakt und der dritte loyales Verhalten als Voraussetzung dafür, dass Ihr Chef Ihnen vertraut.

So arbeiten Sie optimal mit Ihrem Chef zusammen

Passen Sie sich seinem Arbeitsstil an: Ihr Chef hat einen persönlichen Arbeitsstil und erwartet, dass Sie sich ihm anpassen. Beachten Sie folgende Hinweise für eine reibungslose Zusammenarbeit:

- Informieren Sie ihn so, wie er es bevorzugt: mündlich oder schriftlich, telefonisch oder per E-Mail.
- Stellen Sie sich auf seine Art ein, Arbeitsgespräche zu führen: spontan oder mit Termin, Einzelgespräch oder Abteilungsbesprechung, seine oder Ihre Initiative, mit intensiver Vorbereitung oder ohne.
- Akzeptieren Sie das Ausmaß seiner Delegation an Sie. Gibt er viel ab, müssen Sie sehr selbstständig arbeiten. Anderenfalls sollten Sie ihn so viel entscheiden lassen, wie er will.
- Passen Sie sich so weit wie möglich an seine Arbeitszeiten an.

Seien Sie verlässlich: Eine wesentliche Voraussetzung dafür, dass Ihr Chef Sie als Mitarbeiter schätzt, besteht darin, dass er sich vollständig auf Sie verlassen kann. Dazu gehört vor allem, dass Sie die Aufgaben, die er Ihnen stellt, vollständig und pünktlich zum vereinbarten Termin erledigen.

Machen Sie Vorschläge: Wenn Sie mit der Analyse eines Problems beauftragt werden, machen Sie immer Vorschläge zu dessen Lösung. Zeigen Sie möglichst mehrere alternative Wege auf, bewerten Sie sie und empfehlen Sie dann einen davon. Diesen Vorschlag müssen Sie gegenüber Ihrem Chef gut begründen.

Daraus wird sich in der Regel eine Diskussion zwischen Ihnen und Ihrem Vorgesetzten entwickeln. Auch wenn er am Ende Ihre Empfehlung nicht akzeptiert und anders entscheidet: Wichtig ist, dass Ihr Vorschlag eine qualifizierte Diskussion ermöglicht. Nachdem Ihr Chef alle Aspekte des Problems und der Lösungsmöglichkeiten mit Ihnen diskutiert hat, wird er sich – falls er selbst die Entscheidung trifft – sicherer fühlen, dass es eine gute Entscheidung ist.

Halten Sie Ihren Chef immer auf dem Laufenden: Sie sollten Ihren Chef über *alle* Ihre Aktivitäten jederzeit auf dem Laufenden halten. Dies bedeutet zum einen, ihn regelmäßig zu informieren, zum anderen heißt das, ihm von *jedem* Schriftstück oder E-Mail, das Sie versenden, eine Kopie zukommen zu lassen. Dies hat für Sie nur Vorteile. Erstens dokumentieren Sie dadurch Ihren Fleiß und Ihre Anstrengungen. Zweitens kann Ihr Chef Anfragen, etwa seitens seines Vorgesetzten, die Ihre Arbeiten betreffen, sofort kompetent beantworten. Und drittens: Wenn Sie Ihren Chef nicht permanent informieren, kann er leicht das Gefühl bekommen, Sie wollten ihn übergehen, selbst wenn Sie das überhaupt nicht beabsichtigt haben.

Sie sollten Ihren Chef also wirklich über alles informieren – lieber zu viel als zu wenig. Dies gibt ihm ein Gefühl der Sicherheit und der Kontrolle über das Geschehen, für dessen Ergebnis ja letztlich *er* verantwortlich ist. Wenn er bestimmte Informationen, etwa Routineberichte, nicht mehr erhalten möchte, wird er es Ihnen schon sagen.

Suchen Sie persönlichen Kontakt zu Ihrem Chef

Eine wichtige Voraussetzung für ein gutes Verhältnis zu Ihrem Chef ist, dass Sie ihn möglichst häufig sehen oder sprechen und somit engen Kontakt zu ihm halten. Wenn Ihr Chef ein wenig kontaktfreudiger Mensch ist und von sich aus kaum das Gespräch mit Ihnen sucht, dann müssen *Sie* sich um häufige Begegnungen bemühen. Sie müssen Gründe oder Vorwände finden, ihn zu sprechen, wobei Ihre Absicht natürlich nicht erkennbar sein sollte. Gehen Sie zum Beispiel gemeinsam Mittagessen oder fahren gemeinsam zu einem auswärtigen Termin.

Ein möglichst häufiger Kontakt zu Ihrem Chef hat für Sie drei wichtige Vorteile. Erstens lernen Sie ihn als Menschen besser kennen: seine Arbeitsweise, seine Einstellungen und Verhaltensweisen, seine Vorlieben und Abneigungen – seine ganze Persönlichkeit. Mit diesem Wissen können Sie sich mit allem, was Sie tun und sagen, besser auf ihn einstellen.

Zweitens spricht man in der Regel nach einer gewissen Zeit der Bekanntschaft auch über private Dinge. Vielleicht entdecken Sie gemeinsame Interessen oder Hobbys. Dies ist umso besser für Ihr Verhältnis. Drittens haben Sie bessere Möglichkeiten, sich selbst darzustellen und Ihre Persönlichkeit und Ihre Stärken zum Ausdruck zu bringen. Sie sollten sich nicht scheuen, bei gegebenem Anlass auch Ihre Erfolge, die er nicht kennt, zu erwähnen, beispielsweise solche, die Sie bei früheren Arbeitgebern erzielt haben.

Bei all Ihren Bemühungen um Kontakt müssen Sie aber aufpassen, dass Sie Ihrem Vorgesetzten nicht »auf den Geist« gehen. Achten Sie deshalb während eines Gesprächs jederzeit auf kleinste Signale, die darauf hindeuten, dass Ihr Chef die Unterredung verkürzen oder beenden möchte. Auch hinsichtlich der Häufigkeit von Besprechungen oder anderen Kontakten müssen Sie sensibel registrieren, ob Ihr Chef Sie so oft sehen möchte wie Sie ihn.

Vorsicht beim Einschmeicheln: Von der verschiedenen Methoden sich einzuschmeicheln, sind zwei besonders wirkungsvoll. Die eine besteht darin, Ihren Chef zu loben. Wie in Regel 12 erwähnt, freut sich jeder Mensch über Komplimente und Anerkennung, jeder Vorgesetzte also auch. Aber längst nicht jeder Chef freut sich über ein Lob seines Mitarbeiters. Hierin sehen viele nur einen offenkundigen Versuch sich anzubiedern und reagieren verärgert. Die Chance auf eine positive Aufnahme des Lobs ist am größten, wenn es spontan geäußert wird und wirklich ehrlich gemeint ist.

Die zweite Methode besteht darin, Interesse für den Chef zu zeigen. Viele Menschen sprechen über nichts lieber als über sich selbst, ihr Leben, ihre Familie, ihre Hobbys. Auch darin machen Vorgesetzte keine Ausnahme. Sie finden deshalb jeden, der sich danach erkundigt, a priori sympathisch. Passen Sie aber auf, dass Ihr Interesse ehrlich wirkt.

Freundschaft: Unter günstigen Umständen kann sich das Verhältnis zu Ihrem Chef zu einer Freundschaft entwickeln. Doch Sie sollten niemals vergessen, dass er trotzdem Ihr Vorgesetzter bleibt. Sie werden mit dieser Doppelrolle als Mitarbeiter und Freund am besten zurechtkommen, wenn Sie nicht bewusst versuchen, daraus berufliche Vorteile zu ziehen. Bitten Sie Ihren Chef nie um einen besonderen beruflichen Gefallen aus Freundschaft. Überlassen Sie Ihrem Chef die Entscheidung, Sie als Freund anders zu behandeln als Ihre Abteilungskollegen, die nicht dasselbe Verhältnis zu ihm haben.

Seien Sie immer loyal gegenüber Ihrem Chef

Das absolute Vertrauen Ihres Chefs in Sie ist Vorbedingung für ein gutes Verhältnis und dafür, dass er Ihre Beförderung befürwortet. Dieses Vertrauen wird er Ihnen nur entgegenbringen, wenn Sie ihm gegenüber loyal sind. Loyalität zeigt sich vor allem im Vermeiden von illoyalen Verhaltensweisen, die das Vertrauen Ihres Chefs in Sie untergraben könnten.

Übergehen Sie Ihren Chef nicht: Versuchen Sie nie, irgendeine Entscheidung an Ihrem Chef vorbei von einer Person zu erwirken, die in der Hierarchie höher steht, zum Beispiel von seinem Vorgesetzten. In fast allen Unternehmen wird auf die Einhaltung des hierarchischen Dienstwegs großer Wert gelegt. Auch wenn die Versuchung für Sie groß ist, etwa weil Ihr Chef selbst wenig Entscheidungskompetenz hat, wenden Sie sich trotzdem in allen Fragen zunächst an ihn.

Beschweren Sie sich nicht über Ihren Chef bei dessen Vorgesetzten: Wenn Ihnen etwas in der Zusammenarbeit mit Ihrem Chef nicht gefällt, müssen Sie versuchen, die Sache mit ihm allein zu regeln. Eine Beschwerde beim nächsthöheren Vorgesetzten wird in aller Regel keinen Erfolg haben, da dieser sich in der Regel loyal hinter Ihren Chef stellen wird. Dies verlangt schon allein das hierarchische Prinzip, nach dem nicht nur der Mitarbeiter seinem Chef Loyalität schuldet, sondern ebenso umgekehrt. Bedenken Sie auch: Würde der Ranghöhere aufgrund Ihrer Beschwerde etwas gegen Ihren Chef unternehmen, würde er dessen Autorität nicht nur bei Ihnen, sondern in der ganzen Abteilung untergraben.

Die Fruchtlosigkeit Ihrer Beschwerde wäre nicht die einzige Konsequenz: Der Vorgesetzte Ihres Chefs wird diesen sofort darüber informieren. Durch ein solches Vorgehen belasten Sie das Vertrauensverhältnis zu Ihrem Chef ganz erheblich. Im Extremfall wird er daraufhin versuchen, sich von Ihnen zu trennen.

Reden Sie nicht schlecht über Ihren Chef: In allen Organisationen wird viel getratscht. Deswegen ist es immer riskant, sich gegenüber anderen Firmenmitgliedern offen abfällig über jemanden aus dem Unternehmen zu äußern. Selbst wenn Sie es unter dem Siegel der Verschwiegenheit tun, wissen Sie nie, ob Ihre Gesprächspartner die Informationen nicht doch weitertragen. In jedem Fall aber hat Ihr Gesprächspartner etwas gegen Sie in der Hand. Das gilt natürlich besonders für negative Kommentare über Ihren Chef. Stellen Sie sich einfach immer vor, er erführe, was Sie über ihn sagen. Sie sollten sich äußerst zurückhalten und solche Bemerkungen – wenn überhaupt – nur gegenüber Personen machen, denen Sie uneingeschränkt vertrauen können.

Stellen Sie Ihren Chef nicht vor anderen bloß: Niemand wird gern bloßgestellt, schon gar nicht ein Vorgesetzter von seinen eigenen Mitarbeitern. Vermeiden Sie deshalb unbedingt, vor anderen Leuten Sachaussagen Ihres Vorgesetzten infrage zu stellen oder sprachliche Fehler zu korrigieren.

Wenn Sie Ihren Chef vor anderen als inkompetent erscheinen lassen, schaden Sie nur sich selbst.

Widersprechen Sie Ihrem Chef in Meetings nicht: Die meisten Vorgesetzten schätzen *innerhalb* ihrer Abteilung oder im Einzelgespräch die offene Sachdiskussion. Vermeiden Sie es aber, Ihrem Chef bei Besprechungen mit anderen Abteilungen zu widersprechen. Diese nehmen manchmal regelrecht den Charakter von Verhandlungen zwischen mehr oder weniger verfeindeten Parteien an. Jeder Bereich erscheint sozusagen mit einer Delegation, die sich meistens aus Bereichsmitgliedern unterschiedlicher Hierarchiestufen zusammensetzt. Dabei hat der Ranghöchste die Delegationsführung inne. Bei derartigen Besprechungen ist es normalerweise nicht ratsam, eine von der eigenen Delegationsführung abweichende Meinung zu äußern, es sei denn, Sie werden von Ihrem Chef ausdrücklich dazu aufgefordert.

Tipps für Ihren Erfolg

- Übergehen Sie Ihren Chef nicht.
- Beschweren Sie sich nicht über Ihren Chef bei dessen Vorgesetzten.
- Reden Sie nicht schlecht über Ihren Chef.
- Stellen Sie Ihren Chef nicht vor anderen bloß.
- Widersprechen Sie Ihrem Chef nicht in Meetings.

Das Wichtigste in Kürze

- Ihr Chef ist für Sie die wichtigste Person in der Organisation. Deshalb ist ein gutes Verhältnis zu ihm Voraussetzung für Ihren Erfolg.
- Bringen Sie seine persönlichen Ziele und seine Erwartungen an die Mitarbeiter in Erfahrung.
- Ihr wichtigstes Anliegen muss es sein, Ihren Chef in jeder Hinsicht bei der Verwirklichung seiner Ziele zu unterstützen.
- Als Chef bestimmt *er*, was er als eine gute Leistung ansieht und wen er folglich für einen guten Mitarbeiter hält.
- Um optimal mit Ihrem Chef zusammenzuarbeiten, müssen Sie sich an seinen Arbeitsstil anpassen, verlässlich sein, Vorschläge machen und ihn immer auf dem Laufenden halten.

- Bemühen Sie sich um ein gutes persönliches Verhältnis zu Ihrem Chef. Seien Sie aber vorsichtig beim Einschmeicheln.
- Seien Sie immer loyal zu Ihrem Chef.

Regel 14
Ragen Sie aus der Masse heraus

Um befördert zu werden, müssen Sie sich beim Topmanagement Ihres Unternehmens einen Namen machen. Unter Topmanagement beziehungsweise Geschäftsführung oder Unternehmensleitung werden hier alle Personen verstanden, die hierarchisch über Ihrem Chef stehen, angefangen also mit dem Vorgesetzten Ihres Chefs.

So notwendig auch eine gute Zusammenarbeit mit Ihrem direkten Vorgesetzten für Ihre Karriere ist – er kann Sie für eine Beförderung auf seine eigene Ebene nur *empfehlen*. Die Entscheidung darüber kann nur dessen Chef treffen oder jemand, der noch höher in der Hierarchie steht. Je größer die Organisation, desto intensiver ist der »Wettbewerb« um die Aufmerksamkeit der Unternehmensleitung.

Am besten ist es für Sie, wenn Sie zu dem Vorgesetzten Ihres Chefs und zu anderen Mitgliedern des Topmanagements gute persönliche Beziehungen haben. Dies ist natürlich schwierig, weil Sie mit diesen Personen in der Regel weniger Kontakt haben. Denn anders als zu Ihrem Chef haben Sie zur Geschäftsführung keine direkte Arbeitsbeziehung. Trotzdem gibt es für Sie eine Reihe von Möglichkeiten, positiv auf sich aufmerksam zu machen.

Sorgen Sie dafür, dass Ihr Chef Grund hat, Sie zu loben

Wenn Sie einen hervorragenden Job machen, wird Ihr Chef davon profitieren, da seine Abteilung besser funktioniert, er selbst also erfolgreicher ist. Auch wenn Ihr Anteil an diesem Erfolg für das Topmanagement nicht direkt sichtbar sein sollte, wird Ihr Chef in der Regel Ihre guten Leistungen gegenüber seinen Vorgesetzten loben. Dies ist umso wahrscheinlicher, wenn er Sie selbst eingestellt hat. Denn damit kann er gegenüber seinen Chefs seine Fähigkeiten bei der Bewerberauswahl – also seine Menschenkenntnis – unter Beweis stellen.

Aber auch wenn er Sie nicht selbst eingestellt hat, gibt es normalerweise keinen Grund für ihn, Ihre guten Leistungen gegenüber der Geschäftsführung zu verschweigen. Die Verdienste seiner Mitarbeiter werfen ebenso ein gutes Licht auf ihn und seine Fähigkeiten, Mitarbeiter zu führen, auszubilden und zu motivieren. Und je mehr Ansehen er bei seinen Vorgesetzten genießt, desto mehr Gewicht hat sein Lob.

Nutzen Sie Ihre Chancen im persönlichen Kontakt

Machen Sie bei Meetings eine gute Figur: In den meisten Unternehmen gibt es immer wieder Besprechungen, an denen Personen aus drei oder gar mehr Hierarchieebenen teilnehmen. Ein wichtiges Meeting, an dem auch der Chef Ihres Chefs und sogar noch höhere Vorgesetzte anwesend sind, bedeutet für Sie die Chance, das Topmanagement durch Ihren Auftritt persönlich zu beeindrucken. Falls Sie etwas vortragen sollen, geben Sie sich die größte Mühe bei der Erstellung der Präsentationsunterlagen, sowohl was den Inhalt, als auch die Form angeht.

Suchen Sie den persönlichen Kontakt zu Topmanagern: Auch wenn Sie nicht oft an wichtigen Meetings teilnehmen und sonst kaum rein dienstliche Kontakte zur Geschäftsführung haben, so gibt es doch manchmal andere Gelegenheiten des Kontakts, beispielsweise gemeinsame Mittagessen in der Kantine oder gemeinsame Flüge zu auswärtigen Terminen. Diese Gesprächschancen sollten Sie konsequent nutzen.

Auf gar keinen Fall dürfen Sie durch Ihr Verhalten den Eindruck erwecken, Sie fühlten sich in der Gegenwart und Umgebung der Geschäftsleitung unwohl. Ein solcher Eindruck würde zum Beispiel in folgendem Fall entstehen: Der Vorgesetzte Ihres Chefs lädt (unter anderem) Sie ein, ihn in seinem Wagen auf dem Weg zu einer Messe zu begleiten. Anstatt sofort freudig zuzusagen, drucksen Sie herum und antworten schließlich, dass Sie lieber mit Ihren Abteilungskollegen X und Y fahren möchten, da Sie auf der Fahrt noch etwas mit ihnen besprechen müssen.

Durch eine solche Reaktion verpassen Sie nicht nur eine Gelegenheit zum Gespräch mit jemandem, der für Ihr berufliches Fortkommen sehr wichtig ist. Sondern er kann darüber hinaus den Eindruck gewinnen, Sie wollten ihn meiden.

Machen Sie im Zweiergespräch einen guten Eindruck: Im Gespräch können Sie einerseits Ihre höheren Vorgesetzten besser kennen lernen mit ihren Einstellungen, Vorlieben, Abneigungen und Eigenarten. Andererseits haben Sie die Chance, sich positiv darzustellen und Gemeinsamkeiten im persönlichen und privaten Bereich zu entdecken.

In der Regel kommt ein Zweiergespräch mit einem Topmanager für Sie nicht überraschend. Bereiten Sie sich also gut darauf vor. Small Talk kann in dieser Situation als Einstieg gut geeignet sein. Aber Sie sollten relativ schnell zu bedeutsameren Themen übergehen. Hierfür eignen sich natürlich wichtige innerbetriebliche Angelegenheiten, die Strategie der Firma oder die Lage der Branche. Überlegen Sie sich hierzu intelligente Fragen, und Sie werden einen guten Eindruck hinterlassen.

Hüten Sie sich aber, sich über Alltagstrivialitäten auszulassen, wie beispielsweise die Qualität des Kantinenessens oder die wieder einmal gestiegenen Benzinpreise. »Talk big« lautet der eindeutige Ratschlag des Karriereexperten Andrew DuBrin. Anderenfalls riskieren Sie, als Kleingeist und Erbsenzähler eingestuft zu werden.

Darüber hinaus ist ein Zweiergespräch natürlich auch eine gute Gelegenheit, eigene Leistungen darzustellen – solche, die Sie in der jetzigen Firma erbracht haben und solche bei früheren Arbeitgebern.

Ein weiterer Tipp für das Gespräch mit dem Topmanager: Seien Sie vorsichtig, wenn Sie – gefragt oder ungefragt – Verbesserungsvorschläge machen. Vergewissern Sie sich, dass nicht er selbst oder jemand, zu dem er gute Beziehungen hat, für den unbefriedigenden heutigen Zustand verantwortlich ist. Und formulieren Sie Ihre Vorschläge lieber mit »man könnte« anstatt »man sollte«.

Versuchen Sie, einen Mentor zu finden: Unter einem Mentor, in englischsprachigen Büchern auch »Sponsor« genannt, versteht man einen Topmanager, der mindestens zwei Stufen in der Hierarchie über Ihnen steht. Er hat ein persönliches Interesse an Ihrer Karriere und setzt sich mit seinem Einfluss für Sie ein, zum Beispiel indem er Sie für eine Beförderung vorschlägt, Sie mit Rat und Hilfe unterstützt und Sie vor unsauberen Tricks Ihrer Konkurrenten warnt. Die Motive von Mentoren sind vielfältig. Die Basis ist normalerweise eine gewisse gegenseitige Sympathie. Weitere Beweggründe eines Mentors können sein:

- Ihn befriedigt der Gedanke, dass es Personen in der Firma gibt, die ihm zu großem Dank verpflichtet sind.
- Er will sich eine Hausmacht aufbauen. Hierzu fördert er Nachwuchsmanager und versucht, sie an entscheidenden Stellen im Unternehmen zu

platzieren. Wenn der Schützling mithilfe des Mentors Karriere macht, kann er später für ihn ein wichtiger Verbündeter werden, da er ihm zu Dank verpflichtet ist.
- Der Mentor fühlt sich in seiner Macht bestätigt, wenn es ihm gelingt, die Karriere eines anderen zu formen. Er betrachtet seine Schützlinge als »seine Schöpfung«.
- Des Weiteren fühlt sich ein Mentor – wie jeder Mensch – geschmeichelt, wenn er um Rat gefragt wird. Und er braucht den Schützling nicht als Konkurrenten zu empfinden.

Mentoren neigen generell dazu, Personen mit einem Profil zu fördern, das ihrem eigenen entspricht. Suchen Sie deshalb unter den Topmanagern Ihres Bereichs oder Ihrer Firma nach solchen, mit denen Sie etwas Wichtiges gemeinsam haben (Herkunft aus der gleichen Gegend, gleicher Studienort, gleiches Studienfach) und sprechen Sie sie bei passender Gelegenheit darauf an.

Wenn der Mentor einmal angefangen hat, sich für seinen Schützling einzusetzen, würde dessen Misserfolg in gewisser Weise auf ihn selbst zurückfallen. Dies hält das Interesse des Mentors an der Karriere seines Schützlings wach. Aber auch Mentoren können eifersüchtig sein: Je intensiver seine Unterstützung und je persönlicher das Verhältnis ist, desto unliebsamer wird ihm sein, wenn sein Schützling weitere Mentoren hat. Respektieren Sie diesen Wunsch.

Tipps für Ihren Erfolg

- Machen Sie eine gute Figur bei Besprechungen.
- Suchen Sie den persönlichen Kontakt zu Topmanagern.
- Machen Sie im Zweiergespräch einen guten Eindruck.
- Versuchen Sie, einen Mentor zu finden.

Übernehmen Sie Sonderaufgaben

Profilieren Sie sich in Projektteams: In vielen Firmen werden immer wieder interdisziplinäre Projektteams gebildet, um ein größeres Problem zu lösen, das mehrere Unternehmensbereiche betrifft. Normalerweise werden die Teammitglieder von ihren jeweiligen Vorgesetzten benannt. In Einzelfällen können Sie sich aber auch selbst aktiv bei Ihrem Chef um die Mitarbeit in einem Projektteam bemühen. Nehmen Sie solche Möglichkeit wahr – auch wenn es Mehrarbeit bedeutet. Sie haben hierdurch eine weitere Chance, positiv auf sich aufmerksam zu machen.

Denn die Tatsache, dass mehrere Abteilungen bei dem Projekt zusammenarbeiten sollen, macht es in aller Regel erforderlich, dass die Initiative zur Bildung des Teams von der Geschäftsführung ausgeht. Ihr werden später die Ergebnisse berichtet. Leistet ein solches Projektteam gute Arbeit, kann das für die Mitglieder nur von Vorteil sein.

Allerdings ist an dieser Stelle eine Warnung notwendig. Nicht immer hat das Problem, zu dessen Lösung ein Arbeitskreis gebildet wird, bei allen betroffenen Mitgliedern des Topmanagements gleiche Priorität. Finden Sie also heraus, ob der Chef Ihres Chefs und alle Personen, die in der Firmenhierarchie noch über ihm stehen, der Arbeit des Teams wirklich große Bedeutung beimessen. Ist dies nicht der Fall, sollten Sie darin nicht zu viel Energie investieren.

Übernehmen Sie bereitwillig »Feuerwehreinsätze«: Ein »Feuerwehreinsatz« bedeutet einen kurzfristig notwendigen, aber zeitlich begrenzten Jobwechsel innerhalb der Firma. Die zu übernehmende Aufgabe ist für das Unternehmen wichtig, aber nicht immer sonderlich beliebt, zum Beispiel die Integration oder Sanierung einer neu erworbenen Tochtergesellschaft.

Da es sich um einen echten, wenn auch nur vorübergehenden Stellenwechsel im örtlichen oder inhaltlichen Sinn handelt, kann man Sie nicht einfach abkommandieren. Vielmehr wird man Sie fragen, ob Sie den Einsatz übernehmen wollen. Sie können ablehnen, möglicherweise sogar ohne Nachteile in Kauf nehmen zu müssen. Wenn Sie aber zusagen, kann es für Ihre Karriere große Vorteile bringen. Sie zeigen damit nämlich ein hohes Maß an Loyalität gegenüber der Geschäftsführung, der Sie aus einer temporären Personalklemme heraushelfen. Weiterhin wird das Topmanagement Sie während Ihres Einsatzes genau beobachten: Wenn Sie einen guten Job machen, um so besser für Sie – wenn nicht, wird man Ihnen trotzdem keinen Strick daraus drehen.

Gehen Sie ungewöhnliche Wege

Lösen Sie Probleme auf unkonventionelle Art: Eine weitere gute Methode, bei der Unternehmensleitung positiv aufzufallen, besteht darin, etwas Ungewöhnliches vorzuschlagen und durchzuführen, damit Ihr Projekt vorankommt oder ein Abteilungsproblem gelöst wird. »Ungewöhnlich« heißt in diesem Zusammenhang: außerhalb der normalen Abläufe und Prozeduren in der Firma. Wenn Sie das, was Sie vorschlagen zudem selbst durchführen, zeigen Sie darüber hinaus Handlungsorientierung und »Macherqualitäten«.

Entscheidend ist, dass Sie bereit sind, alles zu unternehmen, um Ihr Projekt voranzutreiben, ganz gleich, was üblich ist oder was in Ihrer Stellenbeschreibung steht. Mark McCormack hat das so ausgedrückt: »What you do *beyond* your job description is what gets noticed.«

Was genau Sie vorschlagen und machen, hängt natürlich von Ihrer Funktion ab. Hierzu ein Beispiel: Lars Thalmann ist Kundendienstmanager eines Anlagenbauunternehmens. Eines Tages erfährt er am späten Nachmittag vom Brand in einer Produktionshalle eines wichtigen Kunden. Dessen gesamte Produktion steht still. Es ist noch nicht absehbar, welche Teile der Anlagen betroffen sind und ersetzt werden müssen. Folglich kann der Kunde noch keine Bestellung für Ersatzteile aufgeben. Und selbst wenn – die Mitarbeiter des Ersatzteillagers sind bereits nach Hause gegangen. Daraufhin schlägt Lars Thalmann seinem Chef vor, zusammen mit einigen Kollegen die wichtigsten gängigen Ersatzteile selbst aus dem Lager zu holen und mit ihren Privatwagen zum Kunden zu bringen. So kann dieser sofort mit den Reparaturen beginnen. Thalmann beweist mit dieser Aktion, dass er eine kreative Lösung außerhalb des Üblichen finden kann. Diese setzt er in Eigeninitiative in die Tat um. Über Nachwuchsmanager mit solchen Eigenschaften spricht man in der Geschäftsleitung.

Brechen Sie bewusst Regeln: Eine Variante der letzten Empfehlung besteht darin, das Topmanagement durch den bewussten Bruch von wichtigen innerbetrieblichen Regeln zu beeindrucken. Manche Regeln verlieren im Verlauf der Zeit ihren Sinn oder sind für bestimmte Situationen nicht mehr angemessen, ja sogar kontraproduktiv. Wer gegen solche Regeln verstößt, kann sich unter bestimmten Umständen bei der Geschäftsleitung als Managementtalent empfehlen. Die Autoren Wolfgang Schur und Günter Weick beschreiben die fünf Voraussetzungen für einen erfolgreichen Regelverstoß:

- Der Regelverstoß muss Ihnen selbst möglich sein.
- Sie können ihn unbemerkt bis zum erfolgreichen Ende durchführen.
- Die Geschäftsleitung stuft die erzielten Ergebnisse (zum Beispiel Umsatzzuwachs oder Kosteneinsparung) als bedeutend ein.
- Sie können plausibel darlegen, dass die von Ihnen gebrochene Regel in diesem speziellen Fall entweder »unsinnig« oder »nicht anwendbar« war.

- Das Topmanagement muss natürlich den Regelverstoß auch wahrnehmen.

Als Beispiel führen die Autoren den Vertriebsbeauftragten eines Unternehmens der IT-Branche an. Wie in den meisten Firmen gilt auch in dieser Vertriebsorganisationen das eherne Gesetz, dass jeder Mitarbeiter nur die Kunden seines eigenen Verkaufsgebiets bearbeiten darf; die anderen sind für ihn tabu. Besagter Vertriebsbeauftragter verstößt bewusst gegen diese Regel. Es gelingt ihm, in einem anderen Verkaufsgebiet über persönliche Beziehungen einen neuen Großkunden zu akquirieren. Damit wird er über Nacht zum Star der Verkaufsmannschaft. Aber was noch viel mehr ins Gewicht fällt: Die Geschäftsleitung ist schwer beeindruckt von ihm.

Bei einer solchen Vorgehensweise ist die Geheimhaltung besonders wichtig. Sollte Ihr Chef vorher von Ihren Plänen erfahren, müsste er Ihnen den Regelverstoß selbstverständlich untersagen. Er würde ihn möglicherweise unter den Teppich kehren und Sie zum Schweigen verpflichten. Sie dürfen ihn also auf gar keinen Fall um Erlaubnis bitten oder in einer anderen Form einweihen. Erfahren es andere Personen im Unternehmen vorher, könnte auch Ihr Chef schnell informiert werden. Also müssen Sie alles heimlich durchführen. Sie dürfen erst dann Ihre Vorgesetzten informieren, wenn die Aktion abgeschlossen ist, das heißt, wenn Sie Tatsachen geschaffen haben.

Durch einen erfolgreichen Regelverstoß fällt man auf, das leuchtet ein. Aber darüber hinaus zeigen Sie mit diesem Verhalten auch wichtige Managereigenschaften, beispielsweise Mut, Resultatorientierung, geistige Flexibilität, Gefühl für Prioritäten, Entscheidungsfreude und Konfliktbereitschaft. Diese Eigenschaften werden um so wichtiger, je höher jemand aufsteigt.

Der kalkulierte Regelbruch ist natürlich nicht unproblematisch. Es empfiehlt sich nicht, so etwas in einer Firma mehrfach zu machen, weil Sie sonst riskieren, als undiszipliniert abgestempelt zu werden. Außerdem brüskieren Sie in jedem Fall Ihren Chef dadurch, dass Sie ihn nicht informieren. Er wird natürlich auch Ihre Absicht, sich zu profilieren, durchschauen. Je nachdem, wie stark und souverän Ihr Chef ist beziehungsweise wie stark er seine Position durch Sie angegriffen fühlt, wird er wenig begeistert sein und Ihren Vorstoß verurteilen.

Es besteht deshalb die Gefahr, dass Ihr Chef versuchen wird, Sie bei der Geschäftsleitung anzuschwärzen. Darum folgende Empfehlung: Wenn Sie Ihre Vorgesetzten schließlich über Ihren Regelverstoß informieren, sorgen Sie dafür, dass außer Ihrem Chef mindestens noch dessen Vorgesetzter bei dem Gespräch anwesend ist. So haben Sie die Chance, dem Topmanagement Ihre Sicht der Dinge darzustellen. Der Vorgesetzte Ihres Chefs wird sich nicht im gleichen Maße hintergangen fühlen wie Ihr eigener Vorgesetzter. Deshalb wird sein Urteil über Ihr Verhalten tendenziell milder ausfallen – vor allem, wenn Sie die Chance haben, sich zu verteidigen. Wenn die Geschäftsführung Ihren Regelbruch nachträglich »ausnahmsweise« gutheißt, wird Ihr Chef gute Miene zum bösen Spiel machen müssen.

Betreiben Sie Eigen-PR

Schicken Sie Kopien Ihrer Ausarbeitungen an das Topmanagement: Soweit die Gepflogenheiten in Ihrer Firma dies zulassen, sollten Sie mindestens den Chef Ihres Chefs über Ihre wichtigen schriftlichen Ausarbeitungen informieren. Sie tun dies, indem Sie ihn als Kopieadressaten in den offiziellen Verteiler aufnehmen. So kann er sich selbst ein Bild von der Qualität Ihrer Arbeit machen. Belästigen Sie ihn aber nicht mit Kopien von jeder noch so unwichtigen E-Mail, sondern schicken Sie nur Memos, aus denen Ihre Ideen, Ihre Erfolge oder Ihr Anteil an dem Erfolg einer Gruppe hervorgehen. Achtung: Vergewissern Sie sich in jedem Fall, dass Ihr Vorgesetzter mit Ihrem Vorgehen einverstanden ist, sonst riskieren Sie, dass er sich übergangen fühlt!

Schreiben Sie Beiträge für Zeitschriften: Eine andere Möglichkeit, sich zu profilieren, besteht darin, Beiträge für Fachzeitschriften oder für die Hauszeitschrift Ihres Unternehmens zu verfassen. Besonders Artikel in der Hauszeitschrift eignen sich gut als Instrumente der Selbstdarstellung.

Schreiben Sie über etwas, das Sie besonders gut beherrschen. Sollten Ihre Vorgesetzten Ihren Artikel nicht sofort bei Erscheinen gelesen haben, seien Sie unbesorgt. Irgendwer wird sie schon sehr bald darauf hinweisen, dass jemand aus ihrem Bereich etwas geschrieben hat.

In manchen Firmen braucht man die Erlaubnis des Vorgesetzten, um für die Hauszeitschrift tätig zu werden. Aber in der Regel wird Ihr Chef der Ansicht sein, dass es auch ihm nützt, wenn eine Person seiner Abteilung oder seine Abteilung als Ganzes positiv dargestellt wird. Deshalb wird er seine Einwilligung kaum verweigern.

Wenn Sie Artikel für Fachzeitschriften schreiben wollen, brauchen Sie die Genehmigung Ihrer Firma nur dann, wenn Sie beabsichtigen, über Interna zu berichten, etwa über die erfolgreiche Durchführung eines innovativen Projekts.

Engagieren Sie sich auch außerhalb der Firma: Auch ein ehrenamtliches Engagement, das in irgendeiner Weise Managementfähigkeiten voraussetzt oder dokumentiert, kann Ihnen helfen, sich von Ihren Kollegen abzuheben. Der Vorsitz in einer karitativen Organisation, die Durchführung eines großen Events für Ihren Sportverein oder ein Engagement in der Kommunalpolitik sind Beispiele für Aktivitäten, die in vielerlei Hinsicht mit dem Management in Unternehmen vergleichbar sind. Wenn Sie auf solchen Feldern Erfolge vorzuweisen haben, sollten Sie dies natürlich Ihren Vorgesetzten mitteilen. Noch besser ist es, wenn Sie es schaffen, mit einem Bericht in die Lokalzeitung zu kommen.

Nicht nur die inneren Werte zählen

Ihr Erscheinungsbild, also Ihre Kleidung, Ihr gepflegtes Äußeres und Ihre selbstbewusste Körperhaltung, beeinflusst ganz entscheidend, wie andere Sie wahrnehmen und von Ihnen denken. Das wiederum wirkt sich stark darauf aus, was Sie erreichen können.

Dress for Success: »Kleider machen Leute«, sagt der Volksmund – oder, in den Worten Elisabeth Bonneaus: »Kommst du in Jeans, wirst du behandelt wie eine Jeans. Kommst du im Anzug, wirst du behandelt wie ein Anzug.« Hinsichtlich der Kleidung empfiehlt sich grundsätzlich eine Orientierung am direkten Vorgesetzten und an den Mitgliedern der Geschäftsführung. Kleiden Sie sich so gut wie es angesichts der in der Firma herrschenden Gepflogenheiten möglich ist. Sie demonstrieren damit, dass Sie als Nachwuchsmanager zum Management dazugehören, und wecken in Ihren Vorgesetzten die Einschätzung, »einer von uns« zu sein. Dies ist in den meisten Unternehmen nach wie vor eine wichtige Voraussetzung, um befördert zu werden – allen Forderungen nach »Querdenkern« und anderen unangepassten Individualisten zum Trotz. Aber nicht nur das: Untersuchungsergebnisse belegen, dass schicke Kleidung die Selbstachtung und damit das Selbstbewusstsein steigert.

Selbstbewusste Körperhaltung: Einen positiven Eindruck auf andere machen Sie auch durch eine selbstbewusste Körperhaltung. Stehen Sie aufrecht mit geradem Rücken, die Brust nach vorn und die Schultern leicht nach hinten gedrückt. So wirken Sie ganz anders, als wenn Sie jemandem mit gebeugten Schultern und leicht gesenktem Kopf gegenübertreten. Außerdem fühlen *Sie* sich in der aufrechten Haltung selbstbewusster und erfolgreicher. Machen Sie einmal die Probe. Nehmen Sie zuerst die unterwürfige, kraftlose Haltung ein und danach die selbstbewusste. Sie werden den Unterschied spüren. Wiederholen Sie dies vor dem Spiegel. Sie können – genau wie Ihre Umwelt – den Unterschied sehen.

Durch Ihre Bewegungen, Ihren Gang und Ihre Gestik können Sie ebenfalls Selbstbewusstsein und Führungsanspruch ausstrahlen. Erfolgreiche Menschen gehen so aufrecht wie sie stehen. Sie bewegen sich ruhig und gelassen, nicht hektisch und gestresst. Damit zeigen sie ihrer Umwelt, dass sie souverän sind. Sie lassen sich nicht durch die Umstände und die Situation unter Druck setzen. Auch Gesten demonstrieren Erfolg und Macht, beispielsweise wirken weit ausholende Bewegungen kraftvoller als eng am Körper entlang geführte Arme.

Wenn Sie in puncto Körperhaltung und Bewegungen Defizite verspüren, beobachten Sie einflussreiche Menschen – sowohl in Ihrer Organisation, als auch außerhalb. Verfolgen Sie, wie machtvolle Menschen von Schauspielern in Filmen dargestellt werden.

Das Wichtigste in Kürze

- Um befördert zu werden, müssen Sie sich in den Augen des Topmanagements von der Masse der Nachwuchsmanager positiv abheben.
- Sorgen Sie dafür, dass Ihr Chef Grund hat, Sie bei seinen Vorgesetzten zu loben.
- Nutzen Sie Ihre Chancen im persönlichen Kontakt mit der Führungsetage.
- Übernehmen Sie bereitwillig Sonderaufgaben, deren Erfüllung vom Topmanagement beobachtet wird, zum Beispiel die Mitarbeit in Projektteams und »Feuerwehreinsätze«.
- Fallen Sie durch unkonventionelle Vorschläge und Taten positiv auf, etwa indem Sie Probleme auf ungewöhnliche Weise lösen oder bewusst firmeninterne Regeln brechen.
- Betreiben Sie Eigen-PR: Schicken Sie Kopien Ihrer Ausarbeitungen an das Topmanagement. Schreiben Sie Artikel für Zeitschriften. Engagieren Sie sich ehrenamtlich in managementähnlichen Funktionen.
- Profilieren Sie sich über Ihr Erscheinungsbild, also Ihre Kleidung, Ihr gepflegtes Äußeres und Ihre selbstbewusste Körperhaltung.

Regel 15
Vermeiden Sie unbedingt Karrierekiller

In allen Regeln in diesem Buch erhalten Sie Empfehlungen, was Sie *tun* sollten, um Ihre Karriere zu fördern. Diese Regel ist die Ausnahme. Hier geht es umgekehrt um das, was Sie Ihrer Karriere zuliebe besser *unterlassen* sollten. Aufgeführt werden Handlungen und Verhaltensweisen, die Ihnen sehr schaden können und Ihren Aufstieg – zumindest in Ihrer jetzigen Firma – stark behindern oder gar beenden.

Widerstehen Sie der Versuchung, illegal zu handeln

Das Berufsleben bietet eine Reihe von Verführungen zu illegalen Handlungen, denen Sie in jedem Falle widerstehen sollten. Gemeint sind Spesenbetrug, Diebstahl von Firmeneigentum und Bestechlichkeit.

Spesenbetrug: Spesenbetrug ist das Dümmste, was Sie in einer Firma machen können. Die Beträge, die Sie dabei für sich herausschinden, sind lächerlich gering im Vergleich zum Karriererisiko, das Sie eingehen.

Wenn Ihr Spesenbetrug von jemandem aufgedeckt wird, hat derjenige etwas gegen Sie in der Hand. Selbst wenn es nur um ein paar Euro geht, bleibt der Betrug als Tatsache bestehen. Unabhängig von der juristischen Bewertung gilt Spesenbetrug auch bei kleinen Beträgen als schweres innerbetriebliches Fehlverhalten.

Selbst wenn Sie sich relativ sicher fühlen, kann durch einen dummen Zufall alles eines Tages ans Licht kommen. Seien Sie also korrekt bei Ihren Spesenabrechnungen; und erkundigen Sie sich, wenn Sie im Zweifel über die Auslegung einer Spesenregel sind.

Diebstahl von Firmeneigentum: Das gerade Gesagte gilt genauso für die Versuchung, Firmeneigentum zu entwenden, zum Beispiel Computerzubehör oder Produkte der Firma. Wenn Sie erwischt werden, droht Ihnen mindestens die fristlose Kündigung, eventuell sogar eine Strafanzeige.

Bestechlichkeit: Unter Bestechlichkeit versteht man die Annahme von Geschenken von Lieferanten, die im Gegenzug Aufträge erhalten. Am größten ist diese Versuchung im Einkaufsbereich, aber längst nicht nur dort. Jeder, der über die Auswahl von Lieferanten mitentscheidet, kann das Ziel von Bestechungsversuchen werden.

Bestechungsversuche können viele Formen annehmen. Darum haben viele Firmen interne Regeln dafür, was von Lieferanten angenommen werden darf. So können bestimmte Dinge, die noch keinen Straftatbestand erfüllen, trotzdem firmenintern verboten sein.

Die Grenze zwischen einer freundlichen Geste und einem Bestechungsversuch ist fließend. Die Einladung zu einem (auch opulenten) Mittagessen durch einen Lieferanten wird in den meisten Firmen akzeptiert. Eine Einladung zu einem Wochenendtrip nach London, bei dem der Lieferant ohne dienstlichen Anlass alles bezahlt, wäre wohl kaum zu rechtfertigen.

Halten Sie sich also strikt an die Regeln Ihrer Firma, was die Annahme von Gefälligkeiten und Geschenken angeht. Werden Sie bei einem Regelverstoß erwischt, kann dies leicht das Ende Ihrer Karriere zumindest in Ihrer jetzigen Firma bedeuten. Zumindest werden Sie aber erpressbar.

Seien Sie nicht illoyal gegenüber Ihrer Firma

Zweifeln Sie keine Glaubenssätze an: In den meisten Unternehmen gibt es eine Reihe von Überzeugungen hinsichtlich der Firma, die von nahezu allen Mitgliedern geteilt werden. Beispiele für weit verbreitete Gewissheiten: »Wir sind die beste Firma in unserer Branche« oder »Wer uns verlässt, über den sind wir nicht traurig«.

Glaubenssätze sind nirgendwo niedergeschrieben, bilden aber trotzdem eine wichtige emotionale Grundlage für das Zusammengehörigkeitsgefühl. Meistens spricht sie niemand wörtlich aus, aber die Art und Weise, wie sich jemand über die Firma äußert, zeigt Ihnen, dass es diese Überzeugungen gibt und wie sie lauten. Wenn Sie gegenüber anderen Firmenmitgliedern Zweifel an solchen Aussagen anklingen lassen, kann das leicht als illoyales Verhalten gegenüber der Organisation als Ganzer interpretiert werden.

Loben Sie die Konkurrenz nicht zu stark: Die Mitarbeiter der Marketing-

und der Vertriebsabteilung kennen in der Regel die Produkte der Konkurrenz sehr genau. Aber auch Führungskräfte aus der Produktion oder der Entwicklung wissen häufig durch persönliche Kontakte sehr gut über die Situation in den entsprechenden Abteilungen der Wettbewerber Bescheid.

Beim Vergleich werden Sie manchmal feststellen, dass der Wettbewerb tatsächlich etwas erheblich besser macht. In diesem Fall ist es für Ihre Firma natürlich ratsam, von der Konkurrenz zu lernen. Damit dies geschieht, müssen Sie die beispielhaften Tatsachen in Ihrer Umgebung erst einmal kommunizieren. Aber loben Sie die Konkurrenz dabei nicht zu stark. Sonst untergraben Sie die Moral in Ihrer Firma. Selbst wenn Sie objektiv Recht haben, geraten Sie in den Verdacht der mangelnden Loyalität gegenüber Ihrer Firma.

Kritisieren Sie nicht das Lieblingsprojekt eines Vorstandsmitglieds

Trotz aller rationalen Entscheidungskalküle und aufwändigen Rentabilitätsberechnungen – es gibt sie in jeder Firma: die irrationalen Lieblingsprojekte von Vorstandsmitgliedern und anderen Topmanagern. Sie glauben an ihr geniales unternehmerisches Gespür und setzen sich großzügig über alle Kleinkrämer und Bedenkenträger hinweg.

Solche Projekte erkennen Sie an zwei Merkmalen. Erstens: Ein Topmanager verfolgt es mit aller Kraft unter Aufbietung seines gesamten Einflusses. Zweitens: Praktisch alle Fachleute auf den Ebenen darunter sprechen sich dagegen aus, wenn sie unter sich sind.

Wenn es ein solches Projekt in Ihrer Firma gibt, versuchen Sie ja nicht, offen dagegen anzukämpfen. Sie hätten sowieso keine Chance zu gewinnen und würden sich nur den Topmanager zum Feind machen. Wenn man Sie fragt, halten Sie sich bedeckt. Betonen Sie – ohne zu lügen – die Vorteile des Vorhabens. Oder äußern Sie Verständnis für das Projekt, indem Sie etwa sagen: »Es gibt für den Vorstand bestimmt noch Gründe und Gesichtspunkte, die uns auf unserer Ebene nicht ersichtlich sind.«

Zeigen Sie keine karriereschädlichen Charaktereigenschaften

Seien Sie nicht negativ: In jeder Organisation gibt es Mitarbeiter mit einer negativen Grundeinstellung. Sie sehen und betonen bei allen Dingen im Leben und in der Firma nur die negative Seite. Für sie ist das Glas Wasser immer halb leer und nie halb voll. Je nachdem, ob es um die Gegenwart oder die Zukunft geht, kann man zwei Typen unterscheiden:

- *Die Meckerer.* Sie beschweren sich permanent über die gegenwärtigen Zustände in der Firma. Alles und jeden machen sie schlecht: das Kantinenessen, die Computerausstattung, die Vorgesetzten, die Sozialleistungen und so weiter.
- *Die Bedenkenträger.* Auch sie sehen alles negativ, allerdings haben sie die Zukunft im Blick. Insbesondere alle Veränderungen sind ihnen suspekt: Überall sehen sie nur die Risiken und nie die Chancen.

Beide Typen sind eng miteinander verwandt und häufig in ein und derselben Person zu finden. Denn beide basieren auf einer negativen, überkritischen Grundeinstellung. Diese zu zeigen (selbst, wenn Sie sie haben sollten), ist büropolitisch äußerst unklug und Gift für Ihre Karriere. Denn Ihre Vorgesetzten möchten konstruktive, positiv denkende und optimistische Mitarbeiter um sich haben, und dies nicht nur, weil die Zusammenarbeit mit ihnen angenehmer ist, sondern auch, weil eine positive Grundeinstellung geradezu Voraussetzung für den Erfolg im Management ist. Denn ein Unternehmen, dessen Management nur aus Bedenkenträgern bestünde, ginge schnell in Konkurs. Die Führungskräfte könnten sich nie zu Veränderungen durchringen, Sie würden den technologischen Wandel verschlafen und wären unfähig, auf Änderungen in Ihrem Wettbewerbsumfeld zu reagieren.

Seien Sie kein Kleinkrämer: Kleinkrämer sind detailversessene Personen, die darüber hinaus stets auf ihren persönlichen Vorteil bedacht sind. Typische Vertreter dieser Gattung Mitarbeiter kennen jede Einzelheit der Spesenregeln und alle für sie günstigen Bestimmungen der Arbeits- und Sozialordnung der Firma. Wenn sie dienstlich mit dem Auto in der Stadt waren, schreiben sie eine Spesenabrechnung über 2,16 Euro. Das ist zwar völlig korrekt, aber sehr kleinkariert.

Kleinkrämer haben schlechte Karriereaussichten. Wer sich überkorrekt um jedes Detail kümmert und immer nur den eigenen kleinen Vorteil im Auge hat, wird von seinen Vorgesetzten schnell abqualifiziert, da er als nicht geeignet für größere Aufgaben erscheint. Außerdem verscherzt sich der Kleinkrämer die persönlichen Sympathien seiner Vorgesetzten, da sie ihn als jemanden wahrnehmen, dem die eigenen Interessen wichtiger sind als die des Unternehmens.

Natürlich müssen Sie sich in Ihrer Firma für Ihre Interessen und Ihr Fortkommen einsetzen. Von nichts anderem handelt schließlich dieses Buch. Aber konzentrieren Sie Ihre Energie auf die großen Dinge und die wichtigen Fragen, wie Ihre Gehaltserhöhung oder Beförderung. Vermeiden Sie den Eindruck, Sie seien ein Pfennigfuchser. Verhalten Sie sich darum großzügig bei Kleinigkeiten.

Weichen Sie nicht zu stark von den Gepflogenheiten ab

Jedes Unternehmen hat bestimmte Gepflogenheiten und ungeschriebene Gesetze. Diese regeln das Zusammenleben und -arbeiten innerhalb des Managements. Sie sind in jeder Organisation anders und werden bewusst oder unbewusst vom Topmanagement definiert und vorgelebt. Die firmeneigenen Bräuche betreffen vor allem den Kleidungsstil, die Haarlänge der Männer, die Arbeitszeiten (Beginn, Ende, Dauer pro Tag, Wochenendarbeit), das gemeinsame Mittagessen, das kollektive Alkoholtrinken (respektive Besäufnis) bei Betriebsfeiern oder Außendienstkonferenzen sowie die sprachliche Ausdrucksweise, also die Frage, ob Flüche, zotige Witze, laute Reden oder das »Du« akzeptiert werden.

Wenn Sie neu in eine Firma eintreten, werden Sie diese Gepflogenheiten durch aufmerksames Beobachten Ihrer Umgebung sehr schnell entdecken. Manches wird Ihrem persönlichen Stil und Ihren Vorlieben entsprechen, anderes nicht. Im Allgemeinen werden kleinere Abweichungen in einzelnen Punkten toleriert. Mit etwas Glück interpretieren Ihre Vorgesetzten das sogar als Zeichen eines selbstbewussten persönlichen Stils.

Größere Abweichungen von den Firmengepflogenheiten sind hingegen gefährlich. Sie lassen damit nämlich eine gewisse Distanz zu Ihren Vorgesetzten erkennen. Um Karriere zu machen, müssen Sie aber »dazugehören«. Man erwartet von Ihnen nicht nur gute Leistungen, sondern Ihre Chefs wollen auch das Gefühl haben, dass Sie sich mit der Firma identifizieren. Daher rührt die große Uniformität in Kleidung und Habitus in der Führungsriege der meisten Unternehmen. Man mag den Zwang zur Anpassung bedauern, aber man muss ihn zur Kenntnis nehmen. Und jeder muss für sich entscheiden, wie er darauf reagieren will.

Im Hinblick auf die Karriere ist es allerdings ratsam, sich nicht allzu weit von den Gepflogenheiten zu entfernen. Wie weit man im Einzelfall gehen kann, hängt ganz vom Toleranzniveau der jeweiligen Firma ab. Beobachten Sie die erfolgreichen Manager in Ihrer Umgebung, und prüfen Sie, wie tolerant das Topmanagement ist.

Das Wichtigste in Kürze

- Hüten Sie sich vor illegalen Handlungen, vor allem Spesenbetrug, Diebstahl von Firmeneigentum und Bestechung durch Lieferanten.
- Seien Sie nicht illoyal gegenüber Ihrer Firma.
- Zweifeln Sie keine Firmenglaubenssätze an.
- Kritisieren Sie nicht das Lieblingsprojekt eines Vorstandsmitglieds.
- Seien Sie weder nörgelig-destruktiv noch kleingeistig.
- Weichen Sie nicht zu stark von den Gepflogenheiten ab, das Wir-Gefühl ist meist stärker als die Toleranz.

Regel 16
Setzen Sie sich aktiv für Ihre Gehaltserhöhung und Beförderung ein

Bei einem Aufstieg in Ihrer jetzigen Firma oder durch einen Unternehmenswechsel stellt Ihr aktuelles Gehalt ein wichtiges Qualifikationskriterium dar. Zum einen ist es ein Indikator für die Wertschätzung Ihrer bisherigen Vorgesetzten. Zum anderen sagt es auch etwas über Ihre Zielstrebigkeit und Ihren Ehrgeiz bei der Verfolgung Ihrer Karriere aus: Gute Mitarbeiter lassen sich nicht unterbezahlen.

Sie sollten also immer darauf achten, dass Sie entsprechend Ihrer Leistung und Ihrem Marktwert bezahlt werden. Unter Marktwert versteht man das Gehalt, das andere Firmen Mitarbeitern in vergleichbaren Positionen zahlen. Dies ist auch deshalb in Ihrem Interesse, weil Gehaltserhöhungen – sowohl innerhalb der Firma wie beim Unternehmenswechsel – in aller Regel prozentual auf das Ist-Gehalt bezogen werden. Wenn Sie heute zu wenig verdienen, werden Sie auch nach einer durchschnittlichen Erhöhung nicht genügend hinzu erhalten. Sie müssten eine *über*durchschnittliche Steigerung erzielen, was bekanntermaßen meistens schwierig ist.

Sorgen Sie immer dafür, dass Sie entsprechend Ihrer Leistung und Ihrem Marktwert bezahlt werden.

Nicht immer müssen Sie selbst für eine Salärerhöhung aktiv werden. Bei guter Leistung (aus der Sicht Ihrer Vorgesetzten, vor allem Ihres Chefs) wird Ihre Firma von sich aus Ihr Gehalt regelmäßig anpassen. In vielen Firmen ist eine jährliche Gehaltsüberprüfung die Regel, oft – aber nicht immer – verbunden mit einem Beurteilungsgespräch. Ihr Arbeitgeber möchte, dass Sie gar nicht erst in Versuchung geraten, sich aus finanziellen Gründen anderweitig zu orientieren.

Gleiches gilt prinzipiell für Beförderungen. Wenn man Sie für einen guten Mitarbeiter hält, wird man in der Regel versuchen, Sie im Unternehmen zu halten, indem man Ihnen die Möglichkeit der beruflichen Entwicklung gibt. Im Gegensatz zu einer Gehaltserhöhung lässt sich über eine Beförderung meist nicht verhandeln. Doch Ihren Wunsch nach beruflichem Weiterkommen sollten Sie deutlich machen.

Nun kann es trotzdem vorkommen – vor allem, wenn Sie schon längere Zeit beim selben Unternehmen beschäftigt sind –, dass Sie trotz regelmäßiger Erhöhungen unter Ihrem Marktwert bezahlt werden. Wenn Sie mit Ihrem Salär unzufrieden sind oder wenn Ihre Firma keine regelmäßigen Gehaltsüberprüfungen kennt, müssen Sie über eine Erhöhung verhandeln.

Bevor Sie daran gehen, Ihr Gehaltsgespräch vorzubereiten, sollten Sie sich einige grundsätzliche Dinge vor Augen führen: Sie haben als außertariflicher Angestellter einen Arbeitsvertrag unterschrieben, in dem ein bestimmtes Gehalt für eine bestimmte Position vereinbart wurde. Wenn Sie nach wie vor diese Position bekleiden, gibt es für Ihren Arbeitgeber auch nach Ablauf mehrerer Jahre keine rechtliche Verpflichtung, Ihr Gehalt zu erhöhen. Sie können also eine Salärerhöhung nicht fordern, sondern treten in gewissem Sinne als Bittsteller auf, wenn Sie mehr Geld möchten.

Trotzdem sind Sie nicht auf die Großzügigkeit oder Gnade Ihres Arbeitgebers angewiesen. Solange Sie einen attraktiven Lebenslauf aufweisen und prinzipiell bereit sind, Ihre Karriere auch woanders fortzusetzen, haben Sie einen Trumpf in der Hand. Je größer Ihre Bereitschaft, gegebenenfalls die Firma zu wechseln, desto stärker ist Ihre Verhandlungsposition.

Unternehmen betrachten die Gehaltsfrage vor allem betriebswirtschaftlich. Ihre Arbeitsleistung stellt für Ihre Firma einen Wert dar. Dieser ist meistens nicht objektiv bestimmbar, sondern ergibt sich in erster Linie aus der subjektiven Einschätzung Ihrer Leistung durch Ihren Chef und aus Ihrem Marktwert. Ihr Chef vertritt gewissermaßen Ihre Firma bei der Bestimmung, wie viel Ihre Arbeit der Firma wert ist.

Ihrem Vorgesetzten kommt somit bei Ihrer angestrebten Gehaltserhöhung eine Schlüsselrolle zu. An ihn müssen Sie sich wenden, wenn Sie mehr Geld wollen. Dies gilt auch dann, wenn er selbst nicht über eine Gehaltserhöhung entscheiden, sondern nur eine Empfehlung an seinen Chef oder an die Personalabteilung geben kann. Ihn müssen Sie überzeugen, damit er sich für Sie einsetzt, denn – so der Karriereexperte Heiko Mell – : »Gehaltserhöhungen werden nur gewährt, wenn der Vorgesetzte den Mitarbeiter als wertvollen Aktivposten für die Abteilung beurteilt, persönlich mit ihm zufrieden ist und eine solche Erhöhung nach seinen Maßstäben für gerechtfertigt hält.« Bevor Sie also mit Ihrem Chef über eine Erhöhung sprechen, sollten Sie sich vergewissern, dass er Ihre Arbeitsleistung und Ihre Person schätzt.

Wie Sie das Gehaltsgespräch vorbereiten

Bestimmen Sie Ihr derzeitiges Gesamteinkommen: Vor allem wenn Sie für eine neue Stelle das Gehalt aushandeln, sollten Sie zunächst Ihr bisheriges Jahresgesamteinkommen bestimmen, aufgeteilt nach fixen und variablen Bestandteilen: Grundgehalt, ausbezahlte Überstunden, Weihnachts- und Urlaubsgeld, betriebliche Altersversorgung, vermögenswirksame Leistungen, Bonus und Provisionen. Berücksichtigen Sie ebenso alle geldwerten Vorteile, die Sie von Ihrer Firma erhalten, zum Beispiel die private Nutzung von Dienstwagen, Notebook und Handy oder das Mittagessen zu reduzierten Preisen. Sie werden möglicherweise erstaunt sein, um wie vieles Ihr Gesamteinkommen höher als Ihr Grundgehalt ist. In jedem Fall sollten Sie Ihr Gesamteinkommen zur Grundlage Ihrer Gehaltsvorstellung machen.

Bestimmen Sie Ihren Marktwert: Recherchieren Sie, wie viel andere in vergleichbaren Positionen für vergleichbare Leistung verdienen. Schätzen Sie dabei Ihr eigenes Leistungspotenzial realistisch ein. Je länger Sie in Ihrem Unternehmen beschäftigt sind und je weniger Sie sich in dieser Zeit mit Ihrem Marktwert beschäftigt haben, desto wahrscheinlicher ist es, dass Sie keine realistische Vorstellung seiner Höhe haben. Was Sie zurzeit verdienen, kann deutlich über oder unter Ihrem Marktwert liegen.

Zur Bestimmung Ihres Marktwerts gibt es drei Möglichkeiten. Erstens: Nutzen Sie Ihr Netzwerk innerhalb und außerhalb der Firma. Vielfach wird es in Deutschland noch als Tabu angesehen, über das Einkommen zu sprechen. Damit schaden sich Arbeitnehmer nur selbst. Wenn Angestellte nicht wissen, wie viel das eigene und andere Unternehmen für vergleichbare Arbeit zu zahlen bereit sind, fällt es ihnen schwer, ihren Marktwert zu taxieren. Je besser Sie Ihren Wert kennen, desto stärker ist Ihre Verhandlungsposition, wenn Sie bisher nicht marktgerecht bezahlt wurden. Deshalb ist es kein Wunder, dass Arbeitgeber es nicht gerne sehen, wenn ihre Mitarbeiter sich über die Gehälter austauschen.

Brechen Sie also das Tabu! Haben Sie keine Scheu, sich mit anderen über die Gehälter zu unterhalten. Wenn Sie in die Offensive gehen und Ihrem Gesprächspartner Ihr Gehalt mitteilen, wird fast jeder das seine im Gegenzug nennen. Falls der andere zögert, machen Sie ihm klar, dass beide von diesem Informationsaustausch profitieren.

Zweitens gibt es in der Wirtschaftspresse immer wieder Veröffentlichungen über die Gehälter auf verschiedenen hierarchischen Ebenen, manchmal aufgeteilt nach Branchen oder Funktionen. Darüber hinaus können Sie Gehaltshöhen im Internet recherchieren, zum Beispiel auf den Online-Seiten der Zeitschriften *Focus*, *Stern* oder *Junge Karriere* sowie bei Online-Jobbörsen wie jobpilot.de. Seien Sie aber vorsichtig bei der Interpretation der Gehaltsangaben. Es handelt sich immer um Durchschnittswerte für eine bestimmte Position. Hinter der gleichen Positionsbezeichnung verbergen sich aber oft sehr unterschiedliche Aufgaben- und Verantwortungsumfänge.

Darüber hinaus unterscheiden sich die Saläre selbst bei identischer Jobdefinition nach der Branche, der Region, der Größe des Unternehmens und dem Alter des Stelleninhabers. In traditionell gut verdienenden Branchen (wie etwa Chemie, Pharma, Energie) wird mehr bezahlt als in »Hungerleiderbranchen«, in denen sehr auf die Kosten geachtet werden muss. In München verdient man mehr als in Emden. Großunternehmen sind oft großzügiger als Mittelständler oder Kleinunternehmer. Und erfahrene, ältere Positionsinhaber verdienen in der Regel mehr als der Nachwuchs, der gerade erst auf diese Position befördert worden ist.

Weiterhin sollten Sie beachten, dass viele Gehaltstabellen auf Umfragen unter Angestellten basieren. Erfahrungsgemäß wird aber in Umfragen gerade beim Thema Gehalt häufig gelogen. Das relativiert den Wert von Gehaltsstudien noch weiter. Trotzdem geben Ihnen die veröffentlichten Salärbeträge Anhaltspunkte für Ihren Marktwert.

Drittens können Sie Headhunter fragen, zu denen Sie ein vertrauensvolles Verhältnis entwickelt haben. Diese haben in der Regel einen sehr guten Marktüberblick, und von ihnen erhalten Sie die verlässlichsten Informationen über Ihren Marktwert.

Erstellen Sie Ihre Erfolgsbilanz: Ihre Erfolgsbilanz ist eine Aufstellung Ihrer Erfolge und Verdienste seit der letzten Erhöhung. Mit ihr dokumentieren Sie Ihren Beitrag zum Unternehmenserfolg und begründen, warum sich Ihr Wert für die Firma erhöht hat. Sie ist Ihre *einzige* Begründung für die Gehaltserhöhung. Vergessen Sie alle anderen Argumente. *Nicht* als Grund wird im Gehaltsgespräch Folgendes akzeptiert:

- Sie brauchen mehr Geld, weil Sie Nachwuchs bekommen oder ein Haus gebaut haben.
- Gleichrangige Kollegen im Unternehmen verdienen angeblich mehr als Sie. Selbst wenn Sie genaue Kenntnisse über Gehälter von Kollegen haben, erwähnen Sie das nicht! Es wird nur nach Leistung, nicht nach Gerechtigkeit bezahlt.
- Die Steuern sind erhöht worden, und Ihr Nettoeinkommen ist gesunken.

Argumentieren Sie nur mit Ihrer Leistung. Versuchen Sie zu beziffern, welchen Mehrwert Sie Ihrer Firma durch Ihren Einsatz gebracht haben, zum

Beispiel im Sinne von Umsatzerhöhung, Kostensenkung oder Steigerung Ihrer Arbeitsproduktivität. Beispielsweise haben Sie einen Teil der Aufgaben eines Kollegen übernommen, der die Firma verlassen hat und nicht ersetzt wurde. Wenn Sie jetzt 30 Prozent seiner Aufgaben erfüllen und der Kollege circa 50 000 Euro verdient hat, können Sie leicht errechnen, was Ihr Arbeitgeber durch Ihre Mehrarbeit einspart.

Die monetäre Bewertung der Arbeitsleistung von Angestellten ist für die meisten Jobs außerhalb des Vertriebs schwierig. Versuchen Sie es aber wenigstens. Ein mit Zahlen untermauertes Argument ist viel stärker als eines ohne. Wenn es Ihnen unmöglich erscheint, den Wert Ihrer Arbeit in Geld umzurechnen, konzentrieren Sie Ihre Argumentation auf Ihre Eigeninitiative und Ihre Leistungsbereitschaft. Streichen Sie zum Beispiel heraus, welche Verbesserungsvorschläge Sie gemacht, welche Sonderaufgaben Sie übernommen oder was Sie für Ihre Weiterbildung getan haben. Machen Sie deutlich, wie sehr Sie sich über das normale Maß hinaus für Ihre Firma eingesetzt haben.

Ihre Erfolgsbilanz sollte in die Zukunft gerichtet sein und deutlich machen, welchen Wert Ihre Arbeit auch morgen noch für Ihre Firma darstellt. Natürlich müssen Sie Ihre Argumentation auf Ihre Leistung in der Vergangenheit beziehen, richten Sie sie aber nicht ausschließlich darauf aus. Wenn Sie zum Beispiel im abgelaufenen Jahr einige Monate lang aufgrund besonderer Umstände viele unbezahlte Überstunden machen mussten, die Situation sich heute aber wieder normalisiert hat, wäre es fair, wenn Sie dafür eine Extraprämie bekämen. Für eine dauerhafte Gehaltserhöhung haben Sie in diesem Fall aber keine guten Argumente. Anders ist die Situation zu beurteilen, wenn die Überstundenbelastung auch in Zukunft anhalten wird und Sie weiterhin bereit sind, sie zu tragen.

Konzentrieren Sie sich bei Ihrer Begründung immer auf Ihre *individuelle* Leistung. Wenn Sie in einem Projektteam tätig sind, sprechen Sie nicht über das Team, sondern stellen Sie Ihren persönlichen Anteil am Projekterfolg heraus.

Legen Sie Ihr Gehaltsziel fest: Bestimmen Sie, wie viel mehr Sie verdienen wollen. Versuchen Sie nicht, wie auf dem orientalischen Bazar anfangs zu viel zu fordern, um sich nachher herunterhandeln zu lassen. Das ist nicht professionell. Orientieren Sie sich stattdessen von Anfang an realistisch an Ihrem Marktwert. Seien Sie trotzdem in gewissen (engen) Grenzen verhandlungsbereit. Aber legen Sie für sich eine Mindesthöhe fest, die Sie nicht unterschreiten wollen.

Seien Sie diskret: Oben wurde Ihnen geraten, sich mit anderen – auch mit

Kollegen – über Ihre Gehälter auszutauschen, um Ihren Marktwert besser einzuschätzen. Ihre konkrete Gehaltsverhandlung geht hingegen niemanden in der Firma etwas an. Sprechen Sie mit Kollegen weder über Ihre Verhandlungsabsicht, noch über Ihre Forderungen, noch über das spätere Ergebnis – eine Ausnahme bilden Ihre engsten Vertrauten. Wenn Ihr Chef befürchten muss, dass sein Eingehen auf Ihre Forderungen auch Ihre Kollegen motivieren wird, haben Sie schlechte Chancen.

Tipps für Ihren Erfolg

- Bereiten Sie das Gehaltsgespräch vor, indem Sie Ihren Marktwert bestimmen, Ihre Erfolgsbilanz erstellen und ein realistisches Gehaltsziel festlegen.
- Begründen Sie Ihren Erhöhungswunsch nur mit Ihrem Wert für die Firma.
- Versuchen Sie, den (Mehr-)Wert Ihrer Leistung in Geld zu beziffern.

Worauf Sie bei der Gehaltsverhandlung achten müssen

Ihre Erfolgsbilanz: Beschreiben statt bewerten: Bevor Sie über konkrete Beträge sprechen, sollten Sie zunächst versuchen, Ihrem Chef Ihre Erfolgsbilanz zu präsentieren. (Wenn das Gehaltsgespräch Teil eines Beurteilungsgesprächs ist, wird Ihr Chef sowieso zunächst darüber mit Ihnen sprechen.) Ihre Erfolgsbilanz sollte möglichst kurz und konkret, aber auch möglichst aussagekräftig sein. Werden Sie nicht weitschweifig und verlieren Sie sich nicht in Allgemeinplätzen.

Beschreiben Sie Ihre Leistungen und Erfolge sachlich und neutral, ohne sie zu bewerten. Wie in der Bewerbungssituation sollten Sie es vermeiden, sich selbst zu loben oder zu übertreiben. Überlassen Sie Ihrem Chef die Bewertung Ihrer Leistung. Natürlich hat er zum Zeitpunkt des Gesprächs bereits ein (Vor-)Urteil über Sie und Ihre Leistung im Kopf, vor allem wenn Sie schon länger zusammenarbeiten. Ihre Aufgabe besteht jetzt darin, dieses Bild zurechtzurücken, falls es nicht den objektiven Tatsachen entspricht. Sie wollen, dass er Ihnen in der Beurteilung Ihrer Leistungen zustimmt. Selbstlob und Übertreibungen wirken in dieser Situation kontraproduktiv, da sie ihn nur zum Widerspruch herausfordern.

Wie Sie auf Einwände reagieren: Es kann vorkommen, dass Ihr Chef mit Einwänden auf Ihren Erhöhungswunsch reagiert, und sei es nur, um zu testen, wie ernst Ihnen die Angelegenheit ist – und wie weit Sie bei einer Ablehnung bereit wären zu gehen. Es gibt eine Reihe von gängigen Abwehrtechniken und -argumenten, die von Vorgesetzten in solchen Situationen eingesetzt werden. Manchmal handelt es sich um rhetorische Tricks, beispielsweise um Ablenkungsmanöver. Häufig wird mit der schlechten Lage der Firma argumentiert (»zurzeit leider kein Spielraum für Erhöhungen«). In anderen Fällen wird an Ihre Dankbarkeit appelliert (»haben wir doch so viel für Sie getan«).

Gehen Sie inhaltlich nicht auf solche Einwände ein, sondern bringen Sie das Gespräch immer wieder auf Ihre wichtigsten Gegenargumente: Ihre Erfolgsbilanz und Ihren Marktwert. Sie müssen sich sagen (aber nicht unbedingt Ihrem Chef, denn das weiß er auch so): Wenn Sie die Firma aus Enttäuschung verlassen, dann wird sie für Ihren Nachfolger sowieso den Marktwert bezahlen müssen, und das mit dem Risiko der Fehlbesetzung.

Wenn die wirtschaftliche Situation Ihres Unternehmens tatsächlich sehr ernst ist, sollten Sie überlegen, ob Sie überhaupt bleiben wollen. Wenn Sie sich entschieden haben zu bleiben und jetzt keine Erhöhung erhalten, sollten Sie nach etwa einem halben Jahr erneut verhandeln. Bedenken Sie: Auch ein Unternehmen, dem es schlecht geht, muss seine Mitarbeiter auf Dauer marktgerecht entlohnen.

Seien Sie flexibel: Zeigen Sie sich bei den Verhandlungen flexibel im Hinblick auf die Zusammensetzung des neuen Gehaltspakets. Vielleicht bietet Ihnen die Firma einen Dienstwagen oder einen anderen geldwerten Vorteil anstelle der Erhöhung in Geld. Wenn die Gesamtsumme stimmt, können Sie möglicherweise zustimmen.

Streiten Sie sich nicht: Bedenken Sie: Egal wie das Gespräch ausgeht – Sie wollen auf absehbare Zeit weiter gut mit Ihrem Chef zusammenarbeiten. Ein Streit würde Ihre Beziehung nur unnötig belasten. Lassen Sie es nicht dazu kommen. Werden Sie im Gespräch nicht emotional und lassen Sie sich nicht auf unproduktive Auseinandersetzungen ein. Sollte Ihr Chef Sie unfair angreifen, zum Beispiel indem er Ihnen schlechte Leistungen vorwirft, bleiben Sie ruhig und gelassen. Lassen Sie sich nicht provozieren. In gewissen Situationen ist es ratsamer, sich einen neuen Chef zu suchen, anstatt sich über eine Gehaltserhöhung zu streiten.

Drohen Sie nicht mit Kündigung: Drohen Sie nicht mit Kündigung und schon gar nicht damit, weniger motiviert zu arbeiten, wenn Ihr Gehaltswunsch nicht erfüllt wird. So etwas wird als Erpressung verstanden. Stellen Sie auch nicht in Aussicht, in Zukunft motivierter zu sein, wenn die Firma auf Ihre Forderung eingeht. Damit würden Sie suggerieren, dass Sie heute noch nicht mit vollem Einsatz arbeiten. Das wäre äußerst unklug. Wenn Ihre Erwartung berechtigt ist, besteht eine gute Chance, dass sie auch erfüllt wird. Und wenn Ihre Vorgesetzten nicht auf Ihre Forderung eingehen, dann wissen sie selbst um das damit verbundene Risiko.

Wenn Sie ein alternatives Angebot in der Tasche haben: Wenn Ihnen eine andere Firma einen höher dotierten Arbeitsvertrag angeboten hat, stärkt das natürlich Ihre Verhandlungsposition ungemein. Entsprechend hart können Sie verhandeln und auf Ihren Vorstellungen beharren. Aber auch in diesem Fall sollten Sie nicht mit Kündigung drohen oder gar Ihrem Chef den Vertrag unter die Nase halten. Selbst wenn Ihre Firma auf Ihre Forderung einginge, riskieren Sie eine gravierende Verschlechterung der Beziehung zu Ihrem Chef. Unter Umständen wird er sich sogar vornehmen, sich bei späterer Gelegenheit zu revanchieren. Das sind denkbar schlechte Voraussetzungen für Ihre berufliche Zukunft in Ihrem Unternehmen.

Wenn Sie mit einem Angebot in der Hinterhand hart verhandeln, wird Ihr Chef ahnen, was los ist. Will er Sie behalten, wird er alles tun, dass die Firma Ihnen so weit wie möglich entgegen kommt. Tut er das nicht, kann dies verschiedene Gründe haben: Entweder will er Sie nicht halten oder er ist völlig unsensibel. Vielleicht kann er auch Ihre Gehaltsvorstellung bei seinen eigenen Vorgesetzten nicht durchsetzen.

Wenn Ihre Vorgesetzten Ihre Unzufriedenheit entweder nicht wahrgenommen oder nicht ernst genommen haben, werden sie überrascht über Ihre Kündigung sein. Möglicherweise werden sie versuchen, Sie zu halten, indem Sie Ihre Forderungen nun doch erfüllen. Falls nicht, dann müssen Sie der Realität ins Auge sehen: Ihre Vorgesetzten sind nicht zu den gleichen Bedingungen an einer Zusammenarbeit interessiert wie Sie.

Nur Mut! Haben Sie keine Angst vor dem Gehaltsgespräch. Ihre Vorgesetzten werden es zumindest respektieren, wenn nicht sogar schätzen, dass Sie in eigener Sache hart verhandeln. Schließlich erwartet man das von Ihnen auch, wenn es um Firmeninteressen geht. Und Ihre Chefs wissen ganz genau, dass hohe Qualität wie überall, so auch auf dem Arbeitsmarkt ihren Preis hat.

Wenn Sie Ihre Vorstellungen nicht durchsetzen können: Wenn die Firma

Ihnen die Mindesterhöhung nicht gewähren will, die Sie sich vorgestellt hatten, heißt das in der Regel nichts anderes, als dass man Sie auch zukünftig unter Ihrem Marktwert bezahlen will. Sie sollten es sich gut überlegen, wie lange Sie unter diesen Umständen noch bleiben wollen. Vor allem wenn Sie zusätzlich merken, dass Sie Ihre Karrierestrategie dort nicht in den geplanten Zeiträumen realisieren können, sollten Sie die Konsequenzen ziehen und gehen. Solange Sie aber bleiben, sollten Sie im Sinne von Regel 1 (»Change it, leave it or love it«) als Profi mit vollem Engagement weiterarbeiten.

Tipps für Ihren Erfolg

- Lassen Sie sich durch Einwände nicht aus dem Konzept bringen: Bleiben Sie sachlich und argumentieren Sie nur mit Ihrer Erfolgsbilanz und Ihrem Marktwert.
- Drohen Sie nicht mit Kündigung, auch wenn Sie ein höher dotiertes Angebot in der Tasche haben.
- Wenn Sie Ihre Forderung nicht durchsetzen können, haben Sie zwei Optionen: Gehen oder bleiben und motiviert weiterarbeiten.

Erfolgreiche Gehaltsverhandlung beim Stellenwechsel

Das bisher Gesagte gilt analog für Ihre Gehaltsverhandlung bei einer neuen Stelle. Ein Aspekt kommt noch hinzu: Ihre Gehaltsforderung wird als Teil Ihrer Gesamtqualifikation als Bewerber gesehen. Sie sagt viel darüber aus, wie realistisch Sie sich selbst beziehungsweise den Marktwert Ihres Qualifikationsprofils einschätzen. Eine überhöhte Gehaltsvorstellung wird als Selbstüberschätzung interpretiert. Man wird meist nicht versuchen, Sie herunterzuhandeln, sondern Ihre Bewerbung nicht weiter berücksichtigen.

Genauso schädlich kann eine Gehaltsforderung »unter Wert« sein. Sie deutet auf mangelndes Selbstvertrauen hin und weckt Zweifel an Ihrer Qualifikation. Insofern macht es auch in schlechten Zeiten auf dem Arbeitsmarkt keinen Sinn, wenn Sie versuchen, Ihre Einstellungschancen durch ein »Gehaltsdumpingangebot« zu verbessern.

Bei einem Wechsel *auf gleichem Niveau* können Sie meistens eine leichte

Gehaltssteigerung (rund 10 bis 15 Prozent) durchsetzen. Der genaue Prozentsatz hängt aber von vielen Faktoren ab, beispielsweise davon, wie weit Ihr derzeitiges Salär unter Ihrem Marktwert liegt, wie gut Ihr Bewerberprofil zu den ausgeschriebenen Anforderungen passt, wie sich die konjunkturelle Situation gerade darstellt und ob in dieser Branche allgemein überdurchschnittlich gezahlt wird oder nicht.

Nicht immer lässt sich aber mit einem Wechsel eine Gehaltssteigerung verbinden. Sollten Sie zum Beispiel in Ihrer jetzigen Firma über Marktwert bezahlt werden, werden Sie eventuell sogar Einbußen hinnehmen müssen.

Wenn Sie den Firmenwechsel *mit einer Beförderung* verbinden können, werden Sie natürlich eine deutliche Steigerung realisieren können. Aber auch hier wird von vielen Arbeitgebern Ihr derzeitiges Gehalt als Ausgangsbasis für die prozentuale Erhöhung genommen.

Sagen Sie Ihrem Chef, dass Sie befördert werden wollen

Auch für seine Beförderung kann und sollte man sich einsetzen. Es gilt, seine berechtigten Erwartungen gegenüber den Vorgesetzten zum Ausdruck zu bringen. Wenden Sie sich zunächst an Ihren Chef und sagen Sie ihm einfach, dass Sie sich beruflich weiterentwickeln möchten. Für viele Positionen gibt es eine »logische« nächste Stufe. Machen Sie deutlich, dass Sie sich für geeignet und fähig halten, eine Position auf der nächsten Stufe gut auszufüllen. Wenn Sie befürchten müssen, dass Ihr Chef Ihren Wunsch nicht weiterträgt, sollten Sie Ihren nächsthöheren Vorgesetzten ansprechen.

Wer seinen Wunsch nach Beförderung für sich behält, läuft Gefahr, als jemand ohne Ehrgeiz eingestuft zu werden, der mit seiner derzeitigen Position zufrieden ist. Wenn Ihre Rivalen »Drängler« sind, werden sie bei einer anstehenden Beförderung die besseren Karten haben – alleine schon deshalb, weil die Firma befürchten muss, dass sie ihre gewünschte Beförderung durch einen Wechsel zu einer anderen Firma realisieren. Dies nimmt man beim stillen und anscheinend zufriedenen Mitarbeiter nicht an.

Vor einer Sache muss allerdings an dieser Stelle gewarnt werden. Bedrängen Sie Ihren Chef nicht mit stetigen Wiederholungen Ihrer Vorstellungen. Sie beschleunigen dadurch nichts, sondern verärgern ihn nur. Wenn Ihre Vorgesetzten Sie für fähig halten, eine Position auf der nächsthöheren Ebene einzunehmen, genügt von Ihrer Seite ein klarer Hinweis auf Ihr Interesse, um sie zu sensibilisieren.

Melden Sie Ihre Vorstellungen rechtzeitig an, denn je nach Größe der

Firma ist manchmal ein wenig Geduld nötig, bis eine geeignete Stelle frei wird. Lassen Sie sich aber nicht zu lange mit dem Hinweis auf fehlende Stellen vertrösten. Bedenken Sie: Wenn man Sie befördern will, dann tut man das auch, und sei es dadurch, dass im Rahmen einer Umorganisation eine neue Stelle für Sie kreiert wird. Wenn trotz Ihrer deutlich kommunizierten Erwartungen zu lange nichts passiert, müssen Sie gehen (oder sich bewusst mit Ihrer Lage anfreunden).

Auch im Zusammenhang mit Ihrem Beförderungswunsch gilt natürlich: Setzen Sie Ihre Vorgesetzten nicht unter Druck, indem Sie mit Kündigung drohen.

Ein letztes Wort: Geld ist nicht alles

Was nun folgt, widerspricht in gewissem Sinne dem bisher Gesagten. Es kann Situationen geben, in denen Sie vielleicht doch auf Dauer eine unterdurchschnittliche Bezahlung akzeptieren wollen. Wenn

- Ihnen Ihre Arbeit sehr viel Spaß macht,
- Sie zu Ihrem Chef ein tolles Verhältnis haben,
- die Kollegen alle nett sind und das Betriebsklima hervorragend ist,
- Sie geregelte Arbeitszeiten ohne Überstunden haben,

wenn kurzum alles »in Butter ist«, nur das Gehalt nicht, dann sollten Sie einen Wechsel aus rein finanziellen Gründen gut überdenken. Geld ist nicht alles. Berücksichtigen Sie auch den »Wohlfühlfaktor«. Betrachten Sie bei der Frage »Gehen oder Bleiben?« immer Ihre Gesamtsituation, bestehend aus Ihrem Gehalt *und* den Arbeitsverhältnissen. Bedenken Sie aber auch, dass die gute Arbeitssituation von heute schon morgen vorbei sein kann.

Das Wichtigste in Kürze

- Sorgen Sie immer dafür, dass Sie entsprechend Ihrem Marktwert bezahlt werden.
- Begründen Sie Ihren Wunsch nach mehr Gehalt nur mit Ihrer Leistung und Ihrem Marktwert.
- Streiten Sie sich nicht über die Gehaltserhöhung und drohen Sie nicht mit Kündigung. Wenn man sie Ihnen nicht gewähren will, ziehen Sie die Konsequenzen.

- Bei einer Bewerbung wird Ihre Gehaltsforderung als Teil Ihrer Gesamtqualifikation angesehen.
- Machen Sie gegenüber Ihrem Chef deutlich, dass Sie befördert werden wollen.

Regel 17
Machen Sie für sich das Beste aus einer Fusion

Sowohl bei Großunternehmen als auch in der mittelständischen Wirtschaft erleben wir unter dem Druck des globalisierten Wettbewerbs und auf der Jagd nach Shareholder-Value ein nie gekanntes Ausmaß an Fusionen. Hierunter versteht man Firmenübernahmen sowie Unternehmenszusammenschlüsse unter Gleichen. Aus zwei Unternehmen soll ein neues entstehen, und dies soll mehr Geld verdienen als die beiden früheren Firmen zusammen. Die Zauberworte lauten: Synergien und Kostensenkungspotenziale. Dabei wird die Bezeichnung »Fusion unter Gleichen« häufig verwendet, um die in Wirklichkeit angestrebte Übernahme zu verschleiern wie das Beispiel DaimlerChrysler zeigt.

Die Wahrscheinlichkeit ist sehr groß, dass auch Sie mindestens einmal in Ihrem Berufsleben von einer Fusion betroffen sein werden – dies kann schon morgen der Fall sein. Wie sollten Sie sich dann verhalten? Welche häufig gemachten Fehler gilt es zu vermeiden? Fusionen sind regelmäßig verbunden mit umfangreichen Restrukturierungen und Personalabbau. Sie bedeuten für die betroffenen Mitarbeiter Risiken, aber auch Chancen (im Gegensatz zu einem Konkurs). Ob Sie zu den Gewinnern einer Fusion gehören, können Sie in vielen Fällen durch Ihr Verhalten während des Fusionsprozesses stark beeinflussen.[8]

Die Phasen einer Fusion und die Gefühle der Betroffenen: In aller Regel wird versucht, die Fusionsverhandlungen geheim zu halten. Deshalb trifft die Bekanntgabe der Fusion viele Mitarbeiter oft völlig überraschend und verunsichert sie sehr. Viele fürchten um ihren Job. Etwaigen Beteuerungen, dass keiner seinen Arbeitsplatz verlieren soll, glauben die wenigsten. Im Falle einer Übernahme – besonders wenn die übernehmende Firma aus der gleichen Branche kommt – haben die Übernommenen zusätzlich vielfach das diffuse Gefühl, kollektiv versagt und verloren zu haben. Man fragt sich: »Warum hat es gerade uns getroffen?« oder »Warum haben *die uns* übernommen und nicht *wir sie*?«

In vielen Fällen schließt sich an die Ankündigung eine Phase relativer Ruhe an. Es passiert nichts, da zunächst die Gremien der Firmen der Fusion zustimmen müssen. Kleinaktionäre müssen ihre Aktien verkaufen oder umtauschen. In vielen Fällen ist die Genehmigung der Kartellbehörden notwendig. Diese Phase kann Wochen oder Monate dauern. Viele Betroffene verdrängen das Problem und hoffen, dass eine Stelle ihre Genehmigung versagt und das Fusionsvorhaben scheitert. Anstatt sich aktiv auf die neue Lage einzustellen, verschenken sie wertvolle Zeit.

Die dritte Phase ist die der Umsetzung der Fusion. Zwei Firmen müssen zu einer verschmolzen werden. Konkret bedeutet das zum einen die Schaffung neuer Organisationsstrukturen, zum anderen die Besetzung neu definierter Stellen. Diese Phase ist oft durch chaotische Zustände geprägt. Vieles funktioniert nicht mehr wie gewohnt.

Zudem ist das zuvor gültige büropolitische Koordinatensystem außer Kraft gesetzt, die alten Machtverhältnisse sind zusammengebrochen. Die Umbrüche bringen für viele Betroffene auch emotionale Turbulenzen mit sich. Sie sind verunsichert, weil der Stellenwert ihrer Funktion plötzlich unklar ist und sie das Gefühl haben, die Kontrolle über ihren Arbeitsbereich zu verlieren. Sie können nicht mehr abschätzen, was auf sie zukommt und wissen folglich nicht, wie sie ihre Situation beeinflussen können. Die Angst, den Job zu verlieren, kann in Panik umschlagen, wenn man befürchten muss, keine adäquate Beschäftigung mehr zu finden. Je nachdem, wie die Stellenbesetzungen vorgenommen werden und wie viele Hierarchiestufen zu besetzen sind, kann diese Phase der persönlichen Unsicherheit Monate andauern.

Am Ende des Fusionsprozesses kehrt wieder Normalität ein. Alle Stellen sind besetzt, die nicht übernommenen Mitarbeiter haben das Unternehmen verlassen und die veränderten Arbeitsabläufe beginnen, sich einzuspielen. Sie zählen zu den Gewinnern der Fusion, wenn Sie nun einen gleichwertigen Arbeitsplatz haben oder sogar befördert wurden.

Analysieren Sie die neue Lage

Sind Sie überhaupt betroffen? Sobald die Fusion angekündigt worden ist, sollten Sie beginnen, intensiv Informationen über die neue Situation zu sammeln. Die wichtigste Frage ist, ob Ihr Arbeitsbereich überhaupt von der Fusion tangiert wird. Ein wichtiges Ziel von Fusionen ist es ja, Synergien zu erzeugen, also die gleiche Leistung zu reduzierten (Personal-)Kosten zu erbringen. Dies lässt sich nur dort realisieren, wo es Überschneidungen zwischen beiden Firmen gibt: in den so genannten Synergiefeldern, zum Beispiel in allen zentralen Verwaltungsfunktionen. So braucht man nur noch eine statt zwei Personalabteilungen, nur noch einen EDV-Bereich, nur noch ein Controlling. Wenn Sie in einem zentralen Bereich arbeiten, dann ist Ihr Job in der Tat gefährdet – und zwar ganz unabhängig davon, wie gut Sie ihn bisher ausgefüllt haben.

Inwieweit es in den Fachabteilungen (beispielsweise Marketing, Vertrieb, Forschung, Einkauf, Fertigung) Synergiepotenziale gibt, hängt ganz entscheidend davon ab, wie stark sich die Arbeitsgebiete und Produktprogramme beider Firmen überschneiden. Bei starken Überschneidungen wird man auch hier die gleichartigen Abteilungen verschmelzen. Wo es hingegen keinerlei Überlappungen zwischen den Arbeitsgebieten beider Firmen gibt, ist eine Zusammenlegung der Bereiche sinnlos. So macht es keinen Sinn, zwei Vertriebsabteilungen zusammenzulegen, wenn diese ganz unterschiedliche Kundengruppen bearbeiten. Wenn Sie in einem Bereich arbeiten, der kein Pendant im anderen Unternehmen hat, ist Ihr Job ziemlich sicher.

Ob und inwieweit Ihr Arbeitsplatz bedroht ist, hängt nicht in erster Linie davon ab, wie gut Ihre Leistungen in der Vergangenheit waren, sondern wo Sie arbeiten.

Um im konkreten Einzelfall herauszufinden, wo genau man Synergien suchen wird, sollten Sie versuchen, die geschäftliche Logik des Zusammenschlusses zu erkennen. Welche Strategie wird damit verfolgt? Welche Produkte oder Geschäftsfelder passen zusammen? Wo würden Sie selbst Rationalisierungspotenziale aufgrund der Fusion sehen? Gibt es bereits konkrete Pläne und Ankündigungen?

Bedenken Sie bei Ihrer Analyse, dass die neue Unternehmensleitung in aller Regel unter großem Druck steht, durch Ausschöpfung jeder nur denkbaren Synergie die Kosten zu senken. Also wird man im Zweifel auch Bereiche zusammenlegen, bei denen die erzielbaren Synergien nicht so offensichtlich sind. Gerade wenn Sie als Fachmann zu dem Schluss kommen, eine Verschmelzung Ihres Bereichs mit dem Pendant der anderen Firma sei unsinnig, können Sie sich irren. Gehen Sie also im Zweifel eher davon aus, dass auch Sie von der Fusion betroffen sein werden.

Informationen über die der Fusion zugrunde liegende Strategie erhalten Sie aus verschiedenen Quellen. Da sind zunächst natürlich die offiziellen Ankündigungen an die Mitarbeiter. Wenn es sich bei den beteiligten Unternehmen um Aktiengesellschaften handelt, wird es auf ihren Homepages unter »Investor Relations« Mitteilungen und Erklärungen geben, die in erster Linie an den Kapitalmarkt gerichtet sind. Verfolgen Sie aufmerksam die Reaktionen der Wirtschaftspresse. Wo sehen Fachjournalisten die Synergiepotenziale?

Erkennen Sie die Fusionsstrategie

Man kann drei verschiedene Fusionsstrategien unterscheiden. Sie haben direkte Auswirkungen auf die Vorgehensweise bei der Stellenbesetzung:

»Best of Both Worlds«: Diese Strategie wird vor allem bei Fusionen unter Gleichen verfolgt. Man versucht dort, wo Synergien möglich sind, das Beste aus beiden Unternehmen in die neue Firma einzubringen. Das betrifft Produkte, Verfahren, Systeme – und eben auch Mitarbeiter, vor allem die Führungskräfte. Nicht aus welchem der beiden Unternehmen jemand kommt, sondern nur seine Leistung soll bei der Besetzung der Stellen im neuen Organigramm berücksichtigt werden. Oftmals sind langwierige Auswahlverfahren die Folge, denen sich Führungskräfte aus *beiden* Firmen stellen müssen. Der große Nachteil dieser Strategie liegt in der langen Zeitspanne, bis alle Stellen vom Vorstand bis zur untersten Ebene besetzt sind.

Eingliederung: Dies ist häufig die Strategie bei Übernahmen. Das übernommene Unternehmen wird in jeder Hinsicht in das übernehmende integriert. Bei der Stellenbesetzung haben die Führungskräfte der übernehmenden Firma die deutlich besseren Karten: Sie gelten als gesetzt. Wenn zwei Bereiche zusammengelegt werden, haben nur diejenigen Manager der übernommenen Firma eine Chance auf Weiterbeschäftigung, die es geschafft haben, die Anerkennung der maßgeblichen Führungskräfte des Übernehmers zu gewinnen. Der Vorteil dieser Strategie liegt darin, dass sie rasch umgesetzt werden kann.

»Harmonische Lösung«: Diese Strategie kann bei allen Arten von Fusionen vorkommen. Man versucht, möglichst wenig Unruhe zu erzeugen, und ändert deshalb (vorerst zumindest) kaum etwas an den Strukturen in beiden Unternehmen. Fast alle behalten ihren angestammten Job. Dies verhindert aber gerade die Entstehung von Synergien, weshalb diese »Lösung« fast immer nur vorübergehenden Bestand hat. Die Ruhe ist trügerisch, aber wie die organisatorischen Veränderungen später ablaufen werden, lässt sich

nicht voraussagen. Sie sind oft das Ergebnis langer büropolitischer Grabenkämpfe. Wenn Sie in einem potenziellen Synergiefeld arbeiten, ist Ihr Job folglich latent gefährdet.

Es ist für Sie wichtig zu erkennen, welche Fusionsstrategie verfolgt wird. Hiervon hängt ab, nach welchen Regeln die neu definierten Stellen besetzt werden und wie groß Ihre Chancen auf Weiterbeschäftigung sind. Das Problem liegt darin, dass die Strategie nicht immer klar erkennbar ist. Zum Teil werden verschiedene Strategien kombiniert. So können bei einer Eingliederung trotzdem einige Stellen nach dem »Best of Both Worlds«-Prinzip besetzt werden. Oder es werden gewisse Bereiche zusammengelegt, während in anderen alles beim Alten bleiben soll.

Zum Teil wird offiziell die Strategie »Best of Both Worlds« verkündet, in der Praxis setzt sich aber doch das Management einer der beiden Firmen durch. Das ist besonders dann der Fall, wenn als Fusion unter Gleichen kaschiert wird, was in Wirklichkeit eine Übernahme ist. Schauen Sie vor allem darauf, wie die Stellen im Topmanagement besetzt werden, und welches Unternehmen dort am Ende stärker personell vertreten ist.

In jedem Fall aber werden die neu definierten Positionen von oben nach unten besetzt (»top down«). Wenn Sie weiter unten in der Hierarchie stehen, kann dies für Sie über Monate hinweg Ungewissheit bedeuten, da zunächst die Ebenen über Ihnen besetzt werden müssen.

Beurteilen Sie Ihre Chancen

Am meisten ist Ihr Job gefährdet, wenn Sie in einem übernommenen Unternehmen als Führungskraft in einem Synergiefeld tätig sind, das eingegliedert werden soll. Die besten Chancen ergeben sich hingegen, wenn die Fusion nach dem »Best of Both Worlds«-Verfahren durchgeführt wird. Wird Ihre Abteilung mit einer anderen zusammengelegt, haben Sie als Leiter rein rechnerisch eine 50-Prozent-Chance, dass Sie aus dem Auswahlprozess als Sieger hervorgehen. Das bedeutet einen größeren Aufgaben- und Verantwortungsumfang, eventuell sogar eine damit verbundene Beförderung. Aber auch wenn Sie diesen Job nicht bekommen, wird man Ihnen vielleicht eine andere Stelle anbieten, wenn man Sie für einen guten Mitarbeiter hält. Und schließlich werden bei Fusionen unter Gleichen immer wieder ungeplant Stellen frei, weil sich Führungskräfte aus beiden Unternehmen wegen der großen Unsicherheit extern einen neuen Job suchen und kündigen.

Tipps für Ihren Erfolg

- Finden Sie heraus, ob Sie in einem Synergiefeld arbeiten und deshalb von der Fusion betroffen sind. Im Zweifelsfall gehen Sie davon aus, dass dies der Fall ist.
- Erkennen Sie die Fusionsstrategie und die Regeln der Stellenbesetzung, um Ihre Risiken und Chancen beurteilen zu können.

Richtig reagieren

Halten Sie an Ihrer Karrierestrategie fest: Durch die Fusion wird möglicherweise Ihre berufliche Zukunft in Ihrer jetzigen Firma (genauer: in der neu entstehenden) infrage gestellt. Deshalb sollten Sie trotzdem an Ihrer Karriereplanung festhalten. Ihre kurzfristige Zielsetzung sollte einerseits darin bestehen, im fusionierten Unternehmen ein Jobangebot zu erhalten, das erstens mindestens gleichwertig ist und zweitens zu Ihrer Planung passt. Da Sie aber nicht sicher sein können, ob das funktioniert, sollten Sie sich parallel extern bewerben. Im Idealfall können Sie dann unter einem internen und mehreren externen Angeboten auswählen.

Beachten Sie bei internen Angeboten: Auch wenn Sie sich darüber freuen, nicht gekündigt zu werden, sollte die neue Aufgabe Ihrer bisherigen mindestens gleichwertig sein. Einmal Erreichtes, insbesondere Personalführungsverantwortung, sollten Sie nicht wieder aufgeben. Akzeptieren Sie keine Herabstufung. Wenn nach einer Übernahme viele Ihrer Kollegen gehen müssen, werden Sie es möglicherweise bereits als Auszeichnung ansehen, dass Sie bleiben dürfen. In einer solchen Situation kann es Ihnen leicht passieren, eine angebotene Position positiver einzuschätzen, als sie es in Wirklichkeit ist. Aber nur die objektiven Fakten zählen, falls Sie sich später aus dieser Position heraus bewerben wollen. Andere Arbeitgeber geben Ihnen keinen »Überlebensbonus«.

Außerdem sollte das Angebot zu Ihrer Karriereplanung passen. Beachten Sie den »roten Faden« in Ihrer Berufslaufbahn. Beurteilen Sie interne Jobofferten nach den gleichen Kriterien wie externe Stellenangebote. Wägen Sie also nüchtern ab, ob Sie eine angebotene Stelle wirklich wollen. Lassen Sie sich von Ihren Netzwerkpartnern beraten. Diese sehen in dieser Situation die Dinge wahrscheinlich objektiver als Sie.

Fangen Sie sofort an, extern zu suchen: Für Ihre externen Bewerbungen gilt: Fangen Sie so schnell wie möglich nach Ankündigung der Fusion an zu suchen. Bewerben Sie sich aber nur auf Stellen, die im Rahmen Ihrer Karrierestrategie Sinn machen. Selbst wenn Sie Ihre Aussichten im fusionierten Unternehmen als schlecht beurteilen, sollten Sie nicht in Torschlusspanik verfallen und das erstbeste Angebot annehmen. Wenn Sie frühzeitig anfangen zu suchen, werden Sie im Normalfall ausreichend Zeit haben, eine geeignete Stelle zu finden. Denn zwischen dem Bekanntwerden der Fusion und dem Zeitpunkt, zu dem man Ihnen kündigt, vergehen in aller Regel mehrere, manchmal viele Monate. Hinzu kommt Ihre Kündigungsfrist.

Betrachten Sie sich als Bewerber: Wenn die Stellen im fusionierten Unternehmen nach dem »Best of Both Worlds«-Prinzip besetzt werden, heißt das, dass Sie sich mental auf die neue Situation als Bewerber einstellen müssen. Auch wenn Sie schon langjährig in Ihrer Firma beschäftigt sind und nachweisbare Erfolge vorzuweisen haben, werden Sie Ihre Qualifikation und Ihre Fähigkeiten wie in einer ganz normalen Bewerbungssituation »verkaufen« müssen. Sie müssen beweisen, dass Sie es wert sind, von der neuen Firma übernommen zu werden.

Dies verbittert viele. Sie empfinden es als unfair, dass ihre Stellung, die auf jahrelangem erfolgreichem Einsatz und guten Beurteilungen beruht, infrage gestellt wird. Entsprechend ablehnend verhalten sie sich dem Auswahlverfahren gegenüber. Leicht schaukeln sich betroffene Führungskräfte gegenseitig in ihrer negativen Einschätzung hoch. Lassen Sie sich nicht davon anstecken. Versuchen Sie, die Bewerbungssituation sportlich zu sehen. Wenn Sie dem Auswahlverfahren einigermaßen positiv gegenüberstehen, verbessern Sie Ihre Chancen auf Erfolg erheblich.

Kündigen Sie nicht: Auch wenn die negativen Begleitumstände der Fusion Sie sehr bedrücken und Sie am liebsten sofort »die Brocken hinschmeißen« würden, tun Sie es nicht. Ihr Interesse besteht darin, zwischen mehreren Jobangeboten in Ruhe wählen zu können, also ohne Druck zu entscheiden, wo Sie in Zukunft arbeiten wollen. Versuchen Sie deshalb, parallel beide Optionen (die interne und die externe) zu entwickeln. Solange Sie sich aus ungekündigter Position bewerben, haben Sie weniger Zeitdruck und eine stärkere Verhandlungsposition bei externen Unternehmen.

Tipps für Ihren Erfolg

- Beginnen Sie sofort nach Bekanntwerden der Fusion, sich extern zu bewerben.
- Ihr Ziel sollte sein, zwischen einem internen und mehreren externen Jobangeboten wählen zu können.
- Akzeptieren Sie das Auswahlverfahren und Ihre interne Bewerberrolle.
- Bewerten Sie auch alle internen Jobangebote nur danach, ob Sie zu Ihrer Karrierestrategie passen.

So verfolgen Sie die interne Option

Tun Sie alles, damit Ihnen eine attraktive Position in der neuen Organisation angeboten wird. Dies bedeutet einerseits eine intensive Vorbereitung auf eventuell stattfindende Auswahlverfahren. Andererseits gilt es, in der relativ kurzen Zeit, die bis zu den Personalentscheidungen bleibt, positiv auf sich aufmerksam zu machen, und zwar durch aktives Networking und engagierte Mitarbeit in fusionsbedingten Projekten.

Bereiten Sie sich auf das Auswahlverfahren vor: Nachdem Sie sich gedanklich auf die Notwendigkeit eingestellt haben, an einem internen Auswahlverfahren teilzunehmen, sollten Sie sich möglichst intensiv vorbereiten, besonders wenn Sie sich längere Zeit nicht beworben haben. Zunächst müssen Sie recherchieren, nach welchem Auswahlverfahren vorgegangen wird. Möglich sind (auch kombiniert):

- ein Management-Audit, bei dem externe Personalberater die Qualifikation der Kandidaten aufgrund von Gesprächen beurteilen und dem Topmanagement Empfehlungen abgeben,
- Bewerbungsgespräche mit bereits ernannten Führungskräften,
- Assessment-Center, oft organisiert von Personalberatungsfirmen.

Auch wenn Personalberater und eigene Personalfachleute bei der Auswahl mitwirken, so liegt die Auswahlentscheidung letztlich – wie bei jedem Bewerbungsverfahren – bei den verantwortlichen Führungskräften.

Versuchen Sie herauszufinden, nach welchen Auswahlkriterien die Kandidaten in den Gesprächen beurteilt werden. Falls die Anforderungen nicht vorher bekannt gegeben werden, orientieren Sie sich hinsichtlich der nichtfachlichen Kriterien an denen, die in Regel 4 genannt wurden.

Erstellen Sie Ihre Selbstpräsentation und bereiten Sie Ihre Antworten auf die üblichen Fragen eines Bewerbungsgesprächs vor. Sie müssen Ihren Gesprächspartnern klarmachen, welches Ihre besonderen Stärken sind und welche Vorteile es dem Unternehmen bringt, wenn Sie dabei bleiben. Geht es um eine konkrete Position, müssen Sie überzeugend darlegen, dass Sie die gestellten Anforderungen erfüllen.

Wenn Sie noch nie an einem Assessment-Center teilgenommen haben, informieren Sie sich. Es gibt hierfür eine Reihe von Ratgebern in Buchform. Erkundigen Sie sich darüber hinaus nach den konkreten Zielsetzungen und dem Ablauf des in Ihrem Fall praktizierten Verfahrens.

Knüpfen Sie Kontakte zur anderen Firma: Nach einer Fusion, vor allem wenn es sich um eine Übernahme handelt, besteht der nahe liegende Reflex, die »anderen« nicht besonders zu mögen – um es vorsichtig auszudrücken. Hieraus entwickelt sich leicht eine Mentalität der Gegnerschaft. Das ist vor allem der Fall, wenn die übernehmende Firma aus der gleichen Branche kommt, also bisher ein Wettbewerber war. Man hat diese Leute schon vorher als Gegner betrachtet und war nicht gut auf sie zu sprechen.

Hinzu kommt vielfach, dass die Unternehmenskulturen sehr unterschiedlich sind, besonders wenn Firmen aus verschiedenen Ländern fusionieren. Arbeitsweisen, Abläufe, offizielle Regeln und ungeschriebene Gesetze – vieles ist auf einmal neu. Instinktiv neigen viele Betroffene dazu, die fremde Unternehmenskultur rundweg abzulehnen und die eigene blind zu verteidigen.

Die »Wir gegen die«-Mentalität hilft zwar psychologisch gegen die Verunsicherung, die durch die Fusion hervorgerufen wird – gemeinsam mit den alten Kollegen schimpft man auf die neuen Machthaber; oder man macht sich lustig über die unvermeidlichen Fehler, die bei einer Fusion passieren. Man fühlt sich geborgen in der Solidarität mit denen, die den gleichen Schicksalsschlag hinnehmen mussten.

Aber so nahe liegend solche Reaktionen sind, sie führen zu nichts. Denn die alten Zeiten sind vorbei. Ihre ehemaligen Gegner sind jetzt Ihre Kollegen geworden. Betrachten Sie es so: Sie haben auf einen Schlag eine Menge neuer Kollegen hinzubekommen. Mit ihnen werden Sie in Zukunft zusammenarbeiten müssen. Damit ist Ihre jetzige Situation in gewissem Sinne vergleichbar mit der damaligen, als Sie in das Unternehmen eingetreten sind. Sie müssen Beziehungen aufbauen, um Machtanteile wiederzugewinnen, die Sie durch die Fusion verloren haben.

Erweitern Sie Ihr Netzwerk so schnell wie möglich in das andere Unternehmen hinein. Es liegt nahe, bei den Personen anzufangen, die in der anderen Firma die gleichen Aufgaben haben wie Sie. Bei der Diskussion fachlicher Themen werden Sie schnell ins Gespräch kommen. Vertiefen Sie anschließend Ihre Kontakte. Nicht zuletzt können Sie so diejenigen gut kennen lernen, mit denen Sie möglicherweise um eine Position konkurrieren werden.

Je intensiver Sie neue Kontakte knüpfen, desto größer sind Ihre Chancen, positiv von den zukünftig entscheidenden Führungskräften aus der andere Firma wahrgenommen zu werden.

Versuchen Sie, schnell Erfolge zu erzielen: Neben Ihren Networking-Aktivitäten sollten Sie sich darauf konzentrieren, baldmöglichst durch sichtbare Erfolge aufzufallen und sich als kompetenter Mitarbeiter einen Namen zu machen. Dies können Sie unter den speziellen Bedingungen der Fusion am besten, indem Sie mit Ihrer Fachkompetenz engagiert den Integrationsprozess unterstützen, zum Beispiel beim Produktabgleich, bei der Kundenüberleitung, bei der Zusammenführung der Methoden in zentralen Funktionen (etwa im Controlling) oder bei der Mitarbeiterintegration. Konkret bedeutet dies die aktive Mitarbeit in Fusionsprojektteams oder – noch besser, wenn es denn möglich ist – deren Leitung.

Tipps für Ihren Erfolg

- Bereiten Sie sich gut auf das Auswahlverfahren vor.
- Vermeiden Sie die »Wir gegen die anderen«-Haltung. Knüpfen Sie Kontakte zu Ihren neuen Kollegen.
- Profilieren Sie sich durch kompetente Mitarbeit bei fusionsbedingten Projekten.

Das Wichtigste in Kürze

- Ob Sie von einer Fusion negativ betroffen sind, hängt vor allem davon ab, ob Sie in einem Synergiefeld arbeiten, nicht aber von Ihren bisherigen Leistungen.
- Ermitteln Sie, nach welcher Strategie die neuen Stellen besetzt werden.
- Verfolgen Sie die interne und die externe Option parallel. Unternehmen

Sie alles, um ein internes Angebot zu erhalten, und fangen Sie sofort an, sich extern zu bewerben.

- Beurteilen Sie auch interne Jobangebote nur danach, ob Sie zu Ihrer Karrierestrategie passen.

Schlussbemerkung

Sie werden Karriere machen, wenn Sie

- voll und ganz die Verantwortung für Ihren Erfolg übernehmen,
- bereit sind, den Preis für die Karriere zu zahlen,
- Ihre Karriere planen und eine Karrierestrategie entwickeln,
- vor allem die nicht-fachlichen Karriereanforderungen beachten,
- Ihre Stärken wie Schwächen bestimmen und Ihre Stärken ausbauen,
- die ungeschriebenen Regeln des Arbeitsmarktes beachten,
- Personalführung gut beherrschen,
- auch Ihre Bewerbungen strategisch angehen,
- im Bewerbungsverfahren überzeugen,
- sich bei Ihrer Arbeit auf das Wesentliche konzentrieren,
- die Regeln der innerbetrieblichen Politik beherrschen und anwenden,
- sich ein großes Netzwerk schaffen,
- ein gutes Verhältnis zu Ihrem Chef entwickeln,
- in Ihrer Organisation aus der Masse herausragen,
- karriereschädliche Verhaltensweisen vermeiden,
- sich für Ihre Beförderung oder Gehaltserhöhung einsetzen,
- aus einer Fusion für sich das Beste machen.

Möglicherweise werden Sie auch beruflich weiterkommen, wenn Sie die eine oder andere Regel nicht befolgen. Auch wenn Sie die Vorfahrtsregeln im Straßenverkehr missachten, können Sie vielleicht (eine Weile) unfallfrei fahren. Empfehlenswert ist ein solches Verhalten aber keineswegs. Es ist alles eine Frage von Wahrscheinlichkeiten: Die Wahrscheinlichkeit Ihres Erfolgs sinkt rapide, je mehr Regeln Sie missachten, und sie steigt genauso stark an, je mehr Grundsätze Sie befolgen. Und wenn Sie sich an alle Regeln halten, dann werden Sie beruflich erfolgreich. Davon bin ich überzeugt.

Dieses Buch erhebt den Anspruch, die Voraussetzungen für den beruflichen Aufstieg umfassend darzustellen. Vielleicht fehlt aber aus Ihrer Sicht, liebe Leserin, lieber Leser, etwas Wichtiges, oder Sie haben zu einer der Regeln eine andere Ansicht. In jedem Fall freue ich mich über Ihr Feedback. Es hilft mir, eine eventuelle zweite Auflage weiter zu verbessern. So erreichen Sie mich:

Prof. Dr. Jürgen Lürssen
Universität Lüneburg
Volgershall 1
D-21339 Lüneburg

Fax: 0 41 31-677 51 40
E-Mail: luerssen@uni-lueneburg.de

Falls Sie Rat in Karrierefragen oder bei einer wichtigen beruflichen Entscheidung suchen, biete ich Ihnen gern meine Unterstützung an. Nähere Informationen finden Sie unter www.der-karriereberater.de

Anmerkungen

1 Heiko Mell beantwortet seit vielen Jahren in den *VDI Nachrichten* jede Woche Leseranfragen zu Karrierethemen. Daraus sind als Zusammenfassungen diverse Ratgeber entstanden, die mir für dieses Buch viele wichtige Anregungen gegeben haben. Für Nachwuchsmanager besonders empfehlenswert ist sein Buch *Spielregeln für Beruf und Karriere*, Düsseldorf 1996.

2 Bedeutung und Konsequenzen der Selbstverantwortung hat wohl niemand so pointiert dargestellt wie R. K. Sprenger in *Die Entscheidung liegt bei dir*, Frankfurt/New York 2003. Ich verdanke ihm zentrale Denkanstöße.

3 Wie Sie Ihre innerbetriebliche Machtposition aufbauen, stelle ich ausführlich in meinem Buch *Die heimlichen Spielregeln der Karriere. Wie Sie die ungeschriebenen Gesetze am Arbeitsplatz für Ihren Erfolg nutzen* (Frankfurt/New York 2001) dar. Vgl. hierzu auch Regel 11.

4 Die Methode des strukturierten Denkens beschreibe ich ausführlich in *Knacken Sie die Karrierenuss! Alle Tools, die Sie brauchen*, Frankfurt/New York 2003.

5 Weitere Fragen mit Anregungen für Ihre Antworten finden Sie in speziellen Bewerbungsratgebern, zum Beispiel Püttjer & Schnierda, *Professionelle Bewerbungsberatung für Führungskräfte*, Frankfurt/New York 2001 oder A. Rohm, *Karriereplanung*, München 1997

6 Eine ausführliche Darstellung finden Sie in meinem Buch *Knacken Sie die Karrierenuss! Alle Tools, die Sie brauchen*, Frankfurt/New York 2003.

7 Das Phänomen der Politik im Büro – und wie Sie damit Ihre Karriere fördern – beschreibe ich ausführlich in meinem Buch *Die heimlichen Spielregeln der Karriere. Wie Sie die ungeschriebenen Gesetze am Arbeitsplatz für Ihren Erfolg nutzen*, Frankfurt/New York 2001.

8 Viele Anregungen dieses Kapitels verdanke ich dem sehr guten Buch *Bleiben oder Gehen?* von Winfried Berner, Frankfurt/Wien 2001. Es sei jedem wärmstens empfohlen, der von einer Fusion betroffen ist.

Literatur

Asgodom, Sabine, *Eigenlob stimmt. Erfolg durch Selbst-PR*, 4. Aufl., Düsseldorf 1998

Baldus, Michael G. und Klawitter, Isabelle (Hg.): *Studium – Beruf – Karriere. Personal-Manager sagen Ihnen, was Sie tun müssen.* 3. Aufl., Wiesbaden 1997

Begeman, Petra, *Der erste Führungsjob. Wie Sie sich durchsetzen – wie Sie Fehler vermeiden*, Frankfurt/Main 2000

Begeman, Petra, *Jetzt entscheide ich! So werden Sie erfolgreicher Chef. Die Rezepte der Führungsprofis*, Frankfurt/Main 2002

Berner, Winfried, *Bleiben oder gehen? Ihre persönliche Erfolgsstrategie bei Fusionen, Übernahmen und Umstrukturierungen*, Frankfurt/Wien 2001

Blanchard, Kenneth und Johnson, Spencer, *Der Minuten Manager*, Hamburg 2002

Blanchard, Kenneth, Oncken, William Jr. und Burrows, Hal, *Der Minuten Manager und der Klammeraffe. Wie man lernt, sich zuviel aufzuhalsen*, 6. Aufl., Hamburg 1999

Blanchard, Kenneth, Zigarmi, Patricia und Zigarmi, Drea, *Der Minuten Manager: Führungsstile. Wirkungsvolles Management durch situationsbezogene Führung*, Hamburg 1986

Böning, U., »Stichwort: M&A und die Karrierefolgen«, in: *Handelsblatt* 1./2.9.2000, S. K2

Bonneau, Elisabeth, *Durch gutes Benehmen zum Erfolg im Beruf*, Augsburg 1998

Bragg, Mary, *Auf leisen Sohlen zum Erfolg. Der diskrete Charme der Einflussnahme*, Stuttgart 1999

Brenner, Doris, *Karrierestart nach dem Studium. Vom Einsteiger zum Insider*, Frankfurt/New York 2000

Bürkle, Hans, *Aktive Karrierestrategie. Erfolgsmanagement in eigener Sache*, Frankfurt/Wiesbaden 1986

Carnegie, Dale, *Wie man Freunde gewinnt*, Bern/München 1999

Carnegie, Dale & Assoc., *Der Erfolg ist in Dir*, 12. Aufl., Bern/ München 1998

Commer, Heinz und Marenbach, Bernd, *Starker Start. Wie verhalte ich mich als Berufseinsteiger?*, Düsseldorf 1995

Dahlems, Rolf und Leciejewski, Klaus, *Mit Headhuntern Karriere machen,* Regensburg, Düsseldorf 1998

Demmer, Christine und Thun, Brigitte, *Karriere-Tools für High-Potentials. Die Wahrheit über die Schlüsselqualifikationen für den Aufstieg*, Frankfurt/Main 2001

Drummond, Helga, *Machtspiele für kleine Teufel. Mit List und Tücke an die Spitze*, Landsberg/Lech 1993

DuBrin, Andrew J., *Winning Office Politics,* Englewood Cliffs 1990

DuBrin, Andrew J., *Human Relations for Career and Personal Success*, 5. Aufl., Upper Saddle River, NJ 1999

DuBrin, Andrew J., *Applying Psychology. Individual and Organizational Effectiveness*, 5. Aufl., Upper Saddle River, NJ 2000

Fairholm, Gilbert W., *Organizational Power Politics. Tactics in Organizational Leadership*, Westport, CT/London 1993

Fisher, Roger und Brown, Scott, *Gute Beziehungen. Die Kunst der Konfliktvermeidung, Konfliktlösung und Kooperation*, Frankfurt/New York 1992

Fisher, Roger und Sharp, Alan, *Führen ohne Auftrag. Wie Sie Ihre Projekte im Team erfolgreich durchsetzen*, Frankfurt/New York 1998

Garbarro, John und Kotter, John P., »Managen Sie Ihren Chef!«, in: Kotter 1999.

Kinkel, Ansgar und von Preen, Alexander, *Karriereguide für High Potentials. Strategien für Ihren beruflichen und finanziellen Aufstieg*, Frankfurt/New York 2000

Kellner, Hedwig, *Sind Sie eine gute Führungskraft? Was Mitarbeiter und Unternehmen wirklich erwarten*, Frankfurt/New York 1999

Kerler, Richard, *Die 66 Fehler im Management und wie Sie sie vermeiden*, München 1994.

Koller, Christine, »Schon vor dem Massaker da sein«, in: *Handelsblatt*, 22.11.02, S. K6

Kotter, John P., *Überzeugen und Durchsetzen: Macht und Einfluss in Organisationen*, Frankfurt/Main 1987

Kotter, John P., *Wie Manager richtig führen*, München/Wien 1999

Küpper, Willi und Ortmann, Günther (Hg.), *Mikropolitik. Rationalität, Macht und Spiele in Organisationen,* 2. Aufl., Opladen 1992

Lay, Rupert, *Führen durch das Wort,* Frankfurt, Berlin 1989

Lay, Rupert, *Dialektik für Manager,* 11. Aufl., München 1999

Leeds, Dorothy, *Die Kunst der Kommunikation. Erfolgreiche Gesprächsführung im Geschäftsleben,* Zürich/Wiesbaden 1988

Lürssen, Jürgen, *Die heimlichen Spielregeln der Karriere. Wie Sie die ungeschriebenen Gesetze am Arbeitsplatz für Ihre Karriere nutzen*, Frankfurt/New York 2001

Lürssen, Jürgen, *Knacken Sie die Karrierenuss! Alle Tools, die Sie brauchen*, Frankfurt/New York 2003

Mackey, Harvey, *Networking. Das Buch über die Kunst, Beziehungen aufzubauen und zu nutzen*, 2. Aufl., Düsseldorf/München 1998

McCormack, Mark H.: *What they don't teach you at Harvard Business School,* Toronto 1986

Mell, Heiko, *Bewerben Beruf Karriere. 300 praxisbewährte Regeln zum Erfolg*, Düsseldorf 1990

Mell, Heiko, *Karriereplanung*, Stuttgart 1990

Mell, Heiko, *Karriere-Beratung. Leser fragen – VDI-Nachrichten antworten,* Band 10. Düsseldorf 1995

Mell, Heiko, *Spielregeln für Beruf und Karriere*, 2. Auflage, Düsseldorf 1996

Neuberger, Oswald, *Mikropolitik. Der alltägliche Aufbau und Einsatz von Macht in Organisationen,* Stuttgart 1995

Noll, Peter & Bachmann, Hans R., *Der kleine Machiavelli. Handbuch der Macht für den alltäglichen Gebrauch,* 3. Aufl., Zürich 1999

Ortmann, Günther, »Handlung, System, Mikropolitik«, in: Küpper und Ortmann (Hg.) 1992, S. 217–225

Pardoe, Blaine L., *Karriere im Minenfeld. Subversive Strategien zur Selbstverteidigung am Arbeitsplatz,* Frankfurt/New York 1999

Pfeffer, Jeffrey, *Managing with Power. Politics and Influence in Organizations,* Boston 1994

Pourroy, Gustav A., *Das Prinzip Intrige. Über die gesellschaftliche Funktion eines Übels,* 2. Aufl., Zürich 1988

Püttjer, Christian und Schnierda, Uwe: *Professionelle Bewerbungsberatung für Führungskräfte. Der Praxisratgeber für Ihren beruflichen Erfolg*, Frankfurt/New York 2001

Püttjer, Christian und Schnierda, Uwe: *Die erfolgreiche Gehaltsverhandlung. Strategien für mehr Geld*, Frankfurt/New York 2002

Reicherzer, J., »Lieber smart arbeiten als lange«, in: *Die Zeit*, Nr. 43/1999, S. 77.

Rohm, Armin, *Karriereplanung. Erfolgreiches Marketing in eigener Sache*, München, Wien 1997

Rothfuß, B., »Fordern Sie Ihren Chef. Motivationsquelle Mitarbeitergespräch«, in: *absatzwirtschaft – Zeitschrift für Marketing*, Heft 10/1993

Rückert, Hans-Werner, *Schluss mit dem ewigen Aufschieben. Wie Sie umsetzen, was Sie sich vornehmen*, 6. Aufl., Frankfurt/New York 2006

Schur, Wolfgang & Weick, Günter, *Wahnsinnskarriere*, Frankfurt/Main 1999

Seiwert, Lothar J., *Mehr Zeit für das Wesentliche*, 15. Aufl., Landsberg/Lech 1993

Seiwert, Lothar J., *Wenn du es eilig hast, gehe langsam. Mehr Zeit in einer beschleunigten Welt*, 11. Aufl., Frankfurt/New York 2006

Scott, Martin, *Zeitgewinn durch Selbstmanagement. So kriegen Sie Ihre neuen Aufgaben in den Griff*, 2. Aufl., Frankfurt/New York 2001

Sprenger, Reinhard K., *Mythos Motivation. Wege aus einer Sackgasse*, 17. Aufl., Frankfurt/New York 2006

Sprenger, Reinhard K., *Das Prinzip Selbstverantwortung. Wege zur Motivation*, 11. Aufl., Frankfurt/New York 2004

Sprenger, Reinhard K., *Die Entscheidung liegt bei Dir! Wege aus der alltäglichen Unzufriedenheit*, 13. Aufl., Frankfurt/New York 2006

Staehle, Wolfgang H., *Management: eine verhaltenswissenschaftliche Perspektive*, 8. Aufl., München 1999

Thiele, Albert, *Die Kunst zu überzeugen: Faire und unfaire Dialektik*, 5. Aufl., Berlin/Heidelberg 1999

Ulsamer, Bertold, *Karriere mit Gefühl. So nutzen Sie Ihre emotionale Intelligenz*, Frankfurt/New York 1996

Vinken, B., »Das Rätsel der deutschen Mutter: Bereitwillig passt sie sich einer überholten Rolle an«, in: *Chrismon*, Heft 1/2002, S. 40–41

Weber, Max, *Wirtschaft und Gesellschaft. Grundriss der verstehenden Soziologie. Grundriss der Sozialökonomie*, Tübingen 1947 (zuerst 1922). Zitiert nach: Neuberger 1995, S. 52

Winkler, Brigitte und Dörr, Stefan, *Fusionen überleben. Strategien für Manager*, München/Wien 2001

Danksagung

Bei allen, die mich bei der Entstehung dieses Buches unterstützt haben, möchte ich mich an dieser Stelle herzlich bedanken. Besonders danke ich meiner Frau Marlies und meinen Kindern David und Miriam, die einmal mehr Verständnis für die erheblichen zeitlichen Belastungen aufbrachten, die ein solches Buchprojekt beim Autor verursacht. Vielen Dank auch an Frau Christiane Kramer, Lektorin beim Campus Verlag, die mich ermutigte, mit diesem Band die »Trilogie« zum Thema Karriere fertig zu stellen. Meinem Kollegen an der Fachhochschule in Lüneburg, Prof. Dr. Jürgen Deller, danke ich für seine hilfreichen Kommentare zum Thema nicht-fachliche Kompetenzen. Auch die Familie hat wieder mitgeholfen: Meine Frau und meine Cousine Maria Tautz haben in bewährter Weise das Manuskript Korrektur gelesen und mir wertvolle Hinweise und Anregungen gegeben – vielen Dank dafür. Für verbliebene Unklarheiten oder Fehler liegt die Verantwortung natürlich allein beim Autor. Herzlichen Dank auch an Frau Christine Wiesner und das Bibliotheksteam des Fachbereichs Wirtschaft der FH Lüneburg für die Unterstützung bei der Literaturbeschaffung.

Register